Akteneinsichtsrecht für Schöffen

Europäische Hochschulschriften

European University Studies

Publications Universitaires Européennes

Reihe II **Rechtswissenschaft**

Series II Law

Série II Droit

Band/Volume **5935**

Astrid Lilie-Hutz

Akteneinsichtsrecht für Schöffen

Insbesondere bei Verständigungen in Umfangsverfahren

PL ACADEMIC RESEARCH

Bibliografische Information der Deutschen Nationalbibliothek
Die Deutsche Nationalbibliothek verzeichnet diese Publikation in der Deutschen Nationalbibliografie; detaillierte bibliografische Daten sind im Internet über http://dnb.d-nb.de abrufbar.

Zugl.: Mainz, Univ., Diss., 2016

D 77
ISSN 0531-7312
ISBN 978-3-631-72643-3 (Print)
E-ISBN 978-3-631-72644-0 (E-PDF)
E-ISBN 978-3-631-72645-7 (EPUB)
E-ISBN 978-3-631-72646-4 (MOBI)
DOI 10.3726/b11343

PL Academic Research ist ein Imprint der Peter Lang GmbH.
Peter Lang – Frankfurt am Main · Bern · Bruxelles · New York · Oxford · Warszawa · Wien

Diese Publikation wurde begutachtet.

www.peterlang.com

Meinen Eltern

Vorwort

Diese Arbeit wurde im Wintersemester 2015/2016 der Rechts- und Wirtschaftswissenschaftlichen Fakultät der Johannes Gutenberg Universität Mainz als Dissertation vorgelegt.

Mein Dank gilt zunächst meinem Doktorvater, Herrn Professor Dr. Jan Zopfs. Er hat die Arbeit von Beginn an und bis zum Abschluss in jeder Hinsicht unterstützend begleitet. Für die zahlreichen Gespräche und die konstruktiven Anregungen bedanke ich mich herzlich. Für die Erstellung des Zweitgutachtens danke ich Herrn Professor Dr. Volker Erb.

Außerdem möchte ich Thomas C. Knierim danken, der mir nicht nur den nötigen Freiraum und für Anfertigung dieser Arbeit eingeräumt, sondern mich auf so vielfältige Weise gefördert hat.

Mein besonderer Dank gilt auch meinen Freundinnen Silvia Funke und Katrin Euler sowie meinem Schwiegervater, Lothar Hutz. Sie haben die Arbeit immer wieder gelesen und durch ihre Anregungen wirklich bereichert.

Diese Arbeit wäre aber ohne meine beiden Vorbilder, meine Eltern Dr. Barbara Lilie und Professor Dr. Hans Lilie, nicht denkbar gewesen. Ich danke Ihnen von ganzem Herzen für die Unterstützung und Begleitung, die sie mir haben zu Teil werden lassen. Zuletzt danke ich natürlich noch meinem Mann, Christopher Hutz. Er hat zu jeder Zeit Verständnis gehabt, wenn ich die Wochenenden mit der Arbeit an der Dissertation verbracht habe, mir immer den Rücken gestärkt und an mich geglaubt.

Mainz, April 2017

Sofern nicht allgemein gängige Abkürzungen verwendet werden, orientieren sich die in dieser Arbeit verwendeten Abkürzungen an dem Abkürzungsverzeichnis von *Kirchner, Hildebert*, Abkürzungsverzeichnis der Rechtssprache, 8. Auflage, Berlin 2015.

Literaturverzeichnis

Altenhain, Karsten / Hagemeier, Ina / Haimerl, Michael: Die Vorschläge zur gesetzlichen Regelung der Urteilsabsprachen im Lichte aktueller rechtstatsächlicher Erkenntnisse, NStZ 2007, S. 71–79

Atzler, Bernhard: Das Recht des ehrenamtlichen Richters, die Verfahrensakten einzusehen, DRiZ 1991, S. 207–208

Baumann, Kurt (Hrsg.): Das Hambacher Fest: 27. Mai 1832, Männer und Ideen, Pfälzischen Gesellschaft zur Förderung der Wissenschaften, 2. Auflage, Speyer 1982
[zitiert: *Baumann*, Das Hambacher Fest: 27. Mai 1832, Männer und Ideen]

Baur, Fritz: Laienrichter – Heute?, S. 49–64, Tübinger Festschrift für Eduard Kern, Tübinger Rechtswissenschaftliche Abhandlungen, Hrsg. Rechtswissenschaftliche Abteilung der Rechts- und Wirtschaftswissenschaftlichen Fakultät der Universität Tübingen, Band 24, Tübingen 1968
[zitiert: *Baur*, in: FS-Kern, S.]

Beck'scher Online Kommentar: Beck'scher Online Kommentar Strafprozessordnung mit RiStBV und MiStra, Hrsg. Jürgen-Peter Graf, Stand: 01. Januar 2017, 27. Edition
[zitiert: *Autor*, BeckOK, Edition, §, Rn.]

Benz, Ulrike: Zur Rolle der Laienrichter im Strafprozess, eine Untersuchung über das Schöffenamt auf verfahrenspsychologischer und gerichtsorganisatorischer Grundlage mit einem rechtsgeschichtlichen und rechtsvergleichenden Überblick, Diss. Frankfurt 1982
[zitiert: *Benz*, Zur Rolle der Richter im Strafprozess, S.]

Beulke, Werner: Strafprozessrecht, 13. Auflage, Heidelberg 2016
[zitiert: *Beulke*, Strafprozessrecht, §, Rn.]

Beulke, Werner / Stoffer, Hanna: Bewährung für den Deal? – Konsequenzen des BVerfG-Urteils vom 19. März 2013 für die Verständigungspraxis in deutschen Gerichtssälen, JZ 2013, S. 662–673

Binding, Karl: Der Entwurf eines Gesetzes betreffend Aenderungen und Ergänzungen des Gerichtsverfassungsgesetzes und der Strafprozessordnung, Besprochen vom Autor, Sonderabdruck aus der Nationalzeitung, Berlin 1895
[zitiert: *Binding*, Entwurf eines Gesetzes, S.]

Bindstoßer, J.: Aufstellung und Wirkungskreis der Schöffen und Geschworenen, Eine Zusammenstellung der in Bezug auf die Schöffen und Geschworenen geltenden gesetzlichen und verordungsmäßigen Bestimmungen, 2. Auflage, Ansbach 1879
[zitiert: *Bindstoßer*, Aufstellung und Wirkungskreis der Schöffen und Geschworenen, S.]

Börner, René: Die Beteiligung von Laienrichtern am Strafprozess als Erkenntnismittel einer funktionellen Theorie des Strafprozessrechts; StraFo 2012, S. 434–439

–: ZStW 2010, Band 122, Die Ungleichheit von Schöffen und Berufsrichtern – Schöffen als Garant der Unmittelbarkeit –, S. 155–198

Brunner, Heinrich: Die Entstehung der Schwurgerichte, Berlin 1872, Neudruck Aalen 1967
[zitiert: *Brunner*, Die Entstehung der Schwurgerichte, S.]

Brusten, Manfred: Wie wird man Schöffe? Rechtliche und gesellschaftliche Bedingungen der Schöffenwahl, in: Lieber, Hasso/ Sens, Ursula (Hrsg.), Ehrenamtliche Richter – Demokratie oder Dekoration am Richtertisch?, Eine rechtspolitische Streitschrift zu Verbesserung und Ausbau der Beteiligung des Volkes an der Rechtsprechung mit einem Geleitwort von Herta Däubler-Gmelin, Bundesministerin der Justiz, S. 74–85; Festschrift zum zehnjährigen Bestehen der Deutschen Vereinigung der Schöffinnen und Schöffen, Schriftenreihe des Bundesverbandes ehrenamtlicher Richterinnen und Richter, Heft 2, Wiesbaden 1999
[zitiert: *Brusten*, Wie wird man Schöffe? Rechtlichen und gesellschaftliche Bedingungen der Schöffenwahl, S.]

Burhoff, Detlef: Rechtsprechungsübersicht zur neuen Verständigungsregelung (§ 257c StPO), StRR 2011, S. 248–254

Casper, Gerhard; Zeisel, Hans: Der Laienrichter im Strafprozess: vier empirische Studien zur Rechtsvergleichung, Heidelberg, 1979
[zitiert: *Casper/Zeisel*, Der Laienrichter im Strafprozess]

Däubler-Gmelin, Herta: Geleitwort, in: Lieber, Hasso/ Sens, Ursula (Hrsg.), Ehrenamtliche Richter – Demokratie oder Dekoration am Richtertisch?, Eine rechtspolitische Streitschrift zu Verbesserung und Ausbau der Beteiligung des Volkes an der Rechtsprechung mit einem Geleitwort von Herta Däubler-Gmelin, Bundesministerin der Justiz, S. 74–85; Festschrift zum zehnjährigen Bestehen der Deutschen Vereinigung der Schöffinnen und Schöffen, Schriftenreihe des Bundesverbandes ehrenamtlicher Richterinnen und Richter, Heft 2, Wiesbaden 1999
[zitiert: *Däubler-Gmelin*, in: Ehrenamtliche Richter, Geleitwort]

Dahringer, Helmut: Berufs- und Laienrichter in der deutschen Rechtspflege, Diss. Freiburg im Breisgau 1950
[zitiert: *Dahringer*, Berufs- und Laienrichter in der deutschen Rechtspflege, S.]

Dehn, Bertram: Anmerkung zu BGH, Beschl. v. 30. April 1997 – StB 4/97, NStZ 1997, S. 606–609

Detter, Klaus: Einführung in die Praxis des Strafzumessungsrechts, Mit Erläuterungen zum Recht der Maßregeln der Besserung und Sicherung, Köln 2009
[zitiert: *Detter*, Einführung in die Praxis des Strafzumessungsrechts, S.]

Dippel, Karlhans: Urteilsabsprachen im Strafverfahren und das Prozessziel der Wiederherstellung des Rechtsfriedens, S. 105–126; Festschrift für Gunter Widmaier zum 70. Geburtstag, Strafverteidigung, Revision und die gesamten Strafrechtswissenschaften, Hrsg. Heinz Schöch, Helmut Satzger, Gerhard Schäfer, Alexander Ignor, Christoph Knauer, Berlin 2008
[zitiert: *Dippel*, in: FS-Widmaier, S.]

Duttge, Gunnar: Laienrichter in der Strafgerichtsbarkeit – Anspruch und Wirklichkeit, JR 2006, S. 358–363

Hähnchen, Susanne: Rechtsgeschichte, Von der römischen Antike bis zur Neuzeit, 5. Auflage, Heidelberg 2016
[zitiert: *Hähnchen*, Rechtsgeschichte, S.]

Ebert, Ina: Schwur- oder Schöffengerichte? – Der Streit um die Ausgestaltung der Laienbeteiligung im Strafprozeß im Umfeld der Reichsjustizgesetze. Ein Beitrag zur Entstehungsgeschichte der Gerichtsverfassungsgesetzes –, Jura 1996, S. 242–247

Eisenberg, Ulrich: Beweisrecht der StPO, Spezialkommentar, 9. Auflage, München 2015
[zitiert: *Eisenberg*, Beweisrecht der StPO, Rn.]

Eisenhardt, Ulrich: Grundrisse des Rechts, Deutsche Rechtsgeschichte, 5. Auflage, München 2008
[zitiert: *Eisenhardt*, Deutsche Rechtsgeschichte, Rn.]

Ellbogen, Klaus: Das Akteneinsichtsrecht der Schöffen, DRiZ 2010, S. 136–139

Emrich-Katzin, Stefanie: Schwerpunktstaatsanwaltschaften im Wirtschaftsstrafrecht und die Stellung der Wirtschaftsreferenten, Diss. Köln 2013

Eschelbach, Ralf: Absprachenpraxis versus Wiederaufnahme des Verfahrens, informelle Verfahrensgestaltung im Konflikt mit dem aktuellen Verfahrensrecht, HRRS 2008, S. 199–208

–: Regina Probationum. Festschrift für Ruth Rissing-van Saan zum 65. Geburtstag, S. 115–142, Hrsg. Thomas Fischer, Klaus Bernsmann, Berlin 2011
[zitiert: *Eschelbach*, in: FS-Rissing-van Saan, S.]

Feuerbach, Paul Johann Anselm: Betrachtungen über das Geschworenen-Gericht, Landshut 1813
[zitiert: *Feuerbach*, Betrachtungen über das Geschworenen-Gericht, S.]

Fischer, Thomas: Absprache-Regelung: Problemlösung oder Problem, StraFo 2009, S. 177–189

–: Der Einfluss des Berichterstatters auf die Ergebnisse strafrechtlicher Revisionsverfahren, NStZ 2013, S. 425–432

–: Erwiderung auf Basdorf u.a., NStZ 2013, S. 563–565

Glöckner, Andreas / Dickert, Stephan / Landsberg, Marie / Scholz, Selina / Schönfeldt, Kristina: Entscheidungsverhalten von Schöffen, Forschungsbericht, Max-Planck-Institut zur Erforschung von Gemeinschaftsgütern; http://www.coll.mpg.de/Download/IntuitiveExperts/Schoeffenbericht.pdf zuletzt abgerufen am 01.01.2017

Gmür, Rudolf / Roth, Andreas: Grundriss der deutschen Rechtsgeschichte, 14. Auflage, München 2014
[zitiert: *Gmür / Roth*, Grundriss der deutschen Rechtsgeschichte, Rn.]

Gneist, Rudolf: Vier Fragen zur Deutschen Strafprozessordung mit einem Schlusswort über die Schöffengerichte, Berlin 1874
[zitiert: *Gneist*, Vier Fragen zur Deutschen Strafprozessordnung mit einem Schlusswort über die Schöffengerichte, S.]

Gröger, Annika: Das Akteneinsichtsrecht im Strafverfahren unter der besonderen Berücksichtigung der Europäischen Menschenrechtskonvention. Zugleich eine rechtsvergleichende Untersuchung zum französischen Recht, Diss. Halle 2009
[zitiert: *Gröger*, Das Akteneinsichtsrecht im Strafverfahren unter der besonderen Berücksichtigung der Europäischen Menschenrechtskonvention]

Grube, Friederike Charlotte: Richter ohne Robe, Laienrichter in Strafsachen im deutschen und anglo-amerikanischen Rechtskreis, Eine rechtsgeschichtlich und rechtsvergleichende Untersuchung unter besonderer Berücksichtigung verfassungsrechtlicher Aspekte, Internationales und Europäischen Strafverfahrensrecht, Band II, Diss. Trier 2005
[zitiert: *Grube*, Richter ohne Robe, S.]

Hadding, Günther: Schwurgerichte in Deutschland, Der Schwurgerichtsgedanke seit 1848, Kassler Schriftenreihe für Recht und Politik III, Kassel 1974
[zitiert: *Hadding*, Schwurgerichte in Deutschland, S.]

Hahn, Carl (Hrsg.): Die gesammten Materialien zur Strafprozessordnung und dem Einführungsgesetz zu derselben vom 1. Februar 1877, Erste Abtheilung, Berlin 1880

–: Die gesammten Materialien zur Strafprozessordnung und dem Einführungsgesetz zu derselben vom 1. Februar 1877, 2. Abtheilung, Berlin 1881
[zitiert: *Hahn*, Die gesammten Materialien zur Strafprozessordnung und dem Einführungsgesetz zu derselben v. 1. Februar 1877, Abtheilung, Jahr, S.]

Haisch, Jochen: Urteilsperseveranz im Strafverfahren, MschKrim, Band 62 (1979), S. 157–162

Halle, Felix: Der Proletarier als Schöffe und Geschworener, Ein Führer für Arbeiter, Angestellte, Kleinbauern und die Frauen des werktätigen Volkes, Zusammenstellung und Kritik der wichtigsten gesetzlichen Bestimmungen über die Laiengerichtsbarkeit, Berlin 1926
[zitiert: *Halle*, Der Proletarier als Schöffe und Geschworener]

Hanack, Ernst-Walter: Die Rechtsprechung des Bundesgerichtshofs zum Strafverfahrensrecht (Bd. 11–22 der Amtlichen Sammlung), JZ 1972, S. 313–315

Heinze, Carl Friedrich Rudolf: Ein deutsches Geschworenengericht, 2. Auflage, Leipzig 1865
[zitiert: *Heinze*, Ein deutsches Geschworenengericht, S.]

Hettinger, Michael: Ehrenamt ist Ehrensache und aller Ehren wert! Journal für juristische Zeitgeschichte 2011, S. 116–123

Hillenkamp, Thomas: Zur Teilhabe des Laienrichters, Internationale Perspektiven in Kriminologie und Strafrecht. Festschrift für Günther Kaiser zum 70. Geburtstag, S. 1437–1459, Hrsg. Hans-Jörg Albrecht, Frieder Dünkel, Hans-Jürgen Kerner, Josef Kürzinger, Heinz Schöch, Klaus Sessar, Bernhard Villmow, zweiter Halbband, Berlin 1998
[zitiert: *Hillenkamp*, in: FS-Kaiser, S.]

Hiebl, Stefan: Ausgewählte Probleme des Akteneinsichtsrechts nach § 147 StPO, Diss. Bonn 1994
[zitiert: *Hiebl*, Ausgewählte Probleme des Akteneinsichtsrechts nach § 147 StPO, S.]

Hohmann, Roger / Bader, Peter / Klein, Harald: Die ehrenamtlichen Richterinnen und Richter in der Arbeits- und Sozialgerichtsbarkeit, ihre Rechtsstellung, ihre Rechte und Pflichten, 13. Auflage, Heidelberg 2012
[zitiert: *Bearbeiter*, Die ehrenamtlichen Richterinnen und Richter in der Arbeits- und Sozialgerichtsbarkeit, S.]

Huber, Michael: Grundwissen – Strafprozessrecht: Schwurgericht, JuS 2009, S. 406–408

Imberger-Bayer, Natascha: Anmerkung zu BGH, Urt. v. 26. März 1997 – 3 StR 421/96, JR 1999, S. 299–302

Ioakimidis, Ariadne: Die Rechtsnatur der Absprache im Strafverfahren, Diss. Potsdam 2001
[zitiert: *Ioakimidis*, Die Rechtsnatur der Absprache im Strafverfahren, S.]

Jahn, Matthias: Entwicklungen und Tendenzen zwei Jahre nach Inkrafttreten des Verständigungsgesetzes, StV 2011, S. 497–505

–: Strafprozessrecht: Verständigungsgesetz, JuS 2013, S. 659–661

–: Anmerkung zu BGH, Beschl. v. 5. November 2013 – 2 StR 265/13, NStZ 2014, S. 170–171

Karlsruher Kommentar: Karlsruher Kommentar zur Strafprozessordnung mit GVG, EGGVG und EMRK, Hrsg. Rolf Hannich, 7. Auflage, München 2013
[zitiert: KK-*Bearbeiter*, § GVG/StPO, Rn.]

Katholnigg, Oskar: Die gerichtsverfassungsrechtlichen Änderungen durch das Strafverfahrensänderungsgesetz 1979, NJW 1978, S. 2375–2379

–: Anmerkung zu BGH, Urt. v. 11. April 1978 – 1 StR 576/77, NJW 1978, S. 1594–1595

Kemmer, Frank: Befangenheit von Schöffen durch Aktenkenntnis, Europäische Hochschulschriften, Reihe II, Band 753, Diss. Göttingen 1989
[zitiert: *Kemmer*, Befangenheit von Schöffen, S.]

Kern, Eduard: Geschichte des Gerichtsverfassungsrechts, München 1954
[zitiert: *Kern*, Geschichte des Gerichtsverfassungsrechts, S.]

Kissel, Otto Rudolf / Mayer, Herbert: Gerichtsverfassungsgesetz, Kommentar, 8. Auflage, München 2015
[zitiert: *Kissel/Mayer*, §, Rn.]

Klausa, Ekkehard: Ehrenamtliche Richter. Ihre Auswahl und Funktion, empirisch untersucht, Frankfurt: Athenäum 1972
[zitiert: *Klausa*, Ehrenamtliche Richter. Ihre Auswahl und Funktion]

Kleinfeller, Georg: Beiträge zur Reform des Strafprozesses, Das schwurgerichtliche Verfahren und der Entwurf einer Strafprozessordung, Hrsg. Franz Adickes, P. F. Aschott, Karl von Lilienthal, Franz von Liszt, Band 1, Heft 6, Berlin 1909
[zitiert: *Kleinfeller*, Die Reform des Schwurgerichts]

König, Stefan: Die Beteiligung der Schöffen an der Rechtsprechung aus der Sicht eines Strafverteidigers, Strafverteidigung im Rechtsstaat, 25. Jahre Arbeitsgemeinschaft Strafrecht des Deutschen Anwaltsvereins, Hrsg. Arbeitsgemeinschaft Strafrecht des deutschen Anwaltsvereins, Baden-Baden 2009
[zitiert: *König*, Die Beteiligung der Schöffen an der Rechtsprechung aus der Sicht eines Strafverteidigers, S.]

–: Das Geständnis im postmodernen, konsensualen Strafprozess, NJW 2012, S. 1915–1919

Krehl, Christoph: Anmerkung zu BGH, Beschl. v. 19. Februar 2008 – 1 StR 596/07, NStZ 2008, S. 525–527

Kross, Ulrike: Der Laienrichter als Reformprojekt im Nationalsozialismus mit vergleichenden Hinweisen auf die Praxis in den älteren deutschen Staaten und im europäischen Ausland, Diss. Würzburg 1991
[zitiert: *Kross*, Die Laienrichter als Reformprojekt, S.]

Krüger, Matthias: Unmittelbarkeit und materielles Recht, Habil.-Schr. Halle 2014
[zitiert: *Krüger*, Unmittelbarkeit und materielles Recht, S.]

Kühne, Hans-Heiner: Strafprozessrecht. Eine systematische Darstellung des deutschen und europäischen Strafverfahrensrechts, 9. Auflage, Heidelberg 2015
[zitiert: *Kühne*, Strafprozessrecht, S.]

–: Laienrichter im Strafprozess, ZRP 1985, S. 237–239

Küpper, Georg / Bode, Karl-Christoph: Absprachen im Strafverfahren (1. Teil) – Bilanz einer zehnjährigen Diskussion –, Jura 1999, S. 351–362

Laufs, Adolf: Rechtsentwicklungen in Deutschland, 6. Auflage, Berlin 2006
[zitiert: *Laufs*, Rechtsentwicklungen in Deutschland, S.]

Lemke, Michael: Das Ehrenamt in der Strafjustiz – Prämissen, Probleme, Perspektiven, RohR 2006, S. 39–41

Lilie, Hans: Blinde Kontrollinstanz? Zur Zukunft des Schöffenamtes, S. 303–315; Festschrift für Peter Rieß zum 70. Geburtstag, Hrsg. Ernst-Walter Hanack, Hans Hilger, Volkmar Mehle, Gunter Widmaier, Berlin 2002
[zitiert: *H. Lilie*, in: FS-Rieß, S.]

–: Obiter dictum und Divergenzausgleich in Strafsachen, Ein Spannungsfeld zwischen Revisionsgericht und Gerichtsverfassungsgesetz, Habil.-Schr. Göttingen 1993
[zitiert: *H. Lilie*, Obiter dictum und Divergenzausgleich in Strafsachen, Ein Spannungsfeld zwischen Revisionsgericht und Gerichtsverfassungsgesetz]

Lilie-Hutz, Astrid: Anmerkung zu BGH, Urt. v. 10. Juli 2013 – 2 StR 195/12, BeckRS 2013, 13639

Lieber, Hasso: Informations- und Mitwirkungsrechte von A bis Z, Ein kleines Brevier für neue Schöffinnen und Schöffen, RohR 2008, S. 116–118

Linkenheil, Beate: Laienbeteiligung an der Strafjustiz, Relikt des bürgerlichen Emanzipationsprozesses oder Legitimation einer Rechtsprechung „Im Namen des Volkes"?, Berlin, Humboldt-Univ., Diss. 2003
[zitiert: *Linkenheil*, Laienbeteiligung an der Strafjustiz, S.]

von Liszt, Franz: Die Reform des Strafverfahrens, Berlin 1906
[zitiert: *v. Liszt*, Die Reform des Strafverfahrens, S.]

Löffler, Jasmine: Die Absprache im Strafprozess, Diss. Tübingen 2010
[zitiert: *Löffler*, Absprachen im Strafprozess, S.]

Löwe/Rosenberg: Die Strafprozessordnung und das Gerichtsverfassungsgesetz, Großkommentar, Hrsg. von Volker Erb, Robert Esser, Ulrich Franke, Kirsten Graalmann-Scheerer, Hans Hilger, Alexander Ignor, Ewald Löwe, Werner Rosenberg

– Band 1: Einleitung, §§ 1–47 StPO, 27. Auflage, Berlin 2016

– Band 2: §§ 48–93 StPO, 26. Auflage, Berlin 2008

– Band 5: §§ 151–212b StPO, 26. Auflage, Berlin 2008
– Band 6/1: §§ 213–255a StPO, 26. Auflage, Berlin 2010
– Band 6/2: §§ 256–295 StPO, 26. Auflage, Berlin 2013
– Band 8: §§ 374–448 StPO, 26. Auflage, Berlin 2009
– Band 10: GVG, EGGVG, 26. Auflage, Berlin 2010
[zitiert: Löwe/Rosenberg-*Bearbeiter*, §, Rn.]

Machura, Stefan: Fairness und Legitimität, Habil.-Schr. München 2001
[zitiert: *Machura*, Fairness und Legitimität im Strafverfahren, S.]

Malek, Klaus: Verteidigung in der Hauptverhandlung, 4. Auflage, Heidelberg 2012
[zitiert: *Malek*, Verteidigung in der Hauptverhandlung, Rn.]

Marsch, Hans-Peter: Grundregeln bei Absprachen im Strafverfahren, ZRP 2007, S. 220–223

Maunz/Dürig: Grundgesetz Kommentar, Hrsg. Roman Herzog, Rupert Scholz, Matthias Herdegen, Hans. H. Klein, 78. Auflage, München 2016
[zitiert: Maunz/Dürig-*Scholz*, Art., Rn., .78. Ergänzungslieferung 2016]

Meding, Mark Andre: Der Wirtschaftsreferent bei der Staatsanwaltschaft, Rechtsstellung und Befugnisse im Strafverfahren, Diss. Münster 2012
[zitiert: *Meding*, Der Wirtschaftsreferent bei der Staatsanwaltschaft]

Meyer-Goßner, Lutz / Schmitt, Bertram: Strafprozessordnung, Gerichtsverfassungsgesetz, Nebengesetze und ergänzende Bestimmungen, 59. Auflage, München 2016
[zitiert: *Meyer-Goßner*/Schmitt, §, Rn. oder Meyer-Goßner/*Schmitt*, §, Rn.]

Mittermaier, Carl Joseph Anton: Erfahrungen über die Wirksamkeit der Schwurgerichte in Europa und Amerika, über die Vorzüge, Mängel und Abhülfe, Erlangen 1865
[zitiert: *Mittermaier*, Erfahrungen über die Wirksamkeit der Schwurgerichte in Europa und Amerika, S.]

Moldenhaur, Gerwin / Wenske, Marc: Die Verständigung in Strafsachen und die Berufungsinstanz – Zugleich Anmerkung zu OLG Düsseldorf, Beschl. v. 6. Oktober 2010 – III 4 RVs 60/10, NStZ 2012, S. 184–188

Mosbacher, Andreas: Praktische Auswirkungen der Entscheidung des BVerfG zur Verständigung – zugleich Anmerkung zu BVerfG, Urt. v. 19. März 2013 – 2 BvR 2628/10, NZWiSt 2013, S. 201–206

–: Aktuelles Strafprozessrecht, JuS 2011, S. 708–713

Niemöller, Martin / Weigend, Thomas: Anmerkung zu BVerfG, Urt. v. 19. März 2012 – 2 BvR 2628/10, StV 2013, S. 419–427

Nomos Kommentar: Verwaltungsrecht, VwVfG, VwGO, Nebengesetze, Handkommentar, Hrsg. Michael Fehling, Berthold Kastner, Rainer Störmer, Baden-Baden 4. Auflage 2016
[zitiert: NK-*Danker*, §, Rn.]

–: Arbeitsrecht, Individualarbeitsrecht mit kollektivrechtlichen Bezügen, Handkommentar, Hrsg. Wolfgang Däubler, Jens Peter Hjort, Dieter Hummel, Martin Wolmerath, 3. Auflage, Baden-Baden 2013
[zitiert: NK-*Wolmerath*, §, Rn.]

Nowak, Norbert: Das Recht der Schöffen auf Akteneinsicht für die Dauer der Hauptverhandlung, JR 2006 S. 459–463 = RohR 2007, S. 50–56

Oetker, Friedrich: Die Rechtsgrundlagen der Schöffen- und Schwurgerichtsbildung. Archiv für Strafrecht und Strafprozess, (GA) Band 49, S. 203–233, Berlin 1903
[zitiert: *Oetker*, in: Die Rechtsgrundlagen der Schöffen- und Schwurgerichtsbildung, Theil I, GA (1903), 49, S.]

Park, Tido: Durchsuchung und Beschlagnahme, Voraussetzungen und Grenzen, 3. Auflage, München 2015
[zitiert: *Park*, Durchsuchung und Beschlagnahme, Rn.]

Peters, Karl: Fehlerquellen im Strafprozess: Eine Untersuchung der Wiederaufnahmeverfahren in der Bundesrepublik Deutschland, Band 2, 1972
[zitiert: *K. Peters*, Fehlerquellen im Strafprozess, Band 2, §, S.]

–: Die verspätete Absetzung des Strafurteils im Strafverfahren, S. 374–387, Festschrift für Hellmuth von Weber zum 70. Geburtstag, Hrsg. Hans Welzel, Herman Conrad, Armin Kaufmann, Hilde Kaufmann, Bonn 1963
[zitiert: *K. Peters*, in: FS-Weber, S.]

Peters, Julia: Urteilsabsprachen im Strafprozess, Die deutsche Regelung im Vergleich mit Entwicklungen in England & Wales, Frankreich und Polen, Diss. Göttingen 2011
[zitiert: *J. Peters*, Urteilsabsprachen im Strafprozess, S.]

Pfeiffer, Gerd: Strafprozessordnung, 5. Auflage, München 2005
[zitiert: *Pfeiffer*, §, Rn.]

Polomski, Ralf-Michael: Zwei Jahre Verständigung im Strafprozess – Fluch oder Segen?, DRiZ 2011, S. 315–316

Prütting, Hanns: Arbeitsgerichtsgesetz: ArbGG, Hrsg. Götz Hueck, Dirk Neumann, 8. Auflage, München 2013
[zitiert: *Prütting*/Germelmann/Matthes, §, Rn.]

Räffle, Karin: Zur Praxis des Amts der Schöffinnen und Schöffen – ihr Beitrag zur Urteilsfindung, RohR 2006, S. 83–85

Rennig, Christoph/Strempel, Dieter (Hrsg.): Justiz im Umbruch: rechtliche Studien zum Aufbau der Rechtspflege in den neuen Bundesländern, Köln 1996 [zitiert: *Rennig/Stempel*, Justiz im Umbruch, S.]

Rennig, Christoph: Die Entscheidungsfindung durch Schöffen und Berufsrichter in rechtlicher und psychologischer Sicht, empirische, rechtsdogmatische und psychologisch-theoretische Untersuchungen zur Laienbeteiligung an der Strafgerichtsbarkeit, Diss. Marburg 1993, Teilstudie 2
[zitiert: *Rennig*, Die Entscheidungsfindung durch Schöffen und Berufsrichter in rechtlicher und psychologischer Sicht, S.]

–: Aktivität und Zusammenarbeit und Einfluss von Schöffen und Berufsrichtern, S. 5, abgerufen unter http://www.dvs-verm.de/info/rennig.pdf am 8. Februar 2016

Rieß, Peter: Über das Schwurgericht im deutschen Strafprozess, S. 473–504, Strafverteidigung, Revision und die gesamten Strafrechtswissenschaften, Festschrift für Gunter Widmaier zum 70. Geburtstag, Hrsg. Heinz Schöch, Helmut Satzger, Gerhard Schäfer, Alexander Ignor, Christoph Knauer, Berlin 2008
[zitiert: *Rieß,* in: FS-Widmaier, S.]

–: Anmerkung zu BGH, Urt. v. 2. Dezember 1986 – 1 StR 433/86, JR 1987, S. 389–393

–: Anmerkung zu OLG München, Beschl. v. 6. Juni 1979, 1 WS 510/79, JR 1980, S. 77–82

Rüping, Hinrich: Funktionen der Laienrichter im Strafverfahren, JR 1976, S. 269–274

–: Der Grundsatz des rechtlichen Gehörs und seine Bedeutung im Strafverfahren, Habil.-Schr. Göttingen 1976
[zitiert: *Rüping*, Der Grundsatz des rechtlichen Gehörs und seine Bedeutung im Strafverfahren]

Sack: Anmerkung zu Volksgerichtshof, Beschl. v. 13. August 1936, ZAkDR 1937, S. 504–505

Sander, Günther: Die Verständigung in Strafsachen vor neuen Herausforderungen, S. 53–61, Rechtsprechung in Strafsachen zwischen Praxis und Theorie – zwei Seiten einer Medaille? Referate und Diskussionen auf dem 4. Karlsruher Strafrechtsdialog 2013, Hrsg. Matthias Jahn/Armin Nack, Köln 2013
[zitiert: *Sander*, Referate und Diskussionen auf dem 4. Karlsruher Strafrechtsdialog 2013, S.]

Schäfer, K.: Akteneinsicht durch Schöffen und Geschworene, JR 1932, S. 196–201

Satzger, Helmut / Schluckebier, Wilhelm / Widmaier, Gunter: StPO, Strafprozessordnung, Kommentar, Hrsg. Helmut Satzger, Wilhelm Schluckebier, Gunter Widmaier, 2. Auflage, Köln 2015
[zitiert: *Bearbeiter*, SSW, §, Rn.]

Schiffmann, Gerfried: Die Bedeutung der ehrenamtlichen Richter bei Gerichten der allgemeinen Verwaltungsgerichtsbarkeit, Berlin 1974
[zitiert: *Schiffmann*, Die Bedeutung der ehrenamtlichen Richter bei Gerichten der allgemeinen Verwaltungsgerichtsbarkeit, S.]

Schmidt-Bleibtreu, Bruno / Klein, Franz / Hofmann, Hans / Hennecke, Hans-Günter: Grundgesetz Kommentar, Begr. Bruno Schmidt-Bleibtreu, Franz Klein, Hrsg. Hans Hofmann, Hennecke, Hans-Günter, 13. Auflage. Köln 2014
[zitiert: Schmidt-Bleibtreu/Hofmann/Hennecke-*Bearbeiter*, Art., Rn.]

Schmidt, Eberhard: Zur Zulässigkeit der Akteneinsicht von Schöffen während der Hauptverhandlung, JR 1961, S. 31

–: Einführung in die Geschichte der deutschen Strafrechtspflege, Jurisprudenz in Einzeldarstellungen, Band 1, 3. Auflage, Göttingen 1965
[zitiert: *Schmidt*, Deutsche Strafrechtspflege, S.]

–: Der Strafprozess, Aktuelles und Zeitloses, NJW 1969, S. 1137–1146

Schmidt, Jens: Der Ermittlungsführer als (Universal-)Zeuge der Anklage?!, NZWiSt 2014, S. 121–126

Schorn, Hubert: Der Laienrichter in der Strafrechtspflege, Die mit Laienrichtern besetzten Strafgerichte, Münster 1955
[zitiert: *Schorn*, Laienrichter in der Strafrechtspflege, S.]

Schroeder, Friedrich-Christian: Grenzen der Rationalisierung des Strafverfahrens, NJW 1983, S. 137–142

Schreiber, Hans-Ludwig: Akteneinsicht für Laienrichter? Zu den Grundsätzen von Mündlichkeit und Unmittelbarkeit im Strafprozeß, S. 941–956, Festschrift für Hans Welzel, Hrsg. Günter Stratenwerth, Armin Kaufmann, Gerd Geilen, Hans Joachim Hirsch, Hans-Ludwig Schreiber, Günther Jakobs und Fritz Loos, Berlin/New York 1974
[zitiert: *Schreiber*, in: FS-Welzel, S.]

Schubert, Werner: Die deutsche Gerichtsverfassung: 1869–1877, Frankfurt 1981
[zitiert: *Schubert*, Die deutsche Gerichtsverfassung, S.]

Schünemann, Bernd: Wohin treibt der Strafprozess, ZStW 2002, Band 114, S. 1–62

–: Der Richter im Strafverfahren als manipulierter Dritter? Zur empirischen Bestätigung von Perseveranz- und Schulterschlußeffekt, StV 2000, 159–164

–: Gedanken zur zweiten Instanz in Strafsachen, S. 649–664, Festschrift für Klaus Geppert zum 70. Geburtstag am 10. März 2011, Hrsg. Claudius Geisler, Erik Kraatz, Joachim Kretschmer, Hartmut Schneider, Christoph Sowada, Berlin/New York 2011
[zitiert: *Schünemann*, in: FS-Geppert, S.]

–: Verfahrensgerechtigkeit: rechtspsychologische Forschungsbeiträge für die Justizpraxis, S. 215–232, Hrsg. Günter Bierbrauer, Walther Gottwald, Beatrix Birnbreier-Stahlberger, Köln 1995
[zitiert: *Schünemann*, in: Bierbrauer/Gottwald/Birnbreier-Stahlberger, Verfahrensgerechtigkeit: rechtspsychologische Forschungsbeiträge für die Justizpraxis, S.]

Schulz, Stephan: Zivilprozessuale Probleme in Verfahren vor der Kammer für Handelssachen, JuS 2005, S. 909–912

Schwarz, Otto Georg: Abhandlungen, Das Ermächtigungsgesetz, DRiZ 1933, Heft 4, S. 97–98

Schwarze, Friedrich Oscar: Das deutsche Schwurgericht und dessen Reform, Erlagen 1865
[zitiert: *Schwarze*, Das deutsche Schwurgericht und dessen Reform, S.]

Schwinge, Erich: Der Kampf um die Schwurgerichte bis zur Frankfurter Nationalversammlung, Breslau 1926
[zitiert: *Schwinge*, Kampf um die Schwurgerichte, S.]

Siemann, Wolfram: Vom Staatenbund zum Nationalstaat, Deutschland 1806–1871, München 1995
[zitiert: *Siemann*, Vom Staatenbund zum Nationalstaat, S.]

Spaniol, Margret: Anforderungen an die Verständigung nach BVerfGE, StraFo 2014, S. 366–371

Spona, Dagmar: Laienbeteiligung im Strafverfahren, Eine rechtssoziologische Untersuchung zur Funktion der Laienbeteiligung im Strafprozess, Diss. Bielefeld 2000
[zitiert: *Spona*, Laienbeteiligung im Strafverfahren, S.]

Stein, Wolfgang Hans: Themen juristischer Zeitgeschichte (1), Schwerpunktthema: Recht und Nationalsozialismus, Band 1, Hrsg. Franz Josef Düwell, Thomas Vormbaum, Baden-Baden 1998
[zitiert: *Stein*, in: Düwell/Vormbaum, Schwerpunktthema: Recht und Nationalsozialismus, S.]

Steindorfner, Michael: Die Bedeutung der Schöffinnen und Schöffen für unsere demokratische Rechtsprechung, RohR 2006, S. 101–112

Strate, Gerhard: Ende oder Wende des Strafzumessungsrechts? – Zu den Auswirkungen des Gesetzes über die Verständigung im Strafverfahren, NStZ 2010, S. 362–366

Systematischer, Kommentar: Systematischer Kommentar zur Strafprozessordnung, Mit GVG und EMRK, Hrsg. Jürgen Wolter Band V: §§ 246a–295 StPO, 5. Auflage 2016
[zitiert: SK-*Velten*, §, Rn.]

Theile, Hans: Wahrheit, Konsens und § 257c StPO, NStZ 2012, S. 666–671

Volk, Klaus: Der Laie als Strafrichter, S. 373–389; Festschrift für Hanns Dünnebier zum 75. Geburtstag am 12. Juni 1982, Hrsg. Ernst-Walter Hanack, Peter Rieß, Günter Wendisch, Berlin 1982
[zitiert: *Volk,* in: FS-Dünnebier, S.]

Vormbaum, Thomas: Einführung in die moderne Strafrechtsgeschichte, 3. Auflage, Berlin 2016
[zitiert: *Vormbaum*, Einführung in die moderne Strafrechtsgeschichte, S.]

–: Die Lex Emminger vom 4. Januar 1924, Vorgeschichte, Inhalt und Auswirkungen, Ein Beitrag zur deutschen Strafrechtsgeschichte des 20. Jahrhunderts, Berlin 1988
[zitiert: *Vormbaum*, Die Lex Emminger vom 4. Januar 1924, S.]

Vultejus, Ulrich: Schöffen in der Hauptverhandlung und Beratung – ihr Einfluss in Theorie und Praxis: in Lieber, Hasso/ Sens, Ursula (Hrsg.), Ehrenamtliche Richter – Demokratie oder Dekoration am Richtertisch?, Eine rechtspolitische Streitschrift zu Verbesserung und Ausbau der Beteiligung des Volkes an der Rechtsprechung mit einem Geleitwort von Herta Däubler-Gmelin, Bundesministerin der Justiz, S. 61–64, Festschrift zum zehnjährigen Bestehen der Deutschen Vereinigung der Schöffinnen und Schöffen, Schriftenreihe des Bundesverbandes ehrenamtlicher Richterinnen und Richter, Heft 2, Wiesbaden 1999
[zitiert: *Vultejus*, Schöffen in der Hauptverhandlung und Beratung, S.]

Wagner, Christean: Soll es weiter ehrenamtliche Richter geben, DRiZ 2008, S. 118–120

Wabnitz, Heinz-Bernd / Janovsky, Thomas: Handbuch des Wirtschafts- und Steuerstrafrechts, Hrsg. Heinz-Bernd Wabnitz, Thomas Janovsky, 4. Auflage, München 2014,
[zitiert: Wabnitz/Janovsky-*Bearbeiter*, Kapitel, Rn.]

Wasserburg, Klaus: Einsichtsrecht des Verteidigers in kriminalpolizeiliche Spurenakten, NStZ 1981, S. 211–212

Wassermann, Rudolf: Bürgermitwirkung an der Rechtsprechung – verfassungsrechtliche und rechtspolitische Aspekte, Ehrenamtliche Richter – Demokratie oder Dekoration am Richtertisch, Hrsg. Hasso Lieber, Ursula Sens, Wiesbaden 1999, S. 38–46
[zitiert: *Wassermann*, Bürgermitwirkung an der Rechtsprechung, S.]

Weber, Petra: Justiz und Diktatur, Justizverwaltung und politische Strafjustiz in Thüringen 1945–1961, München/Oldenburg 2000
[zitiert: *Weber*, Justiz und Diktatur, S.]

Weigend, Thomas: Verständigung in der Strafprozessordnung – auf dem Weg zu einem neuen Verfahrensmodell, S. 829–848, Gerechte Strafe und legitimes Strafrecht: Festschrift für Manfred Maiwald zum 75. Geburtstag, Hrsg. René Bloy, Berlin 2010
[zitiert: *Weigend*, in: FS-Maiwald, S.]

Werber, Wolfgang: Analogie- und Rückwirkungsverbot im Dritten Reich unter Berücksichtigung der Kontinuitätsfrage zur Weimarer Zeit, Diss. Bonn 1998
[zitiert: *Werber*, Analogie- und Rückwirkungsverbot im Dritten Reich, S.]

Wenske, Marc: Die Verständigung im Strafverfahren – Teil 1, DRiZ 2011, S. 393–398

Wesel, Uwe: Geschichte des Rechts, von den Frühformen bis zur Gegenwart, 4. Auflage, München 2014
[zitiert: *Wesel*, Geschichte des Rechts, S.]

von Wilpert, Gero: Lexikon der Weltliteratur, Autoren A bis K, 4. Auflage 2004
[zitiert: *Wilpert*, Lexikon der Weltliteratur, Autoren A bis K, S.]

Zwiehoff, Gabriele: Laienrichter in Japan, Deutschland und Europa, Japanisch-Deutsches Symposium, Berlin 2006
[zitiert: *Zwiehoff*, Laienrichter in Japan, Deutschland und Europa, S.]

Inhaltsverzeichnis

A. Einleitung

„*Im Namen des Volkes*“ ergehen sämtliche in Deutschland gesprochenen Strafurteile, § 268 Abs. 1 StPO. Diese Formulierung ist Ausdruck dafür, dass alle Staatsgewalt vom Volk ausgeht, Art. 20 Abs. 2 GG. Das bedeutet, dass das Urteil im Namen des Volkes erlassen wird. Allerdings ist „das Volk“ nicht an allen Entscheidungen der Strafgerichte beteiligt. Der Strafrichter beim Amtsgericht, die Schöffengerichte und die Strafkammern außerhalb der Hauptverhandlung sowie die Senate bei den Oberlandesgerichten und beim Bundesgerichtshof entscheiden ohne die Mitwirkung von Laienrichtern (vgl. § 25 i.V.m. § 28 GVG für das Amtsgericht; §§ 30 Abs. 2, 76 Abs. 1 S. 2 GVG für die Entscheidung außerhalb der Hauptverhandlung; §§ 115, 122 GVG §§ 124, 139 GVG für den Bundesgerichtshof). Die Laienrichter wirken hingegen bei Hauptverhandlungen vor dem Schöffengericht (§§ 28, 29 GVG) sowie vor dem Landgericht mit. Diese Mitwirkung betrifft sowohl die Verfahren erster Instanz, wie auch die Verfahren zweiter Instanz und kann gegebenenfalls beide Instanzen betreffen. Es stellt sich allerdings die Frage, ob die den Laienrichtern zur Verfügung stehenden Mitwirkungsmöglichkeiten – gerade vor dem Hintergrund der Vorschriften über die Verständigung im Strafverfahren – so ausgestaltet sind, dass die Laienrichter diese aktiv wahrnehmen können. Die meisten Verständigungen zwischen den Verfahrensbeteiligten finden vor der Hauptverhandlung und auf Grundlage der Prozessakten statt. Die Laienrichter wirken allerdings weder vor der Hauptverhandlung mit, noch wird ihnen Einsicht in die Akten gewährt. Die sich aus dieser Konstellation ergebenden Probleme für die Laienrichter und ihre Beteiligung im Strafverfahren werden in dieser Arbeit vorgestellt. Des Weiteren werden mögliche Wege aufgezeigt, wie die Beteiligung von Laien im Strafverfahren sinnvoller und effektiver ausgestaltet werden könnte.

Bevor jedoch darauf eingegangen wird, ob Laienrichtern Einsicht in die Verfahrensakten gewährt werden und wie die Beteiligung der Laienrichter bei Verständigungen ausgestaltet werden könnte, soll ein Blick in die Vergangenheit die historische Entwicklung und die Gründe für die Beteiligung von Laien am Strafprozess darstellen. Sodann soll der Status Quo des rechtlichen Rahmens der Laienbeteiligung als Grundlage für die eigentliche Problematik dienen.

B. Historische Entwicklung des Laienrichtertums mit Augenmerk auf das Akteneinsichtsrecht seit der Gründung des Deutschen Reiches

Um die Entwicklung der Gesetzgebung und Rechtsprechung sowie die Rolle der Laienrichter[1] im heutigen Strafprozess besser nachvollziehen zu können, ist ein Blick in die Geschichte unerlässlich, beginnend bei dem ersten deutschen Gerichtsverfassungsgesetz (GVG) und der ersten Strafprozessordnung (StPO) bis hin zu den heutigen Regelungen betreffend die Schöffen im Strafverfahren.

I. Entwicklung eines ersten gesamtdeutschen Gerichtsverfassungsgesetzes

Die Entwicklung des deutschen Gerichtsverfassungsgesetzes wurde durch die politischen Verhältnisse und Entwicklungen in Europa, insbesondere durch Frankreich geprägt. Gerade die Revolutionen in Frankreich in den Jahren 1789 und 1848 beeinflussten die Entwicklung Deutschlands und vor allem die Entwicklung des deutschen Strafprozesses erheblich.[2] Die Gewaltenteilung, insbesondere die Trennung von Justiz und Verwaltung, war eines der wesentlichen Ziele der französischen Revolution. Die durch die Revolution gewonnene Unabhängigkeit sollte sich auch im Strafprozess widerspiegeln, sodass in Frankreich im Jahr 1791 eine Urteilsjury nach dem englischen Vorbild eingeführt wurde.[3]

Beschleunigt durch die französische Besetzung und die Übernahme der französischen Gesetze in den linksrheinischen Gebieten wurden Geschworenengerichte in den deutschen Partikularstaaten eingeführt und bestanden auch nach dem Ende der Okkupation in den südwestdeutschen Ländern fort.[4] Tatsächlich wurden nach dem Vorbild des französischen Code d‘instruction criminelle von

1 Mit Laienrichter sind im Folgenden grundsätzlich Laienrichter im Strafverfahren gemeint, es sei denn, es wird ausdrücklich auf andere Gerichtsbarkeiten Bezug genommen.

2 Ausführliche Darstellung der (politisch beeinflussten) Diskussion in der Wissenschaft kurz vor und nach der im Jahr 1848 folgenden Revolution bei *Schwinge*, Kampf um die Schwurgerichte, S. 146 ff.

3 *Schwinge*, Kampf um die Schwurgerichte, S. 74 ff.

4 *Ebert*, Jura 1996, S. 242 f.

1808 wesentliche Änderungen im Gerichtswesen der deutschen Einzelstaaten vorgenommen.[5]

1. Grundsätzliche Änderungen im Strafverfahren

Während der deutsch-nationalen Freiheitsbewegung wurde der Schriftsteller *August von Kotzebue* 1819 von einem aus Jena stammenden Burschenschaftler getötet.[6] Diese Tötung nahmen der Österreichische Kanzler *Metternich* und die den Deutschen Bund beherrschenden Fürsten zum Anlass, die aufkommende Freiheitsbewegung sowie mögliche Revolutionäre mit den sogenannten Karlsbader Beschlüssen zurückzudrängen.[7] Aufgrund der Beschlüsse konnten Personen verfolgt werden, die den liberalen und nationalen Ideen anhingen (Demagogen). Während dieser sogenannten Demagogenverfolgung wurden viele Burschenschaftler, aber auch renommierte Schriftsteller sowie Wissenschaftler verfolgt und durch Gerichte ohne Laienbeteiligung inhaftiert, weswegen die Bevölkerung das Vertrauen in die Unparteilichkeit der Richter fast völlig verlor.[8] Die Bevölkerung hegte wegen der Abhängigkeit der Berufsrichter von der „staatlichen Obrigkeit" großen Argwohn gegen diese; nicht zuletzt deshalb, weil sie dem Landesherrn zur Treue verpflichtet und jederzeit absetzbar und daher austauschbar waren.[9] Das führte dazu, dass die Öffentlichkeit eine größere Beteiligung der Laienrichter im Strafprozess immer vehementer forderte, da sie sich dadurch ein faires Verfahren erhoffte.[10]

Vor dem Hintergrund des Ausgangs des Verfahrens gegen die Veranstalter des Hambacher Festes, *Wirth* und *Siebenpfeiffer*, verstärkte sich bei den Menschen der Eindruck, dass sich nur mit Hilfe von Geschworenen der Einfluss des Staates auf die Berufsrichter eindämmen lasse.[11] Denn in den Prozessen nach dem Hambacher Fest 1832 gegen die Organisatoren des Festes, wurde aufgrund der übernommenen französischen Gerichtsverfassung ein Teil der dreizehn

---

5 *Hadding*, Schwurgerichte in Deutschland, S. 28.

6 *Hettinger*, JoJZG 2011, S. 116, 119; *Siemann*, Vom Staatenbund zum Nationalstaat, S. 331 f.

7 *Hettinger*, JoJZG 2011, S. 116, 119; *Siemann*, Vom Staatenbund zum Nationalstaat, S. 331 f.

8 *Schmidt*, Deutsche Strafrechtspflege, S. 324.

9 *H. Lilie*, in: FS-Rieß, S. 303, 305.

10 *Schwinge*, Kampf um die Schwurgerichte, S. 143; *Schmidt*, Deutsche Strafrechtspflege, S. 327 und 332.

11 Ausführlich nachzulesen bei *Baumann*, Das Hambacher Fest: 27. Mai 1832, Männer und Ideen.

Angeschuldigten wegen Hochverrats und ein anderer Teil wegen Verletzung des Versammlungsrechts angeklagt. Die Verhandlung wegen Hochverrats fand vor einem Schwurgericht (besetzt mit Laienrichtern) statt und führte zum Freispruch der Angeklagten. Diejenigen Angeklagten hingegen, die wegen Verletzung des Versammlungsrechts angeklagt waren und deren Verhandlung vor einem ausschließlich mit Berufsrichtern besetzten Gericht stattfand, wurden zu langen Freiheitsstrafen verurteilt.[12]

Auf Grund der vorangegangenen Geschehnisse wurden der Wunsch des Volkes nach Mitbestimmung und die Wut auf die offenbar gerade in der Strafjustiz vorherrschende Willkür immer größer.[13] Nach 1848 wurde das Schwurgericht[14] in allen Partikularstaaten zu einem Sinnbild des Liberalismus.[15] Mit der Einführung des Schwurgerichtsprozesses gingen auch wesentliche Änderungen im Strafprozess einher. Der schriftliche und geheime Inquisitionsprozess wurde abgeschafft,[16] das Vorverfahren wurde vom Hauptverfahren getrennt und die Staatsanwaltschaft als eigene Institution eingeführt, die das Vorverfahren leitete.[17] Von besonderer Bedeutung war die Einführung der Grundsätze der Mündlichkeit und Öffentlichkeit im Strafverfahren.[18] Außerdem sollten die Richter zukünftig unabhängig sein, was unmittelbar mit der Trennung von Justiz und Verwaltung einherging.[19] Hinzu kam die Beteiligung der Laien an der Rechtsprechung.[20]

2. Gerichtsverfassungen der deutschen Länder nach 1848

Die Gerichtsordnung war in den deutschen Einzelstaaten vor dem ersten gemeinsamen Gerichtsverfassungsgesetz (GVG) nicht einheitlich geregelt. Grundsätzlich hatten zwar alle Länder drei erstinstanzlich zuständige Strafgerichte, allerdings wurden diese häufig sehr unterschiedlich zusammengesetzt und bezeichnet.[21] Je nach Schwere der Tat war ein Gericht unterer, mittlerer oder oberer

---

12 *Baumann*, Das Hambacher Fest: 27. Mai 1832, Männer und Ideen.
13 *Hadding*, Schwurgerichte in Deutschland, S. 37 m.w.N.; *Ebert*, Jura 1996, S. 242, 244.
14 Dazu mehr unter B. I. 2.
15 *Eisenhart*, Deutsche Rechtsgeschichte, Rn. 552.
16 *Gmür/Roth*, Grundriss der deutschen Rechtsgeschichte, Rn. 373, 375.
17 *Schmidt*, Deutsche Strafrechtspflege, S. 327–332.
18 Amtliche Denkschrift über die Schöffengerichte, GA 21 (1873) S. 40, f.
19 *Schmidt*, Deutsche Strafrechtspflege, S. 327.
20 Zu der Ausgestaltung der Laienbeteiligung unter B. I. 2. und 3.
21 Amtliche Denkschrift über die Schöffengerichte, GA 21 (1873) S. 40, 41.

Ordnung zuständig.[22] Die Art der Beteiligung von Laienrichtern war nahezu in jedem Land anders geregelt. Ein Teil der Länder beteiligte gar keine Laien an der Rechtsprechung.[23] In anderen Einzelstaaten bestanden wiederum neben den ausschließlich mit Berufsrichtern besetzten Gerichten auch Schwurgerichte mit der Beteiligung von Geschworenen als Laienrichter.[24]

Die Schwurgerichte waren in der Regel mit Geschworenen – deren Anzahl die der Berufsrichter überwog – besetzt, die nur über die Tat- und nicht auch über die Rechtsfrage zu entscheiden hatten.[25] Diese Entscheidung oblag den Berufsrichtern.[26] Die Geschworenen hatten dementsprechend darüber zu befinden, ob der Angeklagte die Tatbestandsmerkmale erfülle, ob er sich also schuldig gemacht habe.[27] Den Geschworenen wurden Fragen vorgelegt, die sie dem Beschuldigten zu stellen hatten.[28] Aus der „*Tatfrage*" wurde später die „*Schuldfrage*".[29] Die vom Richter zu beantwortende „*Rechtsfrage*" beschränkte sich demgemäß auf Verfahrensfragen, Gesetzeshinweise und die Festsetzung der Strafe.[30] Das Schwurgericht tagte lediglich periodisch, oftmals nur ein paar Mal im Jahr.[31]

In einem weiteren Teil der deutschen Länder tagten neben den Schwur- und den nur mit Berufsrichtern besetzten Gerichten auch Schöffengerichte.[32] Diese Laienrichter waren dabei je nach Land sowohl in den Gerichten unterer als auch in den Gerichten mittlerer Ordnung tätig.[33] Diese „*Vielgestaltigkeit*" sollte erst

---

22 Amtliche Denkschrift über die Schöffengerichte, GA 21 (1873) S. 40, 41.

23 Lübeck, Mecklenburg-Schwerin, Mecklenburg-Strelitz, Lippe und Schaumburg-Lippe, Amtliche Denkschrift über die Schöffengerichte, GA 21 (1873) S. 40, 41 f.

24 Dies galt für Bayern, Hessen, Braunschweig, Sachsen-Weimar, Sachsen-Meiningen, Sachsen-Coburg-Gotha, Anhalt, Schwarzburg-Sondershausen, Schwarzburg-Rudolstadt, Reuß ä. L., Reuß j. L., Waldeck und Elsaß-Lothringen, Amtliche Denkschrift über die Schöffengerichte, GA 21 (1873) S. 40, 42.

25 Damals durften nur Männer Laienrichter sein.

26 Amtliche Denkschrift über die Schöffengerichte, GA 21 (1873) S. 40, 47.

27 *Kern*, Geschichte des Gerichtsverfassungsrechts, S. 75.

28 Amtliche Denkschrift über die Schöffengerichte, GA 21 (1873) S. 40, 48.

29 So auch *Hadding*, Schwurgerichte in Deutschland, S. 40.

30 Amtliche Denkschrift über die Schöffengerichte, S. 47; *Hadding*, Schwurgerichte in Deutschland, S. 44.

31 Amtliche Denkschrift über die Schöffengerichte, GA 21 (1873) S. 40, 55.

32 Dies betraf die preußischen Provinzen (Hannover, Hessen-Nassau, Schleswig-Holstein), Sachsen, Württemberg, Baden, Oldenburg, Bremen und Hamburg, Amtliche Denkschrift über die Schöffengerichte, GA 21 (1873) S. 40, 42.

33 Amtliche Denkschrift über die Schöffengerichte, GA 21 (1873) S. 40, 42.

mit einer einheitlichen Gesetzgebung zum Strafprozess und zum Gerichtswesen aufgehoben werden.[34]

Allerdings wurde die Einführung der Schwurgerichte auch kritisch gesehen.[35] So konnte die Regierung in einigen Ländern auf Grund der Übernahme des französischen Wahlsystems auf die Wahl der Geschworenen Einfluss nehmen.[36] Weiter sollte das Geschworenenamt die Bürger finanziell nicht überfordern, sodass die Geschworenenbank wegen des auch in den deutschen Staaten geltenden Vermögens- und Bildungszensus für die unterste Schicht unzugänglich blieb.[37] *Schwinge* kommentiert:

> *„So sahen sich plötzlich die liberalen Volkskämpfer des Schwurgerichts zu ihrer großen Überraschung im Besitze einer Jury von 12 reichen Männern, die womöglich auch noch ein von der Regierung abhängiger Verwaltungsbeamter auszuwählen hatte.“*[38]

3. Gesetzgebungsprozess der Laienbeteiligung bis zum ersten gesamtdeutschen GVG

Nach der Gründung des Deutschen Reiches 1871 sollten die bereits in den Partikularstaaten vorhandenen und zum Teil divergierenden Regelungen zum Gerichtsverfassungsrecht vereinheitlicht werden.[39] Der damalige Reichskanzler *Otto von Bismarck* bat den preußischen Justizminister *Leonhardt*, den Entwurf einer Gerichtsverfassung zu erarbeiten.[40] Das preußische Justizministerium veröffentlichte neben den von *Bismarck* 1873 vorgelegten Entwürfen für ein GVG,[41] die „Amtliche Denkschrift über die Schöffengerichte“.[42] Diese Denkschrift enthält einen Großteil der Motive zu dem Gesetzentwurf und spricht sich deutlich für eine Beteiligung der Laien im Strafprozess in Form des Schöffenwesens aus.[43]

---

34 Siehe dazu B. II.
35 *Schwinge*, Kampf um die Schwurgerichte, S. 126 f., 130.
36 *Schwinge*, Kampf um die Schwurgerichte, S. 126 f., 130.
37 *Hadding*, Schwurgerichte in Deutschland, S. 31 m.w.N.
38 *Schwinge*, Kampf um die Schwurgerichte, S. 130.
39 *Hadding*, Schwurgerichte in Deutschland, S. 43.
40 *Schmidt*, Deutsche Strafrechtspflege, S. 343.
41 *Hadding*, Schwurgerichte in Deutschland, S. 43.
42 Amtliche Denkschrift über die Schöffengerichte, GA 21 (1873) S. 40 ff.
43 Amtliche Denkschrift über die Schöffengerichte, GA 21 (1873) S. 40 ff.

a) *Vorüberlegungen des preußischen Justizministeriums*

Nach der Ansicht der Verfasser der Amtlichen Denkschrift stand es außer Frage, dass „*kein Strafurtheil ohne die Mitwirkung von Laien*“ gefällt werden dürfe und „*daß die Strafgerichte Schöffengerichte sein sollen.*“[44] Der zu bildende Gerichtszug sollte aus kleinen, mittleren und großen Schöffengerichten zusammengesetzt sein. Die Erwägungen, die gegen ein ausschließlich mit Berufsrichtern besetztes Gericht sprächen, würden für Gerichte aller Ordnungen gelten.[45] Ein weiterer Grund, der für die Beteiligung von Laienrichtern spreche, liege in der geplanten Beseitigung der Berufungsinstanz.[46] Auf Grund der fehlenden zweiten Tatsacheninstanz müsse die Garantie für die Richtigkeit der erstinstanzlichen Urteile erhöht werden. Diese sei durch eine Erhöhung der Richterzahl zu erreichen. Allerdings stünden nicht genug Berufsrichter zur Verfügung, als dass allein mit ihnen ein Ausbau der erstinstanzlichen Gerichte möglich sei. Auch aus diesem Grund müssten Laienrichter am Strafprozess mitwirken. Zusammenfassend wird in der Amtlichen Denkschrift über die Schöffengerichte festgehalten:

> „*Hiernach konnte kein Zweifel darüber bestehen, daß die nothwendige Vermehrung der Zahl der Urtheiler durch eine erweiterte Heranziehung des Laienelements zu bewirken sei.*“[47]

b) *Der grundsätzliche Wunsch nach der Beteiligung von Laien im Strafprozess*

Dass nun Laien am Strafverfahren teilnehmen sollten, stand außer Frage. Allerdings waren sich die Länder uneinig darüber, wie diese Teilnahme ausgestaltet werden solle.[48]

Wie bereits erwähnt, gab es 1873 in einigen deutschen Staaten neben den Schöffengerichten auch Schwurgerichte.[49] Dies war nach Ansicht der Verfasser der Denkschrift jedoch dem Umstand der „*Unfertigkeit der deutschen Rechtszustände überhaupt*“ geschuldet.[50] Für eine Fortführung des Schwurgerichts

---

44 Amtliche Denkschrift über die Schöffengerichte, GA 21 (1873) S. 40, 42.

45 Amtliche Denkschrift über die Schöffengerichte, GA 21 (1873) S. 40, 43.

46 Amtliche Denkschrift über die Schöffengerichte, GA 21 (1873) S. 40, 43.

47 Amtliche Denkschrift über die Schöffengerichte, GA 21 (1873) S. 40, 43.

48 Vgl. Begründung des ersten Entwurfes eines gemeinsamen Gerichtsverfassungsgesetzes von 1873, teilweise abgedruckt bei *Schubert*, Die deutsche Gerichtsverfassung, S. 624.

49 Amtliche Denkschrift über die Schöffengerichte, GA 21 (1873) S. 40, 44.

50 Amtliche Denkschrift über die Schöffengerichte, GA 21 (1873) S. 40, 44.

bestünde bei genauerem Hinsehen kein Bedürfnis. Das regelmäßig von Befürwortern des Schwurgerichts herangezogene Argument, man könne nicht das Schwurgericht abschaffen, wo gerade seine Einführung *„eine seit Jahrzehnten ausgesprochene Forderung des Deutschen Volkes“* sei, greife nicht. Denn der eigentliche Wille sei in Wahrheit die Beteiligung des Volkes an der Strafrechtspflege.[51] Wenn das Volk ausdrücklich nach Geschworenengerichten verlange, dann nur, weil man in Deutschland keine andere Art der Laienbeteiligung am Strafprozess gekannt habe.[52] Die Verfasser der Denkschrift kritisierten, dass regelmäßig nur darüber diskutiert wurde, ob die Laien- oder die Berufsrichter besser Recht sprechen würden, anstatt zu hinterfragen, ob es nicht *„angemessen sei, die Juristen und die Laien zu einem Kollegium zu vereinigen.“*[53]

c) Argumente der Schöffengerichtsanhänger

Der sächsische Generalstaatsanwalt *Schwarze* setzte sich als ausgesprochener Befürworter der Schöffengerichte für eine gänzliche Abschaffung des 1865 in Sachsen geltenden Geschworenensystems ein.[54] Er forderte die Errichtung eines Gerichtszuges, der ausschließlich aus Schöffengerichten bestehen sollte.[55] Besonders wichtig war ihm – wie den meisten Schöffengerichtsanhängern – ein einheitlicher Urteilsspruch, das heißt, die Laienrichter sollten gemeinsam mit den Berufsrichtern eine Entscheidung fällen, sodass die Trennung der Tat- von der Schuldfrage entbehrlich werden sollte.[56] Zugleich kritisierte er die Schwerfälligkeit des Schwurgerichts und das damit einhergehende Problem, kleine und mittlere Strafsachen zügig zu bearbeiten.[57] Ebenso war *Heinze* 1865 der Ansicht, dass weder die französische noch die englische Jury allein als Vorbild dienen könne, sondern dass Deutschland einen eigenen Weg finden müsse:

> *„Und wessen Herz für die Größe unseres Vaterlandes warm schlägt, der möge noch das Eine bedenken: daß ein jedes Volk in seiner Selbstachtung und Zukunft tödlich gefährdet ist, welches die Formen seines öffentlichen Lebens immer und immer dem Auslande abborgt, anstatt aus dem eigenen Fleische und Blute sie zu erzeugen.“*[58]

---

51 Amtliche Denkschrift über die Schöffengerichte, GA 21 (1873) S. 40, 44.
52 Amtliche Denkschrift über die Schöffengerichte, GA 21 (1873) S. 40, 45.
53 Amtliche Denkschrift über die Schöffengerichte, GA 21 (1873) S. 40, 46.
54 *Schwarze*, Das deutsche Schwurgericht und dessen Reform, S. 1 ff.
55 *Schwarze*, Das deutsche Schwurgericht und dessen Reform, S. 165 ff.
56 *Schwarze*, Das deutsche Schwurgericht und dessen Reform, S. 168.
57 *Schwarze*, Das deutsche Schwurgericht und dessen Reform, S. 11 ff.
58 *Heinze*, Ein deutsches Geschworenengericht, S. 165 f.

Im Ergebnis ebenso *Feuerbach* schon 1812:

> „*Viele menschliche Einrichtungen gleichen jenen Pflanzen, die blos unter ihrem eigenen Himmelsstriche auf dem mütterlichen Boden gedeihen, dem sie entwachsen sind, die, sobald man sie anderswohin verpflanzt, des ihnen nöthigen Lebensstoffes entbehren, und trotz aller künstlichen Pflege entweder verdorren oder nur taube Blüten treiben.*“[59]

Ferner artikuliert insbesondere die „Amtliche Denkschrift über die Schöffengerichte“ den ausdrücklichen Wunsch des preußischen Justizministeriums zur Ersetzung der Schwur- durch die Schöffengerichte.[60] Die hier schon im Jahr 1873 gegen das Schwurgericht angebrachten Argumente wurden in den darauffolgenden Jahrzehnten immer wieder aufgegriffen, weswegen eine genauere Beschäftigung mit der Denkschrift sehr aufschlussreich ist.

aa) Nachteile des Schwurgerichts

Nach Ansicht der Verfasser der Amtlichen Denkschrift krankte das deutsche Geschworenengericht im Gegensatz zu dem Schöffengericht an einem „*unheilbaren Gebrechen*“: es versuche vergeblich, die Tat- von der Rechtsfrage zu trennen, obwohl beide „*untrennbar verwebt und durchwachsen*“ seien.[61]

Denn Geschworenen hatten im damaligen Deutschland und Preußen eben nur über die Tatfrage und nicht über die Schuldfrage zu entscheiden.[62] Im Gegensatz dazu wurde in England – dem Vaterland der Jury – den Geschworenen die Entscheidung über die ganze Schuldfrage auferlegt, sodass die Berufsrichter regelmäßig nur das Strafmaß zu bestimmen oder den Beschuldigten freizusprechen hatten.[63] Dem englischen Jurysystem sind die im damaligen Deutschland und Preußen durch das Gericht den Geschworenen vorzulegenden Fragen fremd.

Das zweite grundlegende Problem sei, dass Berufsrichter als juristische Sachverständige bei der Entscheidung über die Schuldfrage unerlässlich seien. Diese beiden Prämissen könne jedoch das Geschworenengericht nicht erfüllen. Sie ließen sich auch nicht durch die Fragen ersetzen, die der Richter an die Geschworenen stelle.[64] Die Fragestellungen seien selbst problematisch, da der Fragende die „*Auffassungsweite*“ der Geschworenen nicht kenne, was zu Verständigungsproblemen

---

59 *Feuerbach*, Betrachtungen über das Geschworenen-Gericht, S. 46.
60 Amtliche Denkschrift über die Schöffengerichte, GA 21 (1873) S. 40 ff.
61 Amtliche Denkschrift über die Schöffengerichte, GA 21 (1873) S. 40, 48.
62 Amtliche Denkschrift über die Schöffengerichte, GA 21 (1873) S. 40, 47.
63 Amtliche Denkschrift über die Schöffengerichte, GA 21 (1873) S. 40, 49.
64 Amtliche Denkschrift über die Schöffengerichte, GA 21 (1873) S. 40, 48.

führen könne.[65] Die englische Jury komme ohne diese Fragen aus, was jedoch nicht bedeute, dass es sich um ein besseres Geschworenensystem handele. Vielmehr sei das Gegenteil der Fall. Das System verhindere auf diese Art und Weise, dass Missverständnisse überhaupt entdeckt werden könnten.[66] Jedoch sei das englische mit dem deutschen oder dem französischen System kaum zu vergleichen, da es nicht durch einen „*Akt der Gesetzgebung*", sondern „*als etwas im Laufe der Geschichte Gewordenes, als das Ergebnis einer viele Jahrhunderte alten Rechtsausübung und Rechtsentwicklung […] zu verstehen*" sei.[67] Deshalb sei das System der englischen Jury nicht einfach auf Deutschland anwendbar.[68]

Gegen das Schwurgericht spreche zudem, dass die Beteiligung von Laien als Geschworene organisatorisch kaum umsetzbar sei. Das lediglich periodisch tagende Schwurgericht könne nicht der Vielzahl von geringeren Straffällen Herr werden.[69] Ferner müssten die in Haft sitzenden Angeklagten wegen der seltenen Schwurgerichtstermine häufig Monate auf ihr Verfahren warten. Wenn dann noch mehr als ein Hauptverhandlungstermin vor dem Schwurgericht für die Beendigung eines Verfahrens notwendig sei, würde sich die Untersuchungshaft um weitere Monate verlängern.[70] Diese für den Angeklagten und die Gerichtsorganisation äußerst bedenkliche Situation könne durch Schöffengerichte beseitigt werden.[71]

Ein weiteres Argument der Verfasser der Amtlichen Denkschrift war der Vergleich zwischen der „*Last des Schöffendienstes*" und der des Geschworenendienstes. Die Verfasser der Denkschrift monierten, dass unnötig viele Geschworene auf das Auswahlverfahren warten müssten und letzten Endes einige umsonst angereist seien.[72] Auch würden die Geschworenen „*unthätig und nutzlos am Orte des Gerichts*" ihre Zeit verbringen müssen, während die Schöffen in dem Bewusstsein leben würden, dass den von ihnen „*gebrachten Opfern eine entsprechende Bewerthung*" ihrer Kraft gegenüber stehe.[73]

---

65 Amtliche Denkschrift über die Schöffengerichte, GA 21 (1873) S. 40, 49.

66 Amtliche Denkschrift über die Schöffengerichte, GA 21 (1873) S. 40, 49.

67 Amtliche Denkschrift über die Schöffengerichte, GA 21 (1873) S. 40, 50.

68 Amtliche Denkschrift über die Schöffengerichte, GA 21 (1873) S. 40, 51.

69 Amtliche Denkschrift über die Schöffengerichte, GA 21 (1873) S. 40, 55.

70 Amtliche Denkschrift über die Schöffengerichte, GA 21 (1873) S. 40, 55.

71 Amtliche Denkschrift über die Schöffengerichte, GA 21 (1873) S. 40, 55 f.

72 Es wurden in der Regel mehr Personen geladen, als an dem Verfahren teilnahmen, da die Staatsanwaltschaft und die Verteidigung die Möglichkeit hatten, einen Teil der Geschworenen im Rahmen eines Auswahlverfahrens auszuschließen.

73 Amtliche Denkschrift über die Schöffengerichte, GA 21 (1873) S. 40, 55.

Im Ergebnis sei ein wie auch immer gestaltetes Geschworenengericht grundsätzlich abzulehnen und sämtliche Schwurgerichte durch Schöffengerichte zu ersetzen.

bb) Vorteile des Schöffengerichts

Bei Verfahren vor den Schöffengerichten würden die Berufs- und die Laienrichter gemeinsam über einen Fall entscheiden, sodass die Schöffen zusammen mit den Richtern in einem „*freien Gedankenaustausch*" zu einem Urteil kommen könnten.[74] Die Wahrscheinlichkeit, dass eine „*richtige Entscheidung*" durch ein Gericht gefällt werde, sei um ein Vielfaches höher, wenn die Lebenserfahrung der Laienrichter und die juristische Erfahrung der Berufsrichter vereinigt würden.[75] Die Schöffen könnten in diesem Spruchkörper ihre Fragen direkt an den Berufsrichter stellen und müssten nicht während der Beratung den Vorsitzenden aufsuchen, wie es beim Schwurgericht derzeit der Fall sei.[76] Dadurch würden auch die Schlussvorträge oder Fragestellungen wegfallen. Besonders wichtig sei, dass die Schöffen nun bei der Strafzumessung mitwirken könnten und das Urteil als ein Ganzes ergehen könne. Dadurch würde verhindert werden, dass das Urteil unnatürlich geteilt würde und unter Umständen uneinheitlich sei.[77] Ferner enthielten die Urteile eines Schöffengerichts im Gegensatz zu den Wahrsprüchen eines Schwurgerichts Urteilsgründe. Demgemäß könnten nur bei Urteilen des Schöffengerichts „*die dem Spruche etwa zu Grunde liegenden Rechtsirrtümer*" gesehen und beseitigt werden.[78] Schließlich sollten die Schöffen auch bei allen im Laufe der Hauptverhandlung zu findenden Entscheidungen mitwirken, soweit diese nicht dem Richter allein vorbehalten seien.[79]

Mit diesen Forderungen und Vorschlägen waren schon damals die wesentlichen Grundsätze der Schöffenbeteiligung festgelegt worden, die noch heute in dem nahezu gleichlautenden § 30 GVG festgehalten sind.

Die Verfasser der Amtlichen Denkschrift widersprachen überdies der Ansicht, dass sich die Laien in einem mit Berufsrichtern gebildeten Gremium von diesen beeinflussen lassen würden.[80] Das habe sich in den bisher bestehenden Gerichten nicht bestätigt. Überdies seien die Berufsrichter nicht in der Überzahl.

---

74 Amtliche Denkschrift über die Schöffengerichte, GA 21 (1873) S. 40, 51.
75 Amtliche Denkschrift über die Schöffengerichte, GA 21 (1873) S. 40, 52.
76 Amtliche Denkschrift über die Schöffengerichte, GA 21 (1873) S. 40, 52.
77 Amtliche Denkschrift über die Schöffengerichte, GA 21 (1873) S. 40, 52.
78 Amtliche Denkschrift über die Schöffengerichte, GA 21 (1873) S. 40, 53.
79 Amtliche Denkschrift über die Schöffengerichte, GA 21 (1873) S. 40, 51.
80 Amtliche Denkschrift über die Schöffengerichte, GA 21 (1873) S. 40, 54.

Wenn sich diese Behauptung der Beeinflussung aufrechterhalten ließe, dann würde dies auch auf die etwaige Beeinflussbarkeit der Geschworenen zutreffen, da diese ebenfalls Laienrichter seien, sodass dadurch die Beteiligung von Laien an der Strafgerichtsbarkeit an sich in Frage gestellt werden könne.[81]

d) Argumente der Schwurgerichtsanhänger

Gerade die liberaleren süddeutschen Länder, für die die Schwurgerichte eine Errungenschaft der Demokratie widerspiegelten, strebten im Gesetzgebungsprozess und auch danach die Aufrechterhaltung des Schwurgerichts an.[82] Die Bevölkerung hatte vor dem Hintergrund des Ausganges des Verfahrens gegen die Veranstalter des Hambacher Festes nachhaltig den Eindruck gewonnen, dass sich nur mit Hilfe von Geschworenen der Einfluss des Staates auf die Berufsrichter und damit auf das Urteil eindämmen lasse.[83] Die Anhänger des Schwurgerichts vertrauten der Unabhängigkeit der Berufsrichter, insbesondere aufgrund der Demagogenverfolgung, nicht:[84] „*Vollkommene, unbezweifelbare Unabhängigkeit*" sei nur bei Geschworenen zu finden.[85] Ein Teil der Wissenschaft befürchtete, dass sich die Schöffen, als juristische Laien, von den Berufsrichtern bei einer gemeinsamen Entscheidung über die Tat- und Rechtsfrage beeinflussen lassen und im Ergebnis lediglich als Statisten fungieren würden.[86] Grund für diese Skepsis war, dass es schon in der germanischen Rechtspflege eine Trennung von „Gerichtshalter" (König oder Häuptling) und „Urteilsfinder" (Volk) gegeben hatte.[87]

---

81 Amtliche Denkschrift über die Schöffengerichte, GA 21 (1873) S. 40, 54.

82 Die Paulskirchenverfassung führte erstmals in den Partikularstaaten die Beteiligung von Laien bei „Preßvergehen", Art. IV, § 143 Abs. 3, „*schweren Strafsachen und allen politischen Vergehen*", Art. X § 179, ein. Auch wenn diese scheiterte, so wurde die Laienbeteiligung 1878 mit in das erste Gerichtsverfassungsgesetz aufgenommen. *Mittermaier*, in: Erfahrungen über die Wirksamkeit der Schwurgerichte in Europa und Amerika, S. 221, 225 ff.

83 Ausführlich nachzulesen bei *Baumann*, Das Hambacher Fest: 27. Mai 1832, Männer und Ideen; *Schmidt*, Deutsche Strafrechtspflege, S. 332.

84 *Schwinge*, Kampf um die Schwurgerichte, S. 143 ff.; *Dahringer*, Berufs- und Laienrichter in der deutschen Rechtspflege, S. 63 ff. m.w.N.

85 *Schwinge*, Kampf um die Schwurgerichte, S. 144, der die Schwurgerichtsanhänger zitiert.

86 *Kern*, Geschichte des Gerichtsverfassungsrechts, S. 117.

87 *Schorn*, Der Laienrichter in der Strafrechtspflege, S. 1.

Der Argwohn gegenüber den Berufsrichtern lag in deren Abhängigkeit vom Staat (als Arbeitgeber) begründet.[88] Den vom Einfluss der Berufsrichter unabhängigeren Geschworenen traute man eher zu, den Angeklagten vor den „*Übergriffen der Obrigkeit*" bewahren zu können.[89]

Nach dem Rechtshistoriker *Brunner* sollte sich das Schwurgericht als „*Weltrechtsinstitut*" etablieren und die „*Jury als ein wesentliches Merkmal europäischer Kultur*" angesehen werden.[90] Der Rechtwissenschaftler und Politiker *Gneist*, ebenfalls ein Gegner der Schöffengerichte, schreibt zu den Entwürfen der Reichsjustizgesetze 1874:

> „*Ich antworte Nein! Der Gesetzgeber geräth vielmehr auf eine abschüssige Bahn. Das Schöffengericht hat keinen der Vorzüge, welchen man erreichen will, wohl aber verzichtet es auf alles, was dem Schwurgericht vom rechtlichen Standpunkte aus seinen Werth giebt, als lebendiges und zuverlässiges Organ des Gesetzes, zu welchem es durch die richtige Rechtsweisung wird.*"[91]

e) Die Gesetzesentwürfe[92]

Der erste vom preußischen Justizminister ausgearbeitete Entwurf eines GVG erfuhr bei einer Konferenz der Justizminister viel Kritik, da diese der Ansicht waren, dass *Leonhardt* mit dem Entwurf die Kompetenzen Preußens überschritten habe.[93] Daraufhin wurde dieser Entwurf überarbeitet und als „Entwurf eines Gesetzes über die Verfassung der Gerichte im Deutschen Reich für bürgerliche Rechtsstreitigkeiten und Strafsachen" dem Bundesrat am 12. November 1873 vorgelegt, allerdings nicht veröffentlicht. Der überarbeitete Entwurf sah vor, die Schwurgerichte vollständig abzuschaffen und sämtliche erstinstanzliche Urteile in Strafsachen vor Schöffengerichten zu verhandeln.[94] Der Bundesrat befürchtete, dass sich die liberalen Länder gegen die Abschaffung des Schwurgerichts

---

88 *Schmidt*, Deutsche Strafrechtspflege, S. 339.

89 *Huber*, Grundwissen – Strafprozessrecht: Schwurgericht, JuS 2009, 406.

90 *Brunner*, Die Entstehung der Schwurgerichte, 1872, S. 7.

91 *Gneist*, Vier Fragen zur Deutschen Strafprozessordnung mit einem Schlusswort über die Schöffengerichte, S. 142, 179.

92 Die gesetzgeberische Entwicklung des Gerichtsverfassungsgesetzes soll zwar nicht in allen Einzelheiten, jedoch im Überblick dargestellt werden; ausführlich dazu *Kern*, Geschichte des Gerichtsverfassungsrechts, S. 86 ff.; *Ebert*, Jura 1996, S. 242, 244 ff.

93 *Kern*, Geschichte des Gerichtsverfassungsrechts, S. 88.

94 *Schmidt*, Deutsche Strafrechtspflege, S. 345.

sperren und dem Entwurf nicht zustimmen würden.[95] Darüber hinaus stellte es ein Problem dar, dass bei der Erstellung dieses Entwurfes bei weitem nicht alle Justizminister der deutschen Staaten mitgewirkt hatten.[96]

Die erste veröffentlichte Version des nunmehr dritten Entwurfs[97] eines Gerichtsverfassungsgesetzes wurde von der Reichsjustizkommission im Oktober 1874 dem Reichstag vorgelegt.[98] Dieser Entwurf sah keine großen oder mittleren Schöffengerichte mehr vor. Das große Schöffengericht sollte durch ein Schwurgericht und das mittlere Schöffengericht durch eine von Berufsrichtern gebildete Strafkammer ersetzt werden.[99] Den Liberalen, die im Reichstag die Mehrheit bildeten, ging auch dieser Entwurf noch zu weit.[100]

Nach drei Lesungen im Plenum konnte das erste Gerichtsverfassungsgesetz trotz der vorausgegangenen Meinungsverschiedenheiten am 7. Februar 1877 im Reichsgesetzblatt verkündet werden. Das Reichsgerichtsverfassungsgesetz trat mit den übrigen „Reichsjustizgesetzen", der Zivilprozessordnung, der Strafprozessordnung[101] und der Rechtsanwaltsordnung am 1. Oktober 1879 in Kraft. Mit diesem Reichsgerichtsverfassungsgesetz (RGVG) gelang es erstmals, eine weitestgehend einheitliche Gesetzgebung im Prozessrecht für das gesamte Deutsche Reich umzusetzen. Es enthielt jedoch keine kodifikatorische Klausel, das heißt, dass die landesgesetzlichen Bestimmungen neben dem RGVG anwendbar blieben.

---

95 *Schmidt*, Deutsche Strafrechtspflege, S. 345 f. Besonders anschaulich hatte *Mittermaier* in „Erfahrungen über die Wirksamkeit der Schwurgerichte in Europa und Amerika" die damalige Stimmung im Deutschen Reich und die Entwicklung hin zum Wunsch der Bevölkerung nach Schwurgerichten geschildert, S. 221 ff.; *Kern*, Geschichte des Gerichtsverfassungsrechts, S. 89.

96 *Kern*, Geschichte des Gerichtsverfassungsrechts, S. 88.

97 *Kern* nennt diesen Entwurf „E II", da er den ersten Entwurf, aus dem der zweite entstanden ist, als Einheit ansieht; *Kern*, Geschichte des Gerichtsverfassungsrechts, S. 89.

98 Dieser von *Bismarck* vorgelegte Entwurf diente auch als Grundlage der späteren RStPO, vgl. dazu ausführlich *Hahn*, Die gesammten Materialien zur Strafprozessordnung und dem Einführungsgesetz zu derselben v. 1. Februar 1877, Erste Abtheilung, 1880, S. 3.

99 *Schmidt*, Deutsche Strafrechtspflege, S. 346; *Kern*, Geschichte des Gerichtsverfassungsrechts, S. 89.

100 *Kern*, Geschichte des Gerichtsverfassungsrechts, S. 91.

101 *Eisenhardt*, Deutsche Rechtsgeschichte, Rn. 569.

Für das erste gesamtdeutsche GVG waren zwar bereits viele Kompromisse eingegangen worden.[102] Gleichwohl standen sich die unterschiedlichen Ansichten in Bevölkerung und Wissenschaft noch so unvereinbar gegenüber, dass schon bald nach der Einführung des RGVG Reformen desselben angestrebt werden sollten.

II. Rolle der Laienrichter im ersten Gerichtsverfassungsgesetz des Deutschen Reiches

Das erste Gerichtsverfassungsgesetz ist in der Geschichte des deutschen Strafprozesses Grundlage für eine Vielzahl von Reformversuchen und Reformen in der Laienrichterbeteiligung gewesen. Zum Verständnis der Rolle der Laienrichter in der Geschichte des Strafprozesses ist eine genauere Auseinandersetzung mit den die Schöffen und Geschworenen betreffenden Regelungen von großer Bedeutung.

1. Schöffengericht im ersten Gerichtsverfassungsgesetz

Die Stellung der Schöffen im Deutschen Reich nach 1871 regelte das RGVG vom 27. Januar 1877.[103]

a) Zusammensetzung und Zuständigkeit der Schöffengerichte

Schon im RGVG wurden für die Verhandlung und Entscheidung in Strafsachen bei den Amtsgerichten Schöffengerichte gebildet, § 25 RGVG. Die Schöffengerichte waren mit einem Amtsrichter als Vorsitzenden und zwei Schöffen besetzt, § 26 RGVG. An dieser Besetzung des Schöffengerichts hat sich bis heute nichts geändert.[104]

Bereits im Jahr 1877 war in § 27 RGVG geregelt, für welche Vergehen das Schöffengericht zuständig war. So entschieden Laienrichter bei der Aburteilung von solchen Vergehen mit, bei welchen eine Freiheitsstrafe von höchstens drei Monaten oder eine Geldstrafe von höchstens 300 Mark angedroht war, § 27 Nr. 2 RGVG. Überdies entschied das Schöffengericht in Fällen des Diebstahls, der Unterschlagung oder des Betrugs, soweit der Wert des Gestohlenen, Unterschlagenen oder der Schaden 25 Mark nicht überstieg, § 27 Nr. 4–6 RGVG.

---

102 *Schünemann*, ZStW 2002, Band 114, S. 1, 4; *Rieß*, in: FS-Widmaier, S. 473, 475; *Kern*, Geschichte des Gerichtsverfassungsrechts, S. 118.

103 Die heute für Laienrichter geltenden Vorschriften werden unter C. dargestellt.

104 Vgl. § 29 Abs. 1 GVG.

Weitere Zuständigkeiten hatten die Schöffen im Strafverfahren nicht. Da bei den Landgerichten Laien als Geschworene (im Schwurgericht) mitwirkten (§ 81 RGVG), beschränkte sich die Zuständigkeit der Schöffen auf Straftatbestände mit geringer Schwere. Bei Berufungen gegen Urteile des Amtsgerichts war die ausschließlich mit Berufsrichtern besetzte Strafkammer beim Landgericht zuständig, §§ 76 f. RGVG. Die Revision führte dann zu den ebenfalls nur mit Berufsrichtern besetzten Senaten am Oberlandesgericht, §§ 123 f. RGVG.

b) Befugnisse der Schöffen

§ 30 RGVG regelte von Beginn an die Gleichstellung der Laienrichter mit den Berufsrichtern in der Hauptverhandlung. Die Formulierung aus dem Jahr 1877 ist mit der heutigen fast identisch:[105]

> *„Insoweit das Gesetz nicht Ausnahmen bestimmt, üben die Schöffen während der Hauptverhandlung das Richteramt in(m) vollem(n) Umfang(e) und mit gleichem Stimmrecht(e) wie die (Amts)Richter aus und nehmen auch an den(jenigen) im Laufe der Hauptverhandlung zu erlassenden Entscheidungen t(h)eil, welche (die) in keiner Beziehung zu der Urteilsfällung stehen und die (welche) auch ohne mündliche Verhandlung erlassen werden können."*

Das Gesetz ist in den letzten knapp 140 Jahren inhaltlich gar nicht und sprachlich nur insoweit geändert worden, als dass der Ausdruck dem jetzigen Sprachgebrauch angepasst wurde. § 30 GVG war und ist die Norm, die die Gleichstellung der Laienrichter mit den Berufsrichtern regelt.[106] Dementsprechend konnten die Laienrichter direkt Fragen an Zeugen und Sachverständige stellen, wobei Fragen an den Angeklagten beim Vorsitzenden angeregt und durch diesen gestellt werden mussten, §§ 239, 240 „Reichs-Straf-Prozeß-Ordnung" (RStPO). Außerhalb der Hauptverhandlung entschieden die Berufsrichter nach § 30 Abs. 2 RGVG – ebenso wie heute – ohne die Schöffen. In der Hauptverhandlung urteilten die Schöffen, wie dargelegt, gemeinsam mit den Berufsrichtern. Sie entschieden daher sowohl über den Schuldspruch als auch den Strafausspruch; ebenso wie die heutigen Schöffen und im Gegensatz zu den Geschworenen, die im Schwurgericht ausschließlich über die Schuld des Angeklagten befanden.

---

105 Die Version in Klammern stellt die Version aus dem Jahr 1877 dar; die Version ohne Klammern ist die aktuelle Formulierung in § 30 Abs. 1 GVG.

106 Wenn sich also das Recht der Laienrichter auf Akteneinsicht in den letzten fast 140 Jahren geändert haben sollte, was noch zu untersuchen ist, so ist das keiner Gesetzesänderung geschuldet, sondern dem Umgang der Rechtsprechung mit dieser Frage, dazu unter B. IV. und D. III.

c) *Ausgeschlossene Personengruppen*

Männer, die noch nicht 30 Jahre alt waren, sowie Frauen generell durften 1877 das Schöffenamt nicht bekleiden, §§ 31, 33 Abs. 1 RGVG.[107] Die §§ 32 ff. RGVG beschrieben die Personengruppen, die unfähig waren, ein Schöffenamt zu bekleiden bzw. die nicht zu Schöffen berufen werden durften oder nicht berufen werden sollten. Die vom Schöffenamt ausgeschlossenen Berufsgruppen sind bis auf eine wesentliche Ausnahme mit den heutigen Regelungen vergleichbar (§ 33 RGVG und § 33 GVG):[108] 1877 waren beispielsweise Rechtsanwälte noch nicht aus dem Laienrichteramt ausgeschlossen.[109]

Die Personen, die nicht zum Schöffenamt berufen werden sollten, waren damals auch bereits in § 34 RGVG geregelt. Heute sind von dieser Vorschrift allerdings nicht mehr die „*Volksschullehrer*" und die „*dem aktiven Heere oder der aktiven Marine angehörende Militärpersonen*" eingeschlossen, § 34 Nr. 8 und 9 RGVG.

Die Personen, die das Schöffenamt ablehnen durften,[110] entsprachen fast vollends dem jetzigen Personenkreis, nur dass sich dieser noch um einige Gruppen erweitert hat.[111] Bemerkenswert ist, dass es schon bei der Einführung des RGVG

---

107 Schöffen müssen heutzutage bei Beginn ihrer Amtsperiode mindestens 25 und dürfen höchstens 70 Jahre alt sein, § 33 Nr. 1 und Nr. 2 GVG. Frauen sind nicht mehr auszugeschlossen.

108 Nach § 33 RGVG waren ausgeschlossen: „1. Personen, welche zur Zeit der Aufstellung der Urliste das dreißigste Lebensjahr noch nicht vollendet haben; 2. Personen, welche zur Zeit der Aufstellung der Urliste den Wohnsitz in der Gemeinde noch nicht zwei volle Jahre haben; 3. Personen, welche für sich oder ihre Familie Armenunterstützung aus öffentlichen Mitteln empfangen oder in den drei letzten Jahren, von Aufstellung der Urliste zurückgerechnet, empfangen haben; 4. Personen, welche wegen geistiger oder körperlicher Gebrechen zu dem Amte nicht geeignet sind; 5. Dienstboten."

109 Rückschluss aus §§ 32–34 RGVG.

110 Nach § 35 RGVG durften folgende Personen die Berufung zum Schöffenamt ablehnen: „1. Mitglieder einer deutschen gesetzgebenden Versammlung; 2. Personen, welche im letzten Geschäftsjahre die Verpflichtung eines Geschworenen, oder an wenigstens fünf Sitzungstagen die Verpflichtung eines Schöffen erfüllt haben; 3. Aerzte; 4. Apotheker, welche keine Gehülfen haben; 5. Personen, welche das fünfundsechzigste Lebensjahr zur Zeit der Aufstellung der Urliste vollendet haben oder dasselbe bis zum Ablaufe des Geschäftsjahres vollenden würden; 6. Personen, welche glaubhaft machen, daß sie den mit der Ausübung des Amts verbundenen Aufwand zu tragen nicht vermögen."

111 Der Kreis wurde im Laufe der Zeit auf Krankenschwestern, -pfleger, Hebammen und Mitglieder des Europäischen Parlamentes erweitert.

die Möglichkeit einer Ablehnung des Schöffenamtes für Personen gab, „*welche glaubhaft machen können, daß sie den mit der Ausübung des Amtes verbundenen Aufwand zu tragen nicht vermögen*", § 35 Nr. 6 RGVG. Diese Ablehnungsmöglichkeit ist jedoch bald wieder abgeschafft worden und wurde auch nach dem Zweiten Weltkrieg weder mit dem Gesetz zur Wiederherstellung der Rechtseinheit auf dem Gebiete der Gerichtsverfassung [...] vom 20. September 1950[112] noch mit der Neuverkündung des Gerichtsverfassungsgesetzes vom 9. Mai 1975[113] wieder eingeführt. Erst mit dem Rechtspflegevereinfachungsgesetz vom 17. Dezember 1990[114] kehrte diese Ablehnungsmöglichkeit als § 35 Nr. 7 GVG wieder in das Gesetz zurück. Nun haben Personen auf Grund dieser Vorschrift die Möglichkeit, glaubhaft zu machen, dass die Ausübung des Schöffenamtes für sie (oder einen Dritten) als Gefährdung einer ausreichenden wirtschaftlichen Lebensgrundlage eine besondere Härte bedeutet. Weshalb diese Ablehnungsmöglichkeit schon nicht eher wieder zum Leben erweckt wurde, ist kaum nachvollziehbar. Einerseits schützt sie den Einzelnen vor Verpflichtungen, die seine Existenz gefährden könnten, andererseits dient sie dem Ansehen des Schöffenamtes, weil nur die Personen verpflichtet werden, es auszuüben, die auch wirtschaftlich dazu in der Lage sind.

d) Wahl der Schöffen und Sitzungseinteilung[115]

Die Vorschlagsliste (Urliste) für Schöffen wurde bereits 1877 im Grundsatz so aufgestellt wie heute, auch wenn sie in der Zwischenzeit einige Änderungen erfuhr. Die Liste wurde von dem Gemeindevorsteher erstellt und lag eine Woche in der Gemeinde aus, sodass gegen sie Einspruch erhoben werden konnte, §§ 36 ff. RGVG. Diese Liste wurde sodann durch den Gemeindevorsteher, gegebenenfalls mit den eingereichten Einsprüchen, an den Richter beim Amtsgerichtsbezirk weitergeleitet. Ein Unterschied des damaligen Auswahlverfahrens im Verhältnis zu dem heutigen liegt darin, dass der Ausschuss zur Wahl der Schöffen gemäß § 40 RGVG jährlich zusammentrat und dass dies heute nur noch jedes fünfte Jahr geschieht, § 40 GVG. Im Schöffenwahlausschuss selbst haben sich lediglich die Mehrheitsverhältnisse geändert.

---

112 Bundesgesetzblatt (BGBl.) 1950 [Nr. 40 v. 20. September 1950], S. 455, 458.

113 BGBl. 1975 [Nr. 53 v. 15. Mai 1975, S. 1077], S. 1084.

114 BGBl. 1990 [Nr. 71 v. 22. Dezember 1990], S. 2847, 2853.

115 Eine ausführliche Darstellung des Wahlvorganges bei *Oetker*, in: Die Rechtsgrundlagen der Schöffen- und Schwurgerichtsbildung, Theil I, GA (1903), 49, S. 203 ff.

Grundsätzlich war ein Schöffe von der Liste zu streichen, wenn er zu den oben zuvor genannten Personengruppen zählte, § 52 Abs. 1 RGVG. Das galt auch, wenn die Umstände, die den Ausschluss begründeten, erst nach der Aufnahme in die Liste bekannt wurden, § 52 Abs. 2 RGVG. Allerdings konnte der Schöffe dies nur innerhalb einer Woche ab seiner Berufung oder dem tatsächlichen Zeitpunkt seiner Kenntnisnahme geltend machen, § 53 Abs. 1 und 2 RGVG. Nach § 54 Abs. 1 RGVG konnten Schöffen an bestimmten Sitzungstagen auf Antrag freigestellt werden. Unter Umständen musste jedoch dafür gesorgt sein, dass ein anderer Schöffe als Ersatz eingesetzt konnte, § 54 Abs. 2 RGVG. Das unentschuldigte Ausbleiben war zu keiner Zeit gestattet und grundsätzlich mit einer Ordnungsstrafe (§ 56 Abs. 1 RGVG) bedroht.

Bei der Schöffenwahl wurde früher – im Gegensatz zu heute – noch nicht darauf geachtet, dass alle Gruppen der Bevölkerung nach Geschlecht, Alter, Beruf und sozialer Stellung angemessen berücksichtigt wurden. Allerdings wurde schon seinerzeit über die Reihenfolge, in welcher die Hauptschöffen an den einzelnen Sitzungen teilnehmen, durch Los entschieden. Weiter sollte jeder Schöffe an höchstens fünf ordentlichen Sitzungen im Jahr teilnehmen, § 43 Abs. 2 RGVG.[116]

e) Eidesformel

Zum Zeitpunkt der Einführung des RGVG mussten die Schöffen noch einen religiösen Eid ableisten, § 51 RGVG. Diese Eidesformel konnte ab 1950 ohne Bezug zu einem Glauben abgegeben werden (Gelöbnis). Auf Grund von Art. 4 des Gesetzes zur Ergänzung des Ersten Gesetzes zur Reform des Strafverfahrensrechts sind Eidesformel und Gelöbnis seit 1974 im DRiG geregelt, § 45 Abs. 3 und 4 DRiG.

2. Schwurgericht im ersten Gerichtsverfassungsgesetz

Zum Zeitpunkt der Einführung des ersten Gerichtsverfassungsgesetzes gab es neben den Schöffengerichten außerdem Schwurgerichte. Diese wurden beim Landgericht gebildet, § 79 RGVG, und waren noch Schwurgerichte im eigentlichen Sinn, nämlich mit einer Trennung von Schuldspruch (Schuldfrage) und Strafausspruch.

---

116 Heutzutage sollen die Schöffen „*möglichst zu zwölf Sitzungstagen herangezogen*" werden, §§ 43 Abs. 2, 45 Abs. 2 S. 3 GVG. Darüber hinaus sind die Regelungen über den Einsatz von Hilfsschöffen im GVG deutlich ausführlicher als früher dargestellt, vgl. § 49 GVG.

a) Zusammensetzung und Zuständigkeit

Das Schwurgericht war zuständig für Verbrechen, welche nicht in die Zuständigkeit der Strafkammer oder des Reichsgerichtes fielen, § 80 RGVG. In die Zuständigkeit der Schwurgerichte fielen Delikte wie Mord, Totschlag, Körperverletzung mit Todesfolge, *„gemeingefährliche Verbrechen"* (wie Brandstiftung) und Meineid.[117] Ausgeschlossen waren jedoch die Presse- und Staatsschutzdelikte, obwohl das Bürgertum gerade bei der Verurteilung solcher Taten einen zu großen Einfluss der Obrigkeit befürchtete und daher an der Urteilsfällung partizipieren wollte.[118]

Die Länder waren allerdings uneins in der Frage, wer für die Verhandlung der Pressedelikte zuständig sein solle, weswegen die jeweiligen landesrechtlichen Bestimmungen letztendlich aufrecht erhalten blieben, § 6 Einführungsgesetz zum RGVG. Daher waren in manchen Ländern Schwurgerichte für die Pressedelikte zuständig, während in anderen ein von Berufsrichtern besetztes Gremium entschied.[119] Gleichzeitig wurde jedoch den Ländern die Neueinführung einer schwurgerichtlichen Zuständigkeit für Pressedelikte verboten.[120]

Die Schwurgerichte setzten sich aus drei Berufsrichtern, einschließlich des Vorsitzenden, und zwölf Geschworenen zusammen, § 81 RGVG. Das Schwurgericht trat nur viermal im Jahr zusammen, § 79 RGVG.[121]

Heute existiert das Schwurgericht nur noch dem Namen nach. Zwar spricht § 74 Abs. 2 GVG von dem *„Schwurgericht"*, meint jedoch eigentlich eine Große Strafkammer mit besonderer Zuständigkeit: *„[...] ist eine Strafkammer als Schwurgericht zuständig."*[122] Dem Namen kommt insoweit nur noch eine historische Bedeutung zu, auch wenn das Schwurgericht immer noch zwingend mit drei Berufsrichtern besetzt ist.[123]

---

117 *Kern*, Geschichte des Gerichtsverfassungsrechts, S. 114.

118 *Vormbaum*, Einführung in die moderne Strafrechtsgeschichte, S. 109.

119 *Bindstoßer*, Aufstellung und Wirkungskreis der Schöffen und Geschworenen, S. 27; für die Staatsschutzdelikte war das Oberlandesgericht zuständig, bei welchem keine Laien mitwirkten.

120 *Hadding*, Schwurgerichte in Deutschland, S. 48.

121 *Kern*, Geschichte des Gerichtsverfassungsrechts, S. 115.

122 Kursivsetzung nicht im Original.

123 Zu der geschichtlichen Entwicklung des Begriffs des Schwurgerichts: *Rieß*, in: FS-Widmaier, S. 473 ff.

b) Befugnisse der Geschworenen

Die Geschworenen konnten, wie die Schöffen, selbst Fragen an Sachverständige oder Zeugen richten und mussten Fragen an den Angeklagten ebenfalls beim Vorsitzenden anregen.[124] Ein ganz erheblicher Unterschied zu den Befugnissen der Schöffen war in der strafprozessualen Trennung von Schuldspruch und Strafausspruch begründet. Im Gegensatz zu dem Schöffengericht waren die Geschworenen nur für die Schuldfrage zuständig, § 81 RGVG. Sie konnten weder bei strafprozessualen Entscheidungen mitwirken, noch über die Strafe entscheiden, § 82 S. 1 RGVG. Das hatte beispielsweise zur Folge, dass sie nicht über Beweisanträge befinden konnten. Dies war beim Schwurgericht ausschließlich den Berufsrichtern vorbehalten. Dafür hatten die Geschworenen die Möglichkeit, in einem ersten Schritt allein bestimmen zu können, ob ein Angeklagter die ihm vorgeworfene Tat begangen hat und konnten somit darüber entscheiden, ob gegen den Angeklagten überhaupt eine Strafe verhängt wird und folglich den zweiten Teil der Verurteilung – die Strafzumessung – sogar verhindern. Insofern hatten sie durchaus eine erhebliche Einflussmöglichkeit.

Der Vorsitzende entwarf Fragen, die den Geschworenen vorzulegen waren und auf Grund derer festgestellt werden sollte, ob der Angeklagte schuldig war, § 290 Abs. 1 RStPO. Nach dem Schluss der Beweisaufnahme wurden die entworfenen Fragen verlesen, § 290 Abs. 2 RStPO. Die Fragen mussten derart gestellt sein, dass die Geschworenen nur mit *„Ja“* oder *„Nein“* antworten konnten, §§ 292, 305 RStPO. Nach § 305 Abs. 2 RStPO waren die Geschworenen berechtigt, die Fragen *„theilweise“* zu bejahen oder zu verneinen. Eine derartige Teilung der Fragen war unter Umständen notwendig, wenn eine Hauptfrage auch Nebenumstände enthielt und die Nebenumstände bejaht, aber die Hauptfrage verneint werden sollte oder umgekehrt.[125] Die Fragen waren in einer bestimmten Aufeinanderfolge zu stellen und hatten die gesetzlichen Merkmale der dem Angeklagten vorgeworfenen Tat zu enthalten, §§ 292 ff. RStPO.

Im Anschluss belehrte der Vorsitzende, *„ohne in die Würdigung der Beweise einzugehen, die Geschworenen über die rechtlichen Gesichtspunkte, welche sie bei der Lösung der ihnen gestellten Aufgabe in Betracht zu ziehen“* hatten, § 300 RStPO. Nachdem sich die Geschworenen in das Beratungszimmer zurückgezogen und einen Obmann gewählt hatten, der ihr Ergebnis verkünden würde, mussten sie die an sie gestellten Fragen beantworten.[126] Die Schuldfrage musste

---

124 *Kern*, Geschichte des Gerichtsverfassungsrechts, S. 115.

125 *Bindstoßer*, Aufstellung und Wirkungskreis der Schöffen und Geschworenen, S. 42.

126 Vgl. §§ 301–306 RStPO.

mit einer Mehrheit von zwei Dritteln (acht von zwölf Stimmen) beantwortet werden; bei der Entscheidung über mildernde Umstände genügten sogar sechs der zwölf Stimmen, § 307 Abs. 2 RStPO.

Eine interessante Besonderheit lag darin, dass für den Fall, dass das Gericht einstimmig der Ansicht war, *„daß die Geschworenen sich in der Hauptsache zum Nachtheile des Angeklagten geirrt haben“*, durch Beschluss die Sache zur neuen Verhandlung an das als nächstes tagende Schwurgericht verweisen konnte, § 317 Abs. 1 RStPO. An dieser durfte dann kein Geschworener teilnehmen, der schon bei dem vorherigen *„Spruch mitgewirkt“* hatte, § 317 Abs. 3 RStPO. Auf diesem Weg konnte der erhebliche Einfluss, den die Geschworenen hatten, zumindest zugunsten des Angeklagten eingeschränkt werden.

c) Wahl der Geschworenen und Sitzungseinteilung

Die Urliste diente sowohl der Auswahl der Geschworenen als auch der Schöffen, § 85 Abs. 1 RGVG. In einer öffentlichen Sitzung des Gerichts wurden jeder der vier Sitzungsperioden des Schwurgerichts je dreißig Geschworene zugelost, § 91 Abs. 1 RGVG.[127] Einen Tag bevor die Hauptverhandlung begann, erhielt der Angeklagte Einsicht in die sog. Spruchliste mit den dreißig Geschworenen, § 277 Abs. 1 RStPO. So konnte er sich Informationen zu den Geschworenen beschaffen und sich auf den Auswahlvorgang am nächsten Tag vorbereiten. Soweit mindestens vierundzwanzig Geschworene zu dieser Sitzung erschienen, konnten sowohl der Angeklagte als auch die Staatsanwaltschaft so viele Geschworene ablehnen, bis schließlich insgesamt zwölf Geschworene übrig blieben, § 280 Abs. 1 S. 1 RStPO. Die eine Hälfte der Ablehnungen stand der Staatsanwaltschaft und die andere dem Angeklagten zu, wobei letzterer eine Ablehnungsmöglichkeit mehr erhielt, wenn die Gesamtanzahl der Ablehnungen ungerade war, § 282 RStPO. Die Staatsanwaltschaft musste mit der Auswahl beginnen, was unter Umständen dazu führen konnte, dass sich der Angeklagte eine Ablehnung ersparte.[128] Die Ablehnung erfolgte ohne Gründe und durch die Erklärung, ob der jeweils aufgerufene Geschworene *„angenommen“* oder *„abgelehnt“* werde, § 283 RStPO, das

---

127 Das Verfahren, mit dem die Geschworenen bestimmt wurden, und die Regelung über den Einsatz von Hilfsgeschworenen waren kompliziert, vgl. §§ 87 ff. RGVG. Eine ausführliche Darstellung des Auswahlverfahrens bei *Kern*, Geschichte des Gerichtsverfassungsrechts, S. 114 ff. oder bei *Linkenheil*, Laienbeteiligung an der Strafjustiz, S. 103 f.

128 Wenn bspw. die Staatsanwaltschaft einen Geschworenen ablehnte, den auch der Angeklagte ablehnen wollte; s. dazu *Kern*, Geschichte des Gerichtsverfassungsrechts, S. 115.

sog. peremptorische Ablehnungsrecht.[129] Die verbliebenen zwölf Geschworenen nahmen an der Hauptverhandlung teil. Sie sollten das Vertrauen beider Parteien genießen und dem altdeutschen Grundsatz Rechnung tragen, dass sich beide Seiten auf einen Richter einigen müssen.[130]

d) Ausgeschlossene Personengruppen und Eidesformel

Die Voraussetzungen über die Ablehnungs- bzw. Ausschließungsgründe dieses Ehrenamtes waren die gleichen wie für die Schöffen, § 85 Abs. 2 i.V.m. §§ 32 bis 35 RGVG.[131] Auch die Regelung über die Vereidigung der Geschworenen entsprach der der Schöffen, § 288 RStPO.[132]

3. Reformbemühungen nach 1881 bis zum Ausbruch des Ersten Weltkrieges

Ab dem Jahr 1881 wurde wegen der unterschiedlichen Ansichten zu der Beteiligung von Laien im Strafverfahren versucht, das RGVG zu reformieren.[133]

Der damalige Bundesrat – als Gegner der Schwurgerichtsbarkeit – versuchte, durch seinen im Mai 1885 vorgelegten Gesetzentwurf die Anzahl der Geschworenen fast zu halbieren (von zwölf auf sieben Personen) und gleichzeitig die Zuständigkeiten der Schwurgerichte auf ein Drittel der bisherigen Verantwortlichkeiten einzugrenzen.[134] Die Kompetenzen für Verfahren wegen „*qualifiziertem Hausfriedensbruch, Bedrohung, gefährlicher Körperverletzung*“ und anderer schwieriger Fälle sollten dem Schwurgericht entzogen werden.[135] Das Ziel dieser Reform war es, den Einfluss der Geschworenen zurückzudrängen, sodass die Mitwirkung der Schöffen im Strafverfahren weiter ausgebaut werden konnte. Argumentiert wurde damit, dass sich die „*Rechtsprechung der Schöffengerichte*

---

129 *Kern*, Geschichte des Gerichtsverfassungsrechts, S. 115. Einzelheiten zu den Verfahren bei der Einsetzung von Hilfsgeschworenen oder mehreren Angeklagten sind den §§ 284 ff. RStPO zu entnehmen.

130 *Hadding*, Schwurgerichte in Deutschland, S. 32.

131 Siehe B. II. 1. c) und d).

132 Siehe B. II. 1. c) und d).

133 Zum damaligen juristischen Diskussionsstand *Linkenheil*, Laienbeteiligung an der Strafjustiz, S. 107–109.

134 *Binding*, Entwurf eines Gesetzes, S. 7 f.; *Kern*, Geschichte des Gerichtsverfassungsrechts, S. 128.

135 *Binding*, Entwurf eines Gesetzes, S. 9; *Hadding*, Schwurgerichte in Deutschland, S. 65; *Kern*, Geschichte des Gerichtsverfassungsrechts, S. 128.

bewährt" habe.[136] Der Reformvorschlag sah zudem vor, dass die Staatsanwaltschaft und der Angeklagte im Falle eines Geständnisses die Möglichkeit erhalten sollten, die Sache vom Schwurgericht an eine Strafkammer weiterzuleiten.[137] Dieser Gesetzentwurf wurde allerdings nicht verwirklicht, da er nicht ausreichend Anhänger im Reichstag fand.

Ein weiterer Versuch zur Beschränkung der Schwurgerichte zeigte sich im Dezember 1894 durch einen von der Reichsregierung eingebrachten Entwurf, der allerdings kaum Neuerungen zu dem ersten Reformversuch des Bundesrats enthielt und wiederum nicht umgesetzt wurde.[138]

Erst die „Reformkommission des Reichsjustizamtes", welche 1903 errichtet wurde, um eine einheitliche Reform des Strafprozesses und des Gerichtsverfassungsgesetzes vorzubereiten, wagte nach zweijähriger Arbeit 1905 den Versuch einer umfassenden Reform.[139] Die Schwurgerichte sollten gänzlich abgeschafft, dafür erstinstanzlich drei verschiedene Schöffengerichte eingerichtet werden.[140] Es sollten Berufungen gegen diese Urteile zugelassen werden, für deren Behandlung dann die Schöffengerichte beim Landgericht zuständig gewesen wären.[141]

Dieser Entwurf fand jedoch in der Öffentlichkeit und in der Presse wenig Zustimmung.[142] Hinzu kam, dass er von renommierten Wissenschaftlern als undurchdacht und lückenhaft kritisiert wurde.[143] *V. Liszt* setzte sich für den Erhalt der Schwurgerichte ein, die *„das Ergebnis einer Jahrhunderte alten geschichtlich-politischen Entwicklung"* und in Deutschland *„eingewurzelt"* seien.[144] Eine Einigung auf diesen Entwurf war nicht absehbar. Er wurde demgemäß überarbeitet und als Entwurf eines Gesetzes über die Änderung des RGVG dem Bundesrat 1908 vorgestellt. Dieses Gesetz sah vor, die Schwurgerichte *„mit Rücksicht auf das Vertrauen, das sie bei der Bevölkerung genießen"*, bestehen zu lassen.[145] Allerdings

---

136 So *Binding*, Entwurf eines Gesetzes, S. 9.

137 *Kern*, Geschichte des Gerichtsverfassungsrechts, S. 128.

138 Eine detaillierte Darstellung der einzelnen Entwürfe bei *Kern*, Geschichte des Gerichtsverfassungsrechts, S. 128 f.

139 Löwe/Rosenberg-*Kühne*, Einl. Abschn. F, Rn. 19 m.w.N.; *Hadding*, Schwurgerichte in Deutschland, S. 66.

140 Protokolle der Kommission für die Reform des Strafprozesses, 1. Band, 1905, S. 391 ff.

141 Protokolle der Kommission für die Reform des Strafprozesses, 1. Band, 1905, S. 391 ff.

142 *Hadding*, Schwurgerichte in Deutschland, S. 66 m.w.N.

143 Kritik mit Verbesserungsvorschlägen in *Kleinfeller*, Die Reform des Schwurgerichts.

144 *v. Liszt*, Reform des Strafverfahrens, S. 13, 14.

145 *Kern*, Geschichte des Gerichtsverfassungsrechts, S. 132.

scheiterte auch dieser Versuch der Reform des GVG letztendlich im Jahr 1912 wiederum an der Frage der Beteiligung der Laienrichter.[146]

Damit waren sämtliche Reformbemühungen, bis auf die der Einführung einer Entschädigung der Schöffen und Geschworenen, vergeblich.[147] Anschließende Reformbemühungen wurden durch den Ausbruch des Ersten Weltkrieges unterbrochen.

4. Während des Ersten Weltkrieges

Die Gesetzgebung während des Ersten Weltkrieges war geprägt von eiligen und wenig demokratischen Entscheidungen, die vor allem der Kosteneinsparung dienen sollten. Um Gesetze während des Krieges schnell umsetzen zu können, wurde 1914 ein „Ermächtigungsgesetz" geschaffen.[148] Darin wurde

> *„der Bundesrat ermächtigt, während der Zeit des Krieges diejenigen Maßnahmen anzuordnen, welche sich zur Abhilfe wirtschaftlicher Schädigungen als notwendig erweisen. Diese Maßnahmen sind dem Reichstag bei seinem nächsten Zusammentritt zur Kenntnis zu bringen und auf sein Verlangen aufzuheben."*[149]

Diese Möglichkeit der Gesetzesänderung wurde allerdings weit ausgelegt.[150]

In zwei Fällen betrafen diese Änderungen das RGVG bzw. die StPO. Mit den Verordnungen vom 4. Juni 1915 und 7. Oktober 1915 wurde das Strafbefehlsverfahren ausgeweitet, wodurch eine Entlastung der Amtsgerichte herbeigeführt werden sollte.[151] Außerdem konnte die Staatsanwaltschaft bei Vergehen selbst

146 Die zweite Lesung des Gesetzes musste abgebrochen werden, da der Reichstag Anträge angenommen hatte, nach denen in der Berufungsinstanz keine Hilfsrichter mehr mitwirken durften. An Stelle derer sollten Laienrichter tätig werden. Dies hätte jedoch nach Ansicht des damaligen Staatssekretärs im Reichsjustizamt dazu geführt, dass der Entwurf für die *„Regierungen unannehmbar"* geworden sei, *Kern*, Geschichte des Gerichtsverfassungsrechts, S. 133.

147 Schöffen und Geschworene erhielten für ihre Tätigkeit ab 1913 ein Tagegeld in Höhe von fünf Reichsmark, Gesetz zur Entschädigung der Schöffen und Geschworenen v. 29. Juli 1913, Reichsgesetzblatt (RGBl.) 1913, S. 617, zitiert nach *Kern*, Geschichte des Gerichtsverfassungsrechts, S. 134.

148 RGBl. 1914, S. 327, Gesetz über die Ermächtigung des Bundesrates zu wirtschaftlichen Maßnahmen und über die Verlängerung der Fristen des Wechsel- und Scheckrechts im Falle kriegerischer Ereignisse.

149 RGBl. 1914, S. 327, § 3 Ermächtigungsgesetz.

150 *Kern*, Geschichte des Gerichtsverfassungsrechts, S. 143.

151 RGBl. 1915, S. 325; RGBl. 1915, S. 631; *Kern*, Geschichte des Gerichtsverfassungsrechts, S. 144.

entscheiden, ob sie die Anklage vor dem Schöffengericht oder vor der Strafkammer erheben wollte.[152]

An dem Einfluss der Schöffen bei der Urteilsfindung hatte sich daher bis zum Beginn der Weimarer Republik trotz vieler Anstrengungen nichts geändert.[153]

III. Weimarer Republik 1919–1933

Nach dem Ende des Ersten Weltkrieges und mit Beginn der Weimarer Republik wurden die Reformbemühungen bezüglich des Strafverfahrens und des Gerichtsverfassungsrechts wieder aufgenommen.[154]

1. Entwürfe von James Goldschmidt, 1919–1920

Die vom Berliner Strafrechtslehrer *Goldschmidt* ausgearbeiteten und durch Reichsjustizminister *Schiffer* vorgelegten Entwürfe eines „Gesetzes über den Rechtsgang in Strafsachen"[155] und eines „Gesetzes zur Änderung des GVG" aus den Jahren 1919 und 1920 enthielten einige Anregungen, die in spätere Gesetzesinitiativen einflossen.

Die von Gegnern des Schwurgerichts seit Langem kritisierten Nachteile sollten weitestgehend beseitigt werden. Die Geschworenen sollten durch ein Wahlgremium der Gemeindevertretungen ausgewählt werden.[156] Überdies wurde vorgeschlagen, das *„peremptorische Ablehnungsrecht"* zu beseitigen und gleichzeitig eine Geschworenenbank zu bilden, die nicht mehr nur für eine Strafsache, sondern für die gesamte Schwurgerichtstagung zuständig sei.[157] Eine Besonderheit

---

152 Weitere Reformen und Reformbemühungen sowie bedeutende Änderungen durch die Weimarer Verfassung unter B. III. und bei *Kern*, Geschichte des Gerichtsverfassungsrechts, S. 144–152 oder bei *Hähnchen*, Rechtsgeschichte, S. 351 ff., Rn. 769 ff.

153 Die vorgenommenen Änderungen des strafprozessualen Teiles im RGVG beschränkten sich auf die Einführung eines „Plenums" für den Fall, dass ein Senat in einer Rechtsfrage von der Entscheidung eines anderen Senates oder eines vereinigten Senates abweichen wollte, RGBl. 1886, S. 61. Weiter wurde 1888 die Möglichkeit geschaffen, die Öffentlichkeit auszuschließen, wenn diese eine *„Gefährdung der öffentlichen Ordnung, insbesondere der Staatssicherheit oder eine Gefährdung der Sittlichkeit besorgen läßt"*, RGBl. 1888, S. 133.

154 Eine ausführliche Darstellung aller Gesetzesänderungen betreffend das RGVG und die RStPO bis 1923 bei *Kern*, Geschichte des Gerichtsverfassungsrechts, S. 153–160.

155 Einen Monat nach dem ersten Entwurf folgte ein zweiter mit nur unwesentlichen Änderungen; *Kern*, Geschichte des Gerichtsverfassungsrechts, S. 153.

156 *Hadding*, Schwurgerichte in Deutschland, S. 71.

157 *Hadding*, Schwurgerichte in Deutschland, S. 71.

der Gesetzesinitiative lag vor allem darin, dass die Rechtsbelehrung durch den Richter schriftlich festgehalten werden sollte, sodass sie nach dem Verfahren gegebenenfalls mit der Revision angefochten werden konnte.[158]

Mit diesen Änderungsvorschlägen wurde versucht, das Institut des Schwurgerichts aufrecht zu erhalten, indem man die Hauptkritikpunkte der Gegner beseitigen wollte.[159] Aber es gelang *Schiffer* nicht, die Entwürfe dem Reichstag vorzulegen, da sie nicht einmal den Reichsrat passierten.[160] Damit scheiterte dieser erste Versuch nach dem Ersten Weltkrieg, den Strafprozess zu reformieren und dabei die Schwurgerichte zu erhalten.

2. Reformbemühungen von Gustav Radbruch, 1922

Ein Versuch *Radbruchs*, des damaligen Justizministers, eine Reform des Strafprozessrechts herbeizuführen, gelang „nur" in Bezug auf die Rolle der Frau im Strafprozess.[161] Nachdem Art. 109 Abs. 2 Weimarer Reichsverfassung (WRV) Männern und Frauen die gleichen Rechte zuwies, sollten auch beide das Amt von Schöffen[162] bekleiden können. Allerdings sah das neue RGVG vor, dass mindestens ein Schöffe ein Mann sein sollte, § 26 RGVG. Dem damaligen Gesellschaftsbild entsprechend, durften Frauen (und nicht Männer), „*welche glaubhaft machen, daß ihnen die Fürsorge für ihre Familie die Ausübung des Amtes in besonderem Maße erschwert*", das Schöffenamt ablehnen, § 35 Nr. 7 RGVG.[163]

Außerdem wurden mit dem „Gesetz über die Entschädigung der Schöffen, Geschworenen und Vertrauenspersonen" aus dem Jahr 1922 die 1913 eingeführten Tagegelder abgeschafft und dafür den Schöffen und Geschworenen eine „*angemessene Entschädigung für den ihnen durch ihre Dienstleistung entstehenden*

158 *Kern*, Geschichte des Gerichtsverfassungsrechts, S. 154.

159 *Hadding*, Schwurgerichte in Deutschland, S. 71.

160 *Kern*, Geschichte des Gerichtsverfassungsrechts, S. 154.

161 Dieser Entwurf enthielt ähnliche Vorschläge wie der von *Goldschmidt*, vgl. *Grube*, Richter ohne Robe, S. 61; *Hadding*, Schwurgerichte in Deutschland, S. 71.

162 Generische Maskulina schließen im Folgenden auch Frauen ein.

163 Noch im selben Jahr wurden Frauen durch ein ebenfalls von *Radbruch* entworfenes Gesetz zu den Berufen der Rechtspflege zugelassen, RGBl. I 1922, S. 573. Dies hatte zur Folge, dass Frauen nicht nur das Amt einer Gerichtsschreiberin oder einer Gerichtsvollzieherin bekleiden, sondern auch Richterin oder Amtsanwältin werden konnten, Art. 1 des Gesetzes über die Zulassung der Frauen zu den Ämtern und Berufen der Rechtspflege v. 11. Juli 1922.

Verdienstausfall und den mit der Dienstleistung verbundenen Aufwand sowie Erlaß der Fahrtkosten" gewährt.[164]

3. Entwurf von Rudolf Heinze, 1923

Einen ganz anderen Entwurf zur Reform des Strafprozesses strebte *Heinze* – als *Radbruchs* Nachfolger – ein Jahr später an. Dieser sah vor, dass die Schwurgerichte gänzlich abgeschafft und durch große Schöffengerichte ersetzt werden sollten.[165] Der Entwurf stieß, wie auch schon die Gesetzesentwürfe mit der gleichen Intention in den Jahrzehnten davor, auf sehr geteilte Reaktionen. Im Reichstag konnte kein Konsens errungen werden, sodass die Vorlage an den Rechtsausschuss überwiesen, jedoch in der Amtszeit dieses Reichsjustizministers nicht mehr umgesetzt werden konnte.[166] Allerdings sollte die von *Heinze* angestrebte Neuerung wenig später durch *Emminger* umgesetzt werden.

4. „Lex Emminger", 1923/1924, Abschaffung des Schwurgerichts

Am 10. Dezember 1923 wurde im Reichsgesetzblatt das (zweite) „Ermächtigungsgesetz" vom 8. Dezember 1923 veröffentlicht:

> *„Die Reichsregierung wird ermächtigt die Maßnahmen zu treffen, die sie im Hinblick auf die Not von Volk und Reich für erforderlich und dringend erachtet [...].*"[167]

Dieses Gesetz wurde im Hinblick auf die äußerst schwierige wirtschaftliche und politische Lage und gerade vor dem Hintergrund der Inflation nach dem Ersten Weltkrieg geschaffen.[168] Das Gesetz sollte dem Parlament die Möglichkeit eröffnen, auf aktuelle Probleme schnell zu reagieren und Sparmaßnahmen – auch gesetzlich – zügig umzusetzen.[169]

Das Ermächtigungsgesetz sollte unter anderem die Reform des Gerichtsverfassungsprozesses wesentlich voranbringen. Erst nach dem Erlass des Ermächtigungsgesetzes gelang die Abschaffung der Schwurgerichte. *Emminger* fand bei seiner Amtsübernahme eine neue Version des Entwurfes *„einer Verordnung zur Vereinfachung der Strafrechtspflege*" vor und übernahm diese fast vollständig.[170]

---

164 RGBl. I. 1922 S. 561 (v. 4. Juli 1922).
165 *Hadding*, Schwurgerichte in Deutschland, S. 73.
166 *Kern*, Geschichte des Gerichtsverfassungsrechts, S. 159.
167 RGBl. I 1923, S. 1179 (zu der Verordnung gibt es keine Begründung).
168 *Kern*, Geschichte des Gerichtsverfassungsrechts, S. 161; *Hadding*, Schwurgerichte in Deutschland, S. 79.
169 *Hadding*, Schwurgerichte in Deutschland, S. 79.
170 *Vormbaum*, Die Lex Emminger v. 4. Januar 1924, S. 54.

Hilfreich bei der Abschaffung der Schwurgerichte war, dass die Ausschüsse, denen die geänderte Gesetzesfassung vorgelegt wurde, gemäß § 1 S. 3 des Ermächtigungsgesetzes nur angehört werden mussten.[171]

Zum Teil wurde im Nachhinein behauptet, dass auf Grund fehlender Aufmerksamkeit einiger Abgeordneter bei der Abstimmung im Ermächtigungsausschuss des Reichsrates die Abschaffung der Schwurgerichte nicht habe verhindert werden können: Der Führer der Zentrumspartei *Spahn* sei bei der Abstimmung überraschenderweise abgelenkt worden, weswegen die Mitglieder der Zentrumspartei nicht mitgestimmt hätten – so der sozialdemokratische Reichstagsabgeordnete *Rosenfeld*.[172] Andere wiederum waren der Ansicht, diese Unaufmerksamkeit sei durchaus beabsichtigt gewesen: Der Reichsrat *Hartung* will bemerkt haben, wie der Reichstagsabgeordnete *Rosenfeld* den sich schlafend stellenden Führer der Zentrumspartei *Spahn* trotz mehrmaligen Rufens nicht habe „*aufwecken*" können.[173]

Jedenfalls lag ein Beweggrund oder vielleicht ein Vorwand der Abschaffung, neben den umstrittenen Umständen der Einführung des Gesetzes, in der prekären finanziellen Lage des Deutschen Reiches.[174] Ferner darf die Haltung des Reichsrates nicht vernachlässigt werden. Dieser – als Gegner des Schwurgerichts – setzte sich auch bei dieser Entscheidung für die Abschaffung der Schwurgerichte ein.[175]

Im Ergebnis wurde auf Grund des Ermächtigungsgesetzes „*die Verordnung über die Gerichtsverfassung und Strafrechtspflege*" (sogenannte Emminger-Verordnung, im Folgenden Emminger-VO) umgesetzt, welche das Gerichtsverfassungsgesetz grundlegend reformierte und die Schwurgerichte abschaffte.[176] Die „Lex Emminger" wurde nach dem damals amtierenden Reichsjustizminister *Erich Emminger* benannt, ähnelte jedoch – wie angeführt – in vielerlei Hinsicht dem Entwurf von *Rudolf Heinze*. Die Debatte über die Schwurgerichte und die diesbezüglichen Reformversuche waren vorher über Jahrzehnte an den unterschiedlichen Meinungen im Reichstag gescheitert. Die Emminger-VO, welche weniger als einen Monat nach dem Ermächtigungsgesetz am 22. März 1924

171 *Hadding*, Schwurgerichte in Deutschland, S. 81; daher erklärte der preußische Justizminister gar, die Verordnung sei ohne vorherige Befragung der Länder erlassen worden, *Vormbaum*, Die Lex Emminger v. 4. Januar 1924, S. 56.

172 *Hadding*, Schwurgerichte in Deutschland, S. 81 f.

173 *Hadding*, Schwurgerichte in Deutschland, S. 82 f.

174 *Hadding*, Schwurgerichte in Deutschland, S. 83.

175 *Hadding*, Schwurgerichte in Deutschland, S. 84 f.

176 RGBl. I. 1924, S. 15; Vgl. *Hadding*, Schwurgerichte in Deutschland, S. 85.

verkündet wurde, stellte die tiefgreifendste Reform dar, die die Strafrechtspflege seit 1877 erfahren hatte.[177]

Die wichtigsten Änderungen und die, die Laienrichter betrafen, waren Folgende:[178]

a) Änderungen beim Amtsgericht

Die Zuständigkeit des Einzelrichters beim Amtsgericht wurde im Ergebnis zu Lasten der Strafkammern erheblich erweitert, vgl. § 6 Emminger-VO. Der Einzelrichter war nunmehr für Übertretungen, geringere Vergehen und Fälle des schweren Diebstahls oder der Hehlerei, §§ 7–9 Emminger-VO, zuständig. Die Schöffengerichte beim Amtsgericht waren mit zwei Laien- und einem Berufsrichter besetzt, § 10 Abs. 1 Emminger-VO, was keine Änderung im Vergleich zum RGVG und zum jetzigen GVG darstellt.[179] Auf Antrag der Staatsanwaltschaft konnte ein zweiter Berufsrichter hinzugezogen werden, § 10 Abs. 2 Emminger-VO. Die Schöffengerichte waren zuständig für die Verbrechen, die zuvor noch in den Aufgabenbereich der Strafkammer gefallen waren, § 6 Nr. 3 Emminger-VO. Die Strafkammern beim Landgericht hatten somit keinerlei erstinstanzliche Zuständigkeit mehr.

b) Änderungen beim Landgericht

Die kleinen und großen Strafkammern bei den Landgerichten wurden damit zu Berufungsgerichten umfunktioniert, § 11 Emminger-VO. Bei Berufungen gegen Einzelrichterurteile war die kleine Strafkammer zuständig, die mit einem Berufs- und zwei Laienrichtern besetzt war. Berufungen gegen amtsgerichtliche Schöffengerichtsurteile wurden vor der großen Strafkammer in der Besetzung von drei Berufs- und zwei Laienrichtern verhandelt, § 11 Emminger-VO.

---

177 *Kern*, Geschichte des Gerichtsverfassungsrechts, S. 160 f.; eine Darstellung der Ereignisse in den Ausschüssen und die Umstände, die zu dem Erlass führten: sehr anschaulich *Hadding*, Schwurgerichte in Deutschland, S. 79–86.

178 RGBl. I. 1924, S. 15 ff., Die Emminger-VO schaffte ebenfalls das Verbot ab, dass sich der Berichterstatter des Gerichts mit der Sache vorher befassen darf, was *Schünemann* heute als „*Krebsübel der deutschen Hauptverhandlung*“ bezeichnet; es handele sich um die „*Festlegung des erkennenden Gerichts auf die Marschroute der Ermittlungsakte*“, ZStW, 114 (2002), S. 1, 13. Eine ausführliche Darstellung der Struktur des Strafverfahrens und der Beteiligung der Laienrichter bei *Halle*, Der Proletarier als Schöffe und Geschworener.

179 Siehe oben unter B. II. 1. a).

An die Stelle des Schwurgerichts trat ein großes Schöffengericht, das allerdings weiterhin als Schwurgericht bezeichnet wurde und als erstinstanzlicher Spruchkörper fungierte. Die Beibehaltung des Namens wurde damit begründet, dass sich die Bevölkerung daran gewöhnt habe.[180] Das große Schöffengericht setzte sich aus drei Berufs- und sechs Laienrichtern zusammen, die auch weiterhin „Geschworene“ genannt wurden, § 12 Abs. 1 Emminger-VO. Für diese „Geschworenen“ galten die gleichen Vorschriften wie für die Schöffen, vgl. §§ 12 Abs. 2, 18, 19 Emminger-VO.[181] Zugunsten des Angeklagten war nach der Reform eine Zweidrittelmehrheit für die ihn belastenden Entscheidungen notwendig.[182] Die Schwurgerichte waren zuständig für „*die Verbrechen, welche nicht vor das Reichsgericht oder vor das Amtsgericht*“ gehörten, § 14 Emminger-VO.[183]

c) Pro und Contra zur „Lex Emminger“

Auch wenn viele Gesetzesänderungen der „Lex Emminger“ mit dem Argument der Kosteneinsparung begründet wurden, so äußerten die Anhänger des sogenannten echten Schwurgerichts den Verdacht, dass es sich bei dem Argument der „*Justizkostendämpfung*“ lediglich um ein Scheinargument gehandelt habe.[184] Die Abschaffung des Schwurgerichts sei vielmehr „*auf die konservative Grundeinstellung der Ländervertretungen*“ zurückzuführen.[185] Einige Wissenschaftler forderten sogar die Wiedereinführung des Schwurgerichts, indem sie „*[…] dem verunglückten Experiment das wohlverdiente Ende*“ wünschten.[186]

Für die Anhänger des Schöffengerichts lag der große Vorteil dieser Reform darin, dass Laienrichter nun nicht nur bei einem Großteil der erstinstanzlichen Entscheidungen, sondern auch bei Berufungsverhandlungen in der kleinen

180 Kritisch zu dieser Namensgebung *Brandt*, in: Berliner Tageszeitung „Montag-Morgen“ v. 27. Dezember 1926, zitiert nach *Hadding*, Schwurgerichte in Deutschland, S. 86.

181 Lediglich bei den einzelnen Abläufen zur Wahl der Schöffen galten für die Strafkammer andere Regelungen als für die Schöffen bei den Amtsgerichten, § 18 Abs. 2 Emminger-VO. Ähnliche Abweichungen gab es für die Geschworenen, § 19 Emminger-VO.

182 *Kern*, Geschichte des Gerichtsverfassungsrechts, S. 162.

183 Das Reichsgericht war erstinstanzlich für Strafsachen wegen Landesverrats und wegen Zuwiderhandlungen gegen das „Gesetz gegen den Verrat militärischer Geheimnisse“ zuständig und konnte diese aber auf Antrag des Oberreichsanwaltes an das OLG überweisen, vgl. § 15 Emminger-VO.

184 *Schünemann*, ZStW 2002, Band 114, S. 1, 8 ff.

185 *Hadding*, Schwurgerichte in Deutschland, S. 84.

186 *Oetker* und *Nagler*, Die neue deutsche Strafgerichtsverfassung, Stuttgart 1924, zitiert nach *Kern*, Geschichte des Gerichtsverfassungsrechts, S. 160, 163.

bzw. großen Strafkammer mitwirken konnten. Ein weiterer Fortschritt hin zu einem rechtsstaatlicheren Verfahren lag in der Begründungspflicht der Urteile des Schwurgerichts. So war es nach der Reform möglich, gegen diese Urteile Revision einzulegen, was gegen Urteile des ursprünglichen Schwurgerichts unzulässig gewesen war.[187]

5. Sondergerichte in der Weimarer Republik

Schon während der Weimarer Republik konnten durch eine Notverordnung auf Grund von Art. 48 WRV durch den Reichspräsidenten sogenannte Sondergerichte bei Oberlandesgerichten errichtet werden, deren Zuständigkeit von dem Bedürfnis der jeweils gegenwärtigen politischen Lage abhing. Von dieser Möglichkeit wurde gerade nach 1933 durch den Machtapparat des Reichskanzlers *Hitler* umfassend Gebrauch gemacht. Rechtsstaatliche Bedenken gegen die Sondergerichte drückt *Schmidt* im Nachhinein durch eine Beschreibung der Gesetzesaktivitäten in der späten Weimarer Zeit sehr passend wie folgt aus:

> *„Ruhige gesetzgeberische Arbeit wurde durch hastiges Flickwerk verdrängt, das aus der Not der Zeit entstand und die politische Bedrängnis widerspiegelt, in die das deutsche Volk durch die wachsenden […] Schwierigkeiten […] geriet. Nichts ist für solche Zeiten so bezeichnend wie die Einrichtung von Sondergerichten.“*[188]

IV. Zeit des Nationalsozialismus 1933–1945

Die Gründe für die außergewöhnlichen Gesetzesänderungen zur Zeit des Nationalsozialismus sind maßgeblich geprägt von der Unruhe im Land, der politischen und wirtschaftlichen Lage nach der Weimarer Republik sowie der *„Machtergreifung“ Hitlers*, die hier nicht im Einzelnen dargestellt werden sollen.[189] Ziel dieser

---

187 Eine ausführliche Darstellung der Reaktionen der Politik, der Presse und der Fachwelt findet sich bei *Hadding*, Schwurgerichte in Deutschland, S. 86–101.

188 *Schmidt*, Deutsche Strafrechtspflege, S. 420; mit dem Beginn der Weltwirtschaftskrise 1929 wuchsen die Unruhen im Land. Die Verunsicherung der Bevölkerung nahm zu und die NSDAP, die Sicherheit suggerierte, wurde 1932 bei den Reichstagswahlen stärkste Partei. Am 30. Januar 1933 wurde *Hitler* zum Reichskanzler ernannt, was später durch die NSDAP als „Machtergreifung“ bezeichnet wurde, *Laufs*, Rechtsentwicklungen in Deutschland, S. 384.

189 Zur Vorgeschichte der „Machtergreifung“ *Hitlers* sind die gegen *Hitler* geführten Prozesse (S. 471–475, Rn. 292a) und die historischen Ereignisse zu jener Zeit (S. 483–505, Rn. 295–307) nachzulesen bei *Wesel*, Geschichte des Rechts.

zunächst schleichenden Gesetzesänderungen und der neuen Gesetze war die Überleitung Deutschlands von der Weimarer Republik in einen totalitären Staat.

1. ReichstagsbrandVO

Auslöser für viele neue Gesetze und Gesetzesänderungen war der Brand des Reichstagsgebäudes am 27. Februar 1933. Schon am darauffolgenden Tag erging die „Verordnung des Reichspräsidenten zum Schutz von Volk und Staat" (sogenannte ReichstagsbrandVO) auf Grund des Art. 48 der WRV. Diese Verordnung setzte bereits viele Grundrechte außer Kraft, § 1 S. 2 ReichstagsbrandVO:

> *„Es sind daher Beschränkungen der persönlichen Freiheit, des Rechts der freien Meinungsäußerung, einschließlich der Pressefreiheit, des Vereins- und Versammlungsrechts, Eingriffe in das Brief-, Post-, Telegraphen- und Fernsprechgeheimnis, Anordnungen von Haussuchungen und von Beschlagnahmen sowie Beschränkungen des Eigentums auch ausserhalb der sonst hiefür bestimmten gesetzlichen Grenzen zulässig."*[190]

Allein mit § 1 ReichstagsbrandVO hatte sich *Hitler* selbst dazu ermächtigt, mit Hilfe von neuen Gesetzen enorme Grundrechtseinschränkungen umzusetzen. Diese Verordnung war überdies geprägt von dem Gedanken, einen zentral organisierten nationalsozialistischen Staat zu schaffen, vgl. § 2 ReichstagsbrandVO.[191]

§ 5 ReichstagsbrandVO verschärfte die Strafandrohungen für Taten, die sich gegen das Regime richteten. § 5 Abs. 2 Nr. 1 ReichstagsbrandVO drohte demjenigen die Todesstrafe oder das Zuchthaus an, der *„es unternimmt, den Reichspräsidenten oder ein Mitglied [...] der Reichsregierung [...] zu töten oder wer zu einer solchen Tötung auffordert, sich erbietet, ein solches Erbieten annimmt oder eine solche Tötung mit einem anderen verabredet"*. Es fiel wegen der Ausgestaltung des Gesetzes leicht, unliebsame politische Gegner einer solchen Tat zu bezichtigen. Auf Grundlage des sogenannten „Lex van der Lubbe"[192] galt die ReichstagsbrandVO

---

190 RGBl. I. 1933, S. 83.

191 Dazu *Laufs*: *„Diese [...] Maßnahme hatte mit der Länderpolizei auch die gesamte Exekutive und damit praktisch die politische Landesführung in volle Abhängigkeit von der Reichsregierung gebracht"*, Rechtsentwicklungen in Deutschland, S. 388.

192 *Marinus van der Lubbe* wurde kurz nach dem Brand im Reichstag wegen Hochverrats angeklagt, da man ihn verdächtigte, den Brand gelegt zu haben. Der damalige Innenminister *Frick* wollte *van der Lubbe* hängen lassen, was jedoch zum Zeitpunkt der vermeintlichen Brandstiftung noch nicht der angedrohten Rechtsfolge entsprach. Daher wurde das „Gesetz über Verhängung und Vollzug der Todesstrafe" auf den Weg gebracht, *van der Lubbe* selbst auf Grund dieser gesetzlich angeordneten rückwirkenden Strafschärfung am 10. Januar 1934 hingerichtet und das Gesetz noch zur NZ-Zeit

sogar rückwirkend für die bereits am 27. Februar 1933 vermeintlich begangenen Taten,[193] das heißt, für alle Handlungen rund um den Reichstagsbrand.

Die Verordnung zeigt die dramatischen Änderungen, welche die Gesetzgebung zu dieser Zeit erfuhr. Diese grundlegenden Änderungen wurden in Wissenschaft und Praxis teils aber durchaus begrüßt. So hat *Schmitt*[194] das „Gesetz zur Behebung der Not von Volk und Reich" (Ermächtigungsgesetz genannt)[195] vom 24. März 1933 zwar mit äußerst treffenden Worten umschrieben, jedoch keine Gefahr, sondern einen guten Neuanfang darin gesehen:

> *„Zunächst wird ein neuer Reichsgesetzgeber geschaffen, der nicht nur Rechtsverordnungen erläßt, sondern auch Reichsgesetze im formellen Sinn schafft. Damit ist der überlieferte Gesetzesbegriff des parlamentarischen Gesetzgebungsstaates, für welchen die Mitwirkung der Volksvertretung zum Begriff des Gesetzes gehörte, überwunden. Ein Wendepunkt von verfassungsgeschichtlicher Bedeutung."*[196]

Auch *Schwarz*, damals Reichsgerichtsrat, war über das Gesetz erfreut und prophezeite den Anbeginn einer neuen Zeit, sah jedoch auch die potentielle Gefahr:[197]

> *„Eine fast schrankenlose Machtfülle ist der nationalen Regierung durch das Ermächtigungsgesetz anvertraut, und damit eine schwere Verantwortung. Doch im Volke, insbesondere auch in den deutschen Richtern, lebt die Hoffnung auf das Gelingen und die Zuversicht in das Wollen und Können der Führer. Mögen sie das schwere Werk bewältigen, auf daß der Sturm, der im Frühling 1933 das deutsche Land durchbraust hat, dereinst gefeiert werde als die Stunde der Wiedergeburt des deutschen Volkes; […]*
> *glorious revolution!"*

„Lex van der Lubbe" genannt, vgl. *Werber*, Analogie- und Rückwirkungsverbot im Dritten Reich, S. 7 f.

193 Gesetz über Verhängung und Vollzug der Todesstrafe vom 29. März 1933; RGBl. I. 1933, S. 151.

194 *Carl Schmitt* hat sich in Straßburg habilitiert und lehrte als Staatsrechtsprofessor zuletzt von 1933 bis 1945 in Berlin.

195 Das befristet geltende „Ermächtigungsgesetz" wurde dreimal verlängert. Es erlaubte der Reichsregierung Gesetze zu erlassen, die im Gegensatz zu Reichsverfassung standen und deren Zustandekommen sich ebenfalls nicht nach den verfassungsrechtlichen Vorgaben richten musste, Art. 1, 2 des „Gesetzes zur Behebung der Not von Volk und Reich"; dazu auch *Hähnchen*, Rechtsgeschichte, S. 374 f., Rn. 818 ff.

196 *Schmitt* in: DRiZ 1933, Beilage zu Heft 12, zitiert nach *Laufs*, Rechtsentwicklungen in Deutschland, S. 306.

197 *Schwarz*, DRiZ 1933, S. 97, 98.

2. Schleichende Abschaffung der Laienrichterbeteiligung

Auf Grund der Fülle der neuen Gesetze und Gesetzesänderungen zur Zeit des Nationalsozialismus sollen nur die Gesetze dargestellt werden, die besonderen Einfluss auf die Laienrichter hatten.[198] Die Laienrichter wurden während der Zeit des Nationalsozialismus Volksrichter genannt, wodurch der Eindruck vermittelt werden sollte, dass das Volk bei der Rechtsprechung mitwirken könne.[199]

a) Verordnung der Reichsregierung über die Bildung von Sondergerichten

Die Gesetzesänderungen begannen bereits am 21. März 1933 mit der „Verordnung der Reichsregierung über die Bildung von Sondergerichten" (VBvS).[200] In jedem Oberlandesgerichtsbezirk sollte ein Sondergericht gebildet werden, § 1 Abs. 2 VBvS. Diese waren für die Taten zuständig, die mit der ReichstagsbrandVO vom 28. Februar 1933 unter Strafe gestellt wurden, §§ 2, 3 VBvS. Die Sondergerichte waren jeweils mit nur drei Berufsrichtern besetzt, die explizit für das Sondergericht berufen sein mussten, § 4 VBvS. Auf diesem Wege konnte gewährleistet werden, dass die ausgewählten Berufsrichter das gewünschte Urteil sprachen und dabei nicht auf die möglicherweise (noch) unabhängigen Laienrichter eingehen mussten. Eine gerichtliche Voruntersuchung, wie ansonsten üblich, fand bei Prozessen vor den Sondergerichten nicht statt, § 11 S. 1 VBvS. Für den Fall, dass eine Voruntersuchung beim Inkrafttreten der Verordnung bereits anhängig gewesen war, mussten die Akten alsbald der Anklagebehörde[201] bei

---

198 Eine dezidierte Aufzählung aller die Gerichtsverfassung betreffenden Gesetzesänderungen während der Zeit des Krieges, die vor allem der „Kräfteersparnis" (RGBl. I. 1943, S. 342) dienen sollten, nachzulesen bei *Kern*, Geschichte des Gerichtsverfassungsrechts, S. 226–245. Aufgrund der Charakteristik für den Nationalsozialismus soll an dieser Stelle dennoch das „Gesetz zur Änderung von Vorschriften des Strafverfahrens und der GVG" v. 28. Juni 1935 erwähnt werden, RGBl. I. 1935, S. 844. Dieses Gesetz ermöglichte der Staatsanwaltschaft oder dem Gericht, eine Tat zu ahnden, die *„nach gesundem Volksempfinden [eine] Bestrafung verdient"*, auch wenn diese Tat *„im Gesetz nicht für strafbar erklärt"* wurde, § 170a StPO in der Fassung v. 28. Juni 1935. Die Frage nach der Abstimmung im Kollegialgericht und die dazugehörige Frage des „Führergrundsatzes"/der Unabhängigkeit der Richter wird detailliert dargelegt bei *Kern*, Geschichte des Gerichtsverfassungsrechts, S. 255–260 und 270 f.

199 *Kross*, Die Laienrichter als Reformprojekt, S. 134 ff. zu der Diskussion um diesen Begriff.

200 RGBl. I. 1933, S. 136.

201 Die Vertreter der Anklagebehörde wurden von der Landesjustizverwaltung aus der Zahl der zum Richteramt befähigten Beamten der Staatsanwaltschaft berufen, § 5 VBvS.

dem Sondergericht zugeleitet werden, § 11 S. 2 VBvS. Auf diesem Wege konnte man gewährleisten, dass diejenigen, die mit Sondergerichtsverfahren betraut waren, einem kleinen Personenkreis entstammten.

Gleichzeitig waren gemäß § 16 Abs. 1 VBvS keine Rechtsmittel gegen Entscheidungen der Sondergerichte zugelassen. Demgemäß war mit den Sondergerichten die Möglichkeit geschaffen, ohne eine Beteiligung von Schöffen oder Geschworenen die Verfahren gegen die vermeintlichen Verräter zügig und unter fast vollständigem Ausschluss von Beschuldigtenrechten entsprechend der nationalsozialistischen Überzeugung abzuschließen.

b) Gesetz über die Neuwahl der Schöffen, Geschworenen und Handelsrichter

Ein weiterer Schritt in diese Richtung wurde mit dem „Gesetz über die Neuwahl der Schöffen, Geschworenen und Handelsrichter" am 7. April 1933 gemacht.[202] Dieses Gesetz stellte die laufende Wahlperiode für Schöffen und Geschworene zum 30. Juni 1933 ein und ließ eine neue Periode am 1. Juli 1933 beginnen; gleichzeitig sollte auch der für die Schöffen zuständige Wahlausschuss neu gewählt werden, § 1, 2 des Gesetzes. Dieser bestand sodann aus einem Amtsrichter als Vorsitzenden und einem von der Landesregierung zu bestimmenden Staatsverwaltungsbeamten sowie sieben Vertrauenspersonen, § 40 Abs. 2 RGVG (in der Fassung vom 13. Dezember 1934). Der Amtsrichter hatte die Vertrauenspersonen aus der NSDAP und aus den Gemeindevorstehern zu ernennen, § 40 Abs. 4 RGVG (in der Fassung vom 13. Dezember 1934).[203] Zuvor waren die Vertrauenspersonen unter den Einwohnern des Amtsgerichtsbezirks gewählt worden. Mit der neuen Regelung wurde die Auswahl der Laien auf Anhänger der Partei beschränkt und den Berufsrichtern damit solche Laien zur Seite gestellt, die sich „linientreu" verhalten würden. Sinn und Zweck dieser Änderung war die Auslese der politisch anders Denkenden und der Ausschluss der auf Grund ihres Glaubens oder ihrer Herkunft unliebsamen Personen aus dem Laienrichteramt.[204] Es sollte verhindert werden, dass Urteile gefällt würden, die nicht mit dem Nationalsozialismus konform gingen. Mit der selektiven Auswahl der Laienrichter konnte nun unter Umständen auch ein Berufsrichter, der 1934 nicht Anhänger des nationalsozialistischen Gedankengutes war, durch die Laien in Schach gehalten oder gar auf den „richtigen" Kurs gebracht werden.

202 RGBl. I. 1933, S. 188.
203 RGBl. I. 1934, S. 1233.
204 So auch *Kross*, Die Laienrichter als Reformprojekt, S. 125.

c) *Gesetz zur Änderung von Vorschriften des Strafrechts und des Strafverfahrens, insbesondere die Rolle des Volksgerichtshofes*

Mit dem „Gesetz zur Änderung von Vorschriften des Strafrechts und des Strafverfahrens"[205] (GSS) vom 24. April 1934 wurden eine Vielzahl neuer Strafgesetze eingeführt, die in verschiedenen Varianten den vermeintlichen Verrat des Staates, seiner Mitglieder oder der Regierung unter Strafe, oft die Todesstrafe, stellten. Zuständig für diese Hochverrats- und Landesverratssachen war der mit diesem Gesetz neu begründete Volksgerichtshof, Art. III, § 1 GSS.[206] Die Gründung eines neuen Gerichts war aus Sicht der Nationalsozialisten notwendig geworden, weil sich nicht alle Richter dem Nationalsozialismus angeschlossen hatten[207] und manche gegen die vorherrschenden Ansichten urteilten.[208]

Die Zuständigkeit des Volksgerichtshofes beschränkte sich auf Hochverrats- und Landesverratssachen, weil die nicht politisch motivierten Delikte für die Machthaber nicht so gefährlich werden konnten wie andere. Die neu geschaffenen Normen im RStGB waren allerdings mit so vielen unbestimmten Rechtsbegriffen gespickt, dass es ohne weiteres möglich war, unterschiedlichste Handlungen unter den Tatbestand des Verrates zu subsumieren.[209] Beispielsweise § 81 RStGB:

> *„Wer es unternimmt, den Reichspräsidenten oder den Reichskanzler oder ein anderes Mitglied der Reichsregierung seiner verfassungsmäßigen Gewalt zu berauben oder mit Gewalt oder durch Drohung mit Gewalt oder mit einem Verbrechen oder Vergehen zu nötigen oder zu hindern, seine verfassungsmäßigen Befugnisse überhaupt oder in einem bestimmten Sinne auszuüben, wird mit dem Tode oder mit lebenslangem Zuchthaus oder mit Zuchthaus nicht unter fünf Jahren bestraft."*

Der Volksgerichtshof war mit fünf Mitgliedern besetzt, Art. III, § 1 Abs. 2 GSS. Der Vorsitzende und ein weiteres Mitglied mussten die Befähigung zum Richteramt haben, Art. III, § 1 Abs. 2 GSS. Die übrigen Mitglieder waren Laienrichter. Diese Mitglieder des Volksgerichtshofes wurden auf Vorschlag des Reichsministers der Justiz durch den Reichskanzler *Hitler* für die Dauer von fünf Jahren ernannt, Art. III, § 2 GSS. Der Volksgerichtshof war gleichzeitig erste und letzte

205 RGBl. I. 1934, S. 341.

206 Der Volksgerichtshof wurde durch das „Gesetz über den Volksgerichtshof [...]" v. 18. April 1936 zu einem ordentlichen Gericht umfunktioniert, § 1, RGBl. I. 1936, S. 369.

207 *Schmidt*, Deutsche Strafrechtspflege, S. 434 ff., § 351 und S. 445 ff., § 356 f.

208 *Hähnchen*, Rechtsgeschichte, S. 394–396, Rn. 854 ff. m.w.N.

209 RGBl. I. 1934, S. 341 ff.

Instanz, Art. III, § 3 Abs. 1 i.V.m. § 5 Abs. 2 GSS. Die Richter wurden explizit für Verfahren gegen sogenannte Hochverräter ausgewählt. Durch dieses Auswahlverfahren konnte sichergestellt werden, dass ausschließlich parteitreue Mitglieder in die Senate ernannt wurden.[210] Daher repräsentierten die Laienrichter bei diesem Gericht nicht das Volk oder die Öffentlichkeit oder wirkten gar als schützendes Element des Angeklagten gegenüber dem Staat. Der Name „Volksgerichtshof" und der Urteilsspruch *„im Namen des Deutschen Volkes"*[211] suggerierten dennoch ein Urteil, bei dem das Volk ein Mitspracherecht hat. Der Volksgerichtshof diente als Gericht zur Aburteilung der Gegner des Nationalsozialismus und der Personen, die man auf diesem Wege versuchte auszuschalten. Er konterkarierte gleichzeitig den Sinn der Laienbeteiligung am Strafverfahren.[212] Durch den Volksgerichtshof hatte *Hitler* die Möglichkeit, deutlich mehr Einfluss auf die Rechtsprechung auszuüben. *Schmidt* nannte später den Volksgerichtshof richtigerweise ein *„terroristisches Revolutionstribunal schlimmster Sorte."*[213]

d) *Verordnung über Maßnahmen auf dem Gebiete der Gerichtsverfassung und der Rechtspflege*

Mit Ausbruch des Zweiten Weltkrieges wurde die „Verordnung über Maßnahmen auf dem Gebiete der Gerichtsverfassung und der Rechtspflege" vom 1. September 1939 erlassen.[214] § 13 dieser Verordnung sah vor, *„die Zuständigkeit des Schöffengerichts [...] auf den Amtsrichter [und] die Zuständigkeit des Schwurgerichts auf die Strafkammer"* übergehen zu lassen. Mit der „Verordnung zur Durchführung der Verordnung über die Zuständigkeit der Strafgerichte, der Sondergerichte und sonstige strafverfahrensrechtlichen Vorschriften"[215] wurden die Schwurgerichte außer Kraft gesetzt, § 21 Abs. 2 Nr. 3 dieser Verordnung.

210 Darstellung des Auswahlverfahren B. III. 5.

211 „Erstes Gesetz zur Überleitung der Rechtspflege auf das Reich" v. 16. Februar 1934, Art. 1, RGBl. I. 1934, S. 91. Im ersten Gerichtsverfassungsgesetz war noch nicht geregelt, in wessen Namen die Gerichte rechtsprechen sollten, weswegen sowohl *„Im Namen des Königs"* als auch *„Im Namen des Großherzogs"* Recht gesprochen wurde, vgl. *Kern*, Geschichte des Gerichtsverfassungsrechts, S. 99.

212 Weitere Vorschläge für Gesetzesänderungen während der Zeit des Nationalsozialismus dargestellt bei *Kern*, Geschichte des Gerichtsverfassungsrechts, S. 260 ff., 262.

213 *Schmidt*, Deutsche Strafrechtspflege, S. 447, § 356, 4. a).

214 RGBl. I. 1939, S. 1658.

215 RGBl. I. 1940, S. 489, 492.

Die Abschaffung der Schöffen- und der Schwurgerichte hatte zur Folge, dass die mit Laienrichtern besetzten Gerichte – bis auf die Laien beim Volksgerichtshof – aus der deutschen Gerichtsbarkeit entfernt wurden.[216] Nunmehr waren (bis auf eine Ausnahme) nur noch die auf Vorschlag des Reichsministers der Justiz und durch den Reichskanzler ernannten Laien bei Prozessen vor dem Volksgerichtshof beteiligt.

Wie viele Gesetzesänderungen zu dieser Zeit wurde auch diese Maßnahme als kriegsbedingt bezeichnet und sollte der *„Kräfteersparnis"* dienen.[217] Die Laienbeteiligung im Strafverfahren ihrem eigentlichen Sinn nach war damit de facto beendet.

e) Laienbeteiligung beim Reichsgericht

Neben den Laien beim Volkgerichtshof gab es lediglich noch Laien in einem Senat des Reichsgerichts. Diese waren dort bei der Urteilsfällung in einem *„Besonderen Strafsenat"* beteiligt.[218] Dieser Senat war zuständig für Verfahren, bei denen bereits ein rechtskräftiges Urteil ergangen war, jedoch *Hitler* als *„Oberreichsanwalt"* die Sache neu verhandelt wissen wollte. Der *„Oberreichsanwalt"* konnte gegen rechtskräftige Urteile in Strafsachen beim Reichsgericht binnen eines Jahres nach Rechtskraft *„Einspruch erheben, wenn er wegen schwerwiegender Bedenken gegen die Richtigkeit des Urteils eine neue Verhandlung und Entscheidung in der Sache für notwendig"* erachtete, § 3 Abs. 1 des Gesetzes zur „Änderung der Vorschriften des allgemeinen Strafverfahrens, des Wehrmachtstrafverfahrens und des Strafgesetzbuches" (GÄV).[219] Auf Grund des Einspruches entschied der Senat *„von neuem"* über die Sache, § 3 Abs. 2 GÄV. Dieser *„Besondere Senat"* war besetzt mit dem Präsidenten des Reichsgerichts und mit vier Mitgliedern, § 4 Abs. 1 GÄV. Zwei der Mitglieder mussten Senatspräsidenten oder Räte des Reichsgerichts sein, § 4 Abs. 2 GÄV. Alle Mitglieder wurden vom Reichsminister der Justiz vorgeschlagen und *„vom Führer und Reichskanzler"* für die Dauer von zwei Jahren ernannt, § 4 Abs. 3 GÄV. Die übrigen Mitglieder dieses Senats waren Laienrichter, die nach dem im Nationalsozialismus bestimmten Verfahren, wie bereits dargestellt,[220] für diesen Senat ausgewählt wurden. Auf Grund seiner

---

216 Wenige Jahre zuvor war der Wahlvorgang der Schöffen und Geschworenen noch reformiert worden, B. III, 2.

217 *Hadding*, Schwurgerichte in Deutschland, S. 105.

218 RGBl. I. 1939, S. 1841.

219 RGBl. I. 1939, S. 1842.

220 Siehe zu der Gerichtsverfassung und der Rechtspflege, B. VI. 2. c).

Zusammensetzung und seiner Zuständigkeit erhielt dieser Senat von seinen Gegnern mehrere Namen, darunter wurde er der „*sonderbare Senat*" genannt.[221]

3. Ausweitung der Sondergerichtsbarkeit

Gleichzeitig mit der faktischen Beendigung der Laienbeteiligung im Strafverfahren gewann die Sondergerichtsbarkeit an Bedeutung.[222] Auf Grund des § 18 der „Verordnung über Maßnahmen auf dem Gebiete der Gerichtsverfassung und der Rechtspflege"[223] konnten nun Sondergerichte bei Landgerichten gebildet werden. Darüber hinaus dehnte § 19 dieser Verordnung die Zuständigkeit der Sondergerichte weiter aus. Verbrechen und Vergehen, die ursprünglich in die Zuständigkeit des Schwurgerichts oder in die eines Gerichts niedrigerer Ordnung fielen, konnten nun auf Antrag der Anklagebehörde vor den Sondergerichten verhandelt werden. Voraussetzung dafür war, dass die Behörde der Auffassung war, dass durch die Tat die „*öffentliche Ordnung und Sicherheit besonders schwer gefährdet*" wurde. Dies hatte eine willkürliche Zuweisung der Strafsachen zu den Gerichten zur Folge, die nach Ansicht der Anklagebehörde für die Aburteilung zweckmäßig waren. Die Sondergerichte dienten faktisch als Instrument zur „*Disziplinierung der Zivilbevölkerung.*"[224]

4. Zusammenfassung

Die Umbenennung der Geschworenen und Schöffen in „*Volksrichter*" ließ nur zunächst vermuten, dass die Laienrichter das Volk bei der Rechtsprechung repräsentierten. Diese Umbenennung sollte die Repräsentanz des Volkes bei der Rechtsprechung jedoch nur suggerieren. Tatsächlich wurde die Laienbeteiligung während der Zeit des Regimes *Hitlers* aber soweit aus der Rechtsprechung verdrängt, dass letztendlich die Laienrichter ausschließlich durch sorgfältig ausgewählte Mitglieder oder Anhänger der NSDAP gestellt wurden. Zunächst wurde diese Verdrängung schleichend in Form von Gesetzesänderungen mit der Begründung der notwendigen Kostenersparnis vorgenommen. Die letzten Gesetzesänderungen ließen jedoch keinen Zweifel mehr daran, dass die Rechtsprechung den Nationalsozialisten ausschließlich dem Zweck der Ausschaltung von Gegnern und der Durchsetzung der Willkür dienen sollte.

---

221 Vgl. *Kern*, Geschichte des Gerichtsverfassungsrechts, S. 241.

222 Dazu auch *Schmidt*, Deutsche Strafrechtspflege, S. 447, § 356, 4. b).

223 Siehe B. VI. 2. d).

224 *Stein*, in: Düwell/Vormbaum, Schwerpunktthema: Recht und Nationalsozialismus, S. 67 ff., 77.

Die Entwicklung der Laienrichterbeteiligung während des Nationalsozialismus ist zwar geschichtlich gesehen von großem Interesse und hoher Bedeutung, allerdings kann sie nicht herangezogen werden, um die weitere Entwicklung der Rolle der Laienrichter in Deutschland angemessen zu bewerten. Dafür sind die Einflüsse auf die Gesetzgebung zu vielschichtig motiviert gewesen.

V. Recht auf Akteneinsicht seit der Einführung des ersten GVG bis zum Ende des Zweiten Weltkrieges

Seit der Schaffung des ersten deutschen Gerichtsverfassungsgesetzes im Jahr 1877 stand den Laienrichtern gesetzlich kein ausdrücklich geregeltes Akteneinsichtsrecht zu. § 242 S. 2 HS 2 RStPO schrieb vor, nach der Vernehmung des Angeklagten über seine persönlichen Verhältnisse den Beschluss über die Eröffnung des Hauptverfahrens zu verlesen. Die Anklage selbst wurde nicht verlesen. Dies sollte verhindern, dass die Geschworenen oder Schöffen durch das Verlesen der Anklage voreingenommen waren.[225]

Es gab zwar keine ausdrückliche gesetzliche Regelung, die den Schöffen und Geschworenen die Einsicht in die Akten verbot, jedoch war dies die ständige Rechtsprechung des Reichsgerichts, die nachfolgend vorgestellt wird.[226]

1. RGSt 32, 318

Eine der ersten dieses Thema betreffenden Entscheidungen stammt aus dem Jahr 1899. In der vom Reichsgericht damals zu überprüfenden Entscheidung hatte der Vorsitzende nach der Verlesung des Eröffnungsbeschlusses (der ähnelte damals dem heutigen Anklagesatz) und vor Eintritt in die Verhandlung aus den Akten die Ergebnisse des Ermittlungsverfahrens vorgetragen.[227] Das Reichsgericht entschied daraufhin, dass ein derartiges Vorgehen wesentliche Verfahrensrechte verletze.[228] Die erkennenden Richter (die Laienrichter eingeschlossen) müssten ihre Überzeugung *„auf Grund der mündlichen Erörterung und der unmittelbaren Kenntnisnahme der […] Beweisquellen“* gewinnen und dürften nicht (von Ausnahmefällen

225 Die Beratungen der Reichstagskommission v. 6. Juli 1875, *Hahn*, Die gesammten Materialien zu den Reichs-Justizgesetzen, 2. Abtheilung, S. 794 ff., insbes. S. 804 (Antrag von *Schwarze* als *„entschiedener Gegner der Anklageschrift“*).

226 RGSt 32, S. 318; RG 2 D 985/13 = GA (1916) 62, S. 154 ff.; RGSt 53, S. 176; RGSt 57, S. 165; RGSt 69, S. 120.

227 RGSt 32, S. 318.

228 RGSt 32, S. 318.

abgesehen) auf die schriftlichen Ergebnisse des Vorverfahrens zurückgreifen.[229] Der damalige Vortrag des Vorsitzenden Richters sei zwar formell kein Teil der Hauptverhandlung gewesen, allerdings habe gleichzeitig nicht ausgeschlossen werden können, dass dieser Teil dennoch eine Wirkung auf die materielle Entscheidung gehabt haben könnte.[230] Das Reichsgericht begründet weiter, die Reichsjustizkommission habe schon im Gesetzgebungsprozess die Verlesung der Anklageschrift abgelehnt, da ansonsten *„die unparteiliche Würdigung des in der Verhandlung zu erhebenden Beweises erschwert werde."*[231] Das sollte insbesondere für Gerichte gelten, die mit Geschworenen besetzt waren. Auch wenn das im vorliegenden Fall entscheidende Gericht ausschließlich mit Berufsrichtern besetzt gewesen sei, so dürften hier *„keine anderen Prinzipien"* als bei einem mit Geschworenen besetzten Gericht *„betreffs Wahrung der richterlichen Unbefangenheit"* gelten.[232]

Hintergrund der Entscheidung war, dass ansonsten durch einen Vortrag über die Ergebnisse des Vorverfahrens Teile des Akteninhaltes den beisitzenden Berufsrichtern (und im Schwurgerichtsverfahren den Geschworenen) hätten mitgeteilt werden können. Das Verbot des Reichsgerichts verhinderte damit den Eingang des Akteninhalts „durch die Hintertür". Überdies war damit auch die Gefahr gebannt, den Geschworenen einen Sachverhalt zur Kenntnis zu bringen, wie er sich nach Ansicht des Vorsitzenden zugetragen haben könnte, bevor überhaupt die Beweisaufnahme begonnen hatte.

2. RG 2 D 983/13

Eine teilweise Ausnahme von der obigen Entscheidung bildete ein Urteil des Reichsgerichts aus dem Jahr 1914.[233] In dem dem Urteil zugrunde liegenden Sachverhalt wurde den Laienrichtern und den Ergänzungsrichtern in der ersten Instanz die Anklageschrift während der Hauptverhandlung ausgehändigt.[234] Der Angeklagte beantragte, die Anklage den Laien- und Ergänzungsrichtern wieder zu entziehen; dem Antrag wurde jedoch nicht stattgegeben.[235] Das Reichsgericht hielt diese Entscheidung aufrecht. Zwar werde in der RStPO vorgeschrieben, dass lediglich der Eröffnungsbeschluss und nicht auch die Anklageschrift zu

229 RGSt 32, S. 318, 319.
230 RGSt 32, S. 318, 319.
231 RGSt 32, S. 318, 319 m.w.N.
232 RGSt 32, S. 318, 320.
233 RGSt 32, S. 318; RG 2 D 983/13.
234 GA 62 (1916), S. 154 f.
235 GA 62 (1916), S. 154 f.

Beginn einer Verhandlung vorgelesen werden dürfe (§ 242 RStPO), allerdings sei es den Richtern auch nicht ausdrücklich untersagt, Kenntnis vom Inhalt der Akten zu nehmen, wozu die Anklageschrift gehöre.[236] Gerade die Aktenkenntnis des Vorsitzenden sei für die Verhandlungsleitung unentbehrlich.[237] Das Reichsgericht argumentiert weiter, dass daher die Verlesung der Anklage grundsätzlich erlaubt sein müsse, zumal es an Vorschriften fehle, die den Umfang oder die Art und Weise der Aktenkenntnis der Richter beschränken würden.[238]

Zur damaligen Zeit war es – wegen der Besorgnis der Voreingenommenheit – nicht allen über die Eröffnung entscheidenden Berufsrichtern erlaubt, auch an der späteren Hauptverhandlung teilzunehmen. Nach § 23 Abs. 3 RStPO durften

> *„an dem Hauptverfahren vor der Strafkammer […] mehr als zwei von denjenigen Richtern, welche bei der Entscheidung über die Eröffnung des Hauptverfahrens mitgewirkt haben, und namentlich der Richter, welcher Bericht über den Antrag der Staatsanwaltschaft erstattet hatte, nicht theilnehmen."*

Es war im Umkehrschluss also einem Teil (mindestens zwei) der Berufsrichter erlaubt, vor der Verhandlung ausführlich Einsicht in die Akten zu nehmen, während die Laienrichter davon grundsätzlich ausgenommen waren. Auch durfte der Richter, welcher Bericht über den Antrag der Staatsanwaltschaft auf Eröffnung erstattet hatte, nicht teilnehmen, § 23 Abs. 3 RStPO.

Der 2. Senat hat damals § 30 RGVG wörtlich ausgelegt, die Anklageschrift (richtigerweise) als einen Teil der Akte gewertet und daher keinen Verstoß gegen gesetzliche Vorschriften angenommen. Diese Entscheidung ist beachtlich, da die Anklage zu Beginn der Hauptverhandlung (noch) nicht verlesen werden durfte, damit die *„Anklageschrift nicht durch Verlesung zur Grundlage der Hauptverhandlung gemacht"* werde.[239]

Zur Klarstellung sei erwähnt, dass heute das Gericht, welches über die Eröffnung der Hauptverhandlung entscheidet, mit dem Gericht, das die Hauptverhandlung führt und auch das Urteil fällt, identisch ist, § 199 Abs. 1 StPO: *„Das für die Hauptverhandlung zuständige Gericht entscheidet darüber, ob das Hauptverfahren zu eröffnen oder das Verfahren vorläufig einzustellen ist."* Darüber hinaus beginnt jede Hauptverhandlung – nach Erledigung der notwendigen Feststellungen (Anwesenheit des Angeklagten, des Verteidigers, der geladenen Zeugen und Sachverständigen, Vorhandensein der Beweismittel) und der Vernehmung

236 GA 62 (1916), S. 154, 156.
237 GA 62 (1916), S. 154, 156.
238 GA 62 (1916), S. 154, 156.
239 GA 62 (1916), S. 154, 155.

des Angeklagten über seine persönlichen Verhältnisse – mit der Verlesung der Anklage, § 243 Abs. 1–3 StPO. Die Besorgnis, dass die Berufsrichter durch die Aktenkenntnis befangen sein könnten, relativierte sich im Laufe der Zeit ebenso, wie die Angst davor, dass die Schöffen durch die Verlesung der Anklage voreingenommen sein könnten.

3. RGSt 53, 176

In einem Fall aus dem Jahr 1919 entschied das Reichsgericht über ein Verfahren,[240] in welchem der Vorsitzende Richter in der Hauptverhandlung des Schwurgerichts Teile des angeklagten Sachverhalts wiedergegeben und im Anschluss daran Ergebnisse des Vorverfahrens verlesen hatte. Zu diesem Zeitpunkt war lediglich der Eröffnungsbeschluss verlesen worden und der Angeklagte hatte sich für nicht schuldig bekannt. Nach eigener Auskunft hatte der Vorsitzende damals nur *„unstreitige Tatsachen“* verlesen.[241] Das Reichsgericht stellte fest, dass sich das Verfahren noch nicht in einem solchen Stadium befunden habe, in welchem der Vorsitzende habe feststellen können, ob die Tatsachen tatsächlich unbestritten gewesen seien.[242] Der Vorsitzende habe lediglich auf Grund der Voruntersuchung zu dem Ergebnis kommen können, dass die Tatsachen unbestritten seien.[243]

Die „Sachdarstellung“ war nach Ansicht des Reichsgerichts dennoch zumindest in Teilen unproblematisch gewesen. Zwar sei eine solche nicht ausdrücklich in der RStPO erlaubt, aber dadurch nicht gleichzeitig unzulässig.[244] So erachtete das Reichsgericht die Erläuterung der Örtlichkeit der Tat anhand einer Zeichnung, die Mitteilung der Beweissätze und die Darlegung, nach welchen Gesichtspunkten und in welcher Reihenfolge die Beweisaufnahme erfolgen solle, als zulässig. Im Gegensatz dazu verstoße jedoch das Vortragen der Ergebnisse aus dem schriftlichen Vorverfahren gegen die Grundsätze der Mündlichkeit und Unmittelbarkeit des Verfahrens, da noch keine Beweisaufnahme stattgefunden und damit die Gefahr bestanden habe, dass die Geschworenen dadurch beeinflusst würden.[245]

240 RGSt 53, S. 176 ff.
241 RGSt 53, S. 176.
242 RGSt 53, S. 176.
243 RGSt 53, S. 176, 177.
244 RGSt 53, S. 176, 177.
245 RGSt 53, S. 176, 178.

Das Verfahren hatte bis zum Zeitpunkt des Vortrages des Vorsitzenden noch keinen Prozessstoff geliefert, sodass es auch keinen unstreitigen Sachverhalt hatte geben können. Die vom Reichsgericht als zulässig erachteten Erläuterungen betrafen lediglich die Beschreibung eines Ortes und die geplante Vorgehensweise in der Beweisaufnahme. Folglich waren die als zulässig befundenen Erläuterungen (bis auf die Beschreibung der Örtlichkeit) prozessualer und nicht tatsächlicher Natur, sodass sie die Laienrichter nicht beeinflussen konnten.

4. RGSt 57, 165

Vor diesem Hintergrund ist ein ähnlich gelagerter Fall[246] aus dem Jahr 1922 zu verstehen, in dem mehrere Personen angeklagt waren. In der Verhandlung verlas der Vorsitzende des Schwurgerichts zunächst den Eröffnungsbeschluss und übergab diesen im Nachhinein „*zur besseren Übersicht über die den Angeklagten zur Last gelegten Straftaten und als Grundlage für Notizen*" an die Geschworenen und die Verteidiger.[247] Dem Eröffnungsbeschluss war eine Übersicht angehängt, die die Taten aufzählte, die den Angeklagten zur Last gelegt wurden.[248] Zu jedem Vorwurf waren zwei Fragen formuliert und darunter war etwas Platz für Notizen gelassen worden.[249] Das Reichsgericht entschied, dass es gegen keine Verfahrensvorschrift verstoße, wenn der Vorsitzende den Eröffnungsbeschluss erläutere und es dadurch den Geschworenen erleichtere, „*der Verhandlung zu folgen und dabei die einzelnen Angeklagetaten zu unterscheiden.*"[250] Die gewählte „*Form der Anleitung zu Aufzeichnungen*" verstoße gegen keine Verfahrensvorschrift und habe auch die Geschworenen nicht derart beeinflusst, dass dem Angeklagten dadurch geschadet worden sei.[251]

Dass den Laienrichtern der Eröffnungsbeschluss übergeben werden durfte, ist wenig überraschend, da er ohnehin zu Beginn der Verhandlung verlesen werden musste. *Schäfer* nahm diese Entscheidung zum Anlass, um sich für die Gleichberechtigung von Berufs- und Laienrichtern und damit für ein Akteneinsichtsrecht auszusprechen. Er war der Ansicht,

> *„[...] daß es im Hinblick auf die [...] Gleichbehandlung der Laienrichter mit den Berufsrichtern [...] keinen rechtlichen Bedenken unterliegt, auch den Laienrichtern vor Beginn*

246 RGSt 57, S. 165 f.
247 RGSt 57, S. 165.
248 RGSt 57, S. 165.
249 RGSt 57, S. 165.
250 RGSt 57, S. 165.
251 RGSt 57, S. 165.

der Hauptverhandlung Einblick in die Gerichtsakten zu gewähren oder – was auf dasselbe herauskommt, – bei Verhandlungsbeginn Aktenteile, als auch die Anklageschrift, in Abschrift auszuhändigen."[252] *„[...] Keine Vorschrift in der StPO rechtfertigt es, hier einen Unterschied zu machen.*"[253]

Das Argument, die §§ 30, 82 RGVG gingen davon aus, dass die Schöffen und Geschworenen nur während der Hauptverhandlung den Berufsrichtern gleichgestellt seien, lässt *Schäfer* nicht gelten.[254] Es gehe vielmehr darum, ob die Laienrichter durch die Aktenkenntnis überhaupt voreingenommen sein könnten.[255] Diese Frage verneint er im Hinblick auf das in dem RGVG manifestierte Gleichbehandlungsgebot von Berufs- und Laienrichtern, gerade vor dem Hintergrund, dass die Schöffen durch die Presse ohnehin den Inhalt der Akten erführen.[256] Die Gefahr, dass sich Laien durch die unsachgemäße Presseberichterstattung beeinflussen lassen würden, sei um ein vielfaches höher, als die Gefahr der Beeinflussung durch die Anklageschrift.[257] Diese Argumente werden noch heute bei der Diskussion um ein Akteneinsichtsrecht der Schöffen angeführt.[258]

5. RGSt 69, 120

Zuletzt entschied das Reichsgericht[259] 1935, dass den Schöffen kein Akteneinsichtsrecht zustehe. In dem damals verhandelten Fall erhielten die Schöffen Einsicht in die Akten und zwar nicht während der Hauptverhandlung, *„aber vor deren Beginn oder in einer verhandlungsfreien Zwischenzeit mit Wissen und Willen der Mitglieder des LG.*"[260] Zum besseren Verständnis des zeitlichen Ablaufes der Tat hatte das RG zwar entschieden, die Anklageschrift in der Hauptverhandlung zu *„verwenden"*.[261] Mit *„verwenden"* sei aber nur gemeint, dass die Anklage herangezogen werden durfte, um die im Eröffnungsbeschluss abstrakt beschriebenen

252 *Schäfer*, JR 1932, S. 196, 198.
253 *Schäfer*, JR 1932, S. 196, 200.
254 *Schäfer*, JR 1932, S. 196, 200.
255 *Schäfer*, JR 1932, S. 196, 201.
256 *Schäfer*, JR 1932, S. 196, 201.
257 *Schäfer*, JR 1932, S. 196, 201.
258 Dazu mehr unter D.
259 RGSt 69, S. 120 f.
260 RGSt 69, S. 120 f.
261 RGSt 44, S. 28, 30.

Taten genauer zu bestimmen.[262] Nach der ständigen Rechtsprechung des Reichsgerichts sei hingegen die „*Unterbreitung der schriftlich dargestellten Ergebnisse des Vorverfahrens als dem wichtigen Grundsatz der Mündlichkeit und Unmittelbarkeit zuwiderlaufend abgelehnt*" worden.[263]

Es sollte alles vermieden werden, „*was die Richter daran hindern könne, ihre Überzeugung so, wie § 261 StPO dies vorschreibt, ausschließlich aus dem Inbegriff der mündlichen Verhandlung zu schöpfen.*"[264] Eine aus den Akten stammende Darstellung des Sachverhalts sei regelmäßig dazu geeignet, die Unbefangenheit der Richter negativ zu beeinflussen.[265] Ausdrücklich formulierte daher das Reichsgericht: „*Eine Einsicht der Schöffen und Geschworenen in die Akten ist im Gesetz nicht vorgesehen und findet nicht statt.*"[266]

Das Reichsgericht hat mit dieser Entscheidung die fehlende Regelung zum Akteneinsichtsrecht der Schöffen genutzt, um darzulegen, dass den Schöffen eben ein solches nicht zustehe. Dass auf Grund der fehlenden Reglung die Interpretation genauso in die entgegengesetzte Richtung möglich ist, hat das RG nicht weiter beachtet. Gerne wird diese Entscheidung daher heute noch herangezogen, um zu demonstrieren, dass den Laienrichtern nach dem Willen der Rechtsprechung kein Akteneinsichtsrecht zustehe.

6. Volksgerichtshof ZAkdtR 1937, 504

Demgegenüber wurde den Mitgliedern des Volksgerichtshofes ab dem Jahr 1936 ein Akteneinsichtsrecht zugebilligt.[267] Der ausschlaggebenden Entscheidung lag folgender Sachverhalt zu Grunde:

Den Laienrichtern wurde in einem Verfahren wegen Hochverrats eine Abschrift der Anklageschrift, die das wesentliche Ergebnis der Ermittlungen enthielt, absichtlich überlassen.[268] Der Verteidiger des Angeklagten hatte dies mit dem Hinweis auf die oben genannte Entscheidung des Reichsgerichts aus dem Jahr 1935 gerügt und eine Entscheidung darüber beantragt.[269] Der 1. Senat des Volksgerichtshofes beschloss daraufhin, dass „*die Ausfolge der Anklageschriften*

262 RGSt 44, S. 28, 30.

263 RGSt 69, S. 120, 122 m.w.N.

264 RGSt 69, S. 120, 122.

265 RGSt 69, S. 120, 123.

266 RGSt 69, S. 120, 124.

267 Volksgerichtshof Zeitschrift der Akademie für Deutsches Recht (ZAkdtR) 1937, S. 504.

268 Volksgerichtshof ZAkdtR 1937, S. 504.

269 Volksgerichtshof ZAkdtR 1937, S. 504.

an die ehrenamtlichen Mitglieder vor und während der mündlichen Verhandlung" zulässig sei.[270] Das Urteil des Volksgerichtshofes bezieht sich sogar auf das Urteil des Reichsgerichts von 1935 und stellt fest, dass die Erwägungen für die Laienrichter des Reichsgerichts *nicht* auch für Mitglieder des Volksgerichtshofes gelten würden:[271]

> *„Denn diese [gemeint sind die Mitglieder] sind nach jeder Richtung hin sorgfältig ausgesucht und durch das besondere Vertrauen des Führers zum Richteramt beim VGH berufen worden.[272] Sie sind Kreisen der Partei, Wehrmacht und Polizei entnommen und besitzen auf Grund ihrer politischen, militärischen oder sonstigen Stellung gerade die Erfahrungen, die für die Aburteilung der schwersten Staatsverbrechen notwendig sind. Nach Auswahl und Stellung bieten sie daher eine sichere Gewähr dafür, daß sie das erforderliche Unterscheidungsvermögen haben und sich ihr Urteil ausschließlich auf Grund des Ergebnisses der Hauptverhandlung bilden. Das Studium der Anklageschrift ist für sie nur das unentbehrliche Mittel, um sich mit dem vielfach weitverzweigten Sachverhalt vertraut zu machen und den Überblick zu gewinnen, der für die richtige Urteilsfindung gerade in diesen hochwertigen politischen Strafsachen unbedingt notwendig ist.*"[273]

Welche besonderen Kenntnisse ein Mitglied des Volksgerichtshofes zu seiner Berufung haben sollte, wurde weder im Zusammenhang mit dem Gesetzeserlass bezüglich des Auswahlverfahrens noch in Zusammenhang mit dieser Entscheidung erläutert. Ferner blieb offen, wie die beruflichen Erfahrungen eine Gewähr dafür bieten könnten, dass diese Personen das „*erforderliche Unterscheidungsvermögen*" besitzen, um sich nicht von dem Akteninhalt beeinflussen zu lassen.

Allein dieser Ausschnitt der Entscheidung spiegelt die fehlende inhaltliche Auseinandersetzung des Volksgerichtshofes mit der vorangegangenen Rechtsprechung des Reichsgerichts[274] wider.

Die Entscheidung wurde von *Sack*, einem Rechtsanwalt und Notar aus Berlin befürwortet.[275] Er ging sogar noch weiter und forderte, dass einem Mitglied beim Volksgerichtshof „*alle von ihm als nötig erachteten Informationswünsche*" zu erfüllen seien.[276] *Sack* knüpfte an die Argumentation des Volksgerichtshofes an, wonach „*das richterliche Amt und die Aufgabe der ehrenamtl. Mitglieder des VG*" nicht

---

270 Volksgerichtshof ZAkdtR 1937, S. 504.

271 Volksgerichtshof ZAkdtR 1937, S. 504.

272 Zum Auswahlverfahren der Mitglieder beim Volksgerichtshof vgl. B IV. 2. und 3.

273 Volksgerichtshof ZAkdtR 1937, S. 504.

274 RGSt 69, S. 120, 124.

275 *Sack*, Volksgerichtshof ZAkdtR 1937, S. 504.

276 *Sack*, Volksgerichtshof ZAkdtR 1937, S. 504.

mit der der Schöffen und Geschworenen gleichgesetzt werden könnte.[277] Eine entsprechende Begründung außer in Bezug auf das besondere Auswahlverfahren fehlt allerdings auch bei ihm.

Diese Anmerkung und die dazugehörige Entscheidung sind symptomatisch für die Zeit des Nationalsozialismus. Das Urteil erging, weil den Mitgliedern des Volksgerichtshofes „zufällig" die Anklage ausgehändigt wurde und eine andere Entscheidung den Volksgerichtshof in seinen Freiheiten eingeschränkt hätte. Es ist jedoch dem speziellen Gebilde des Volksgerichtshofes geschuldet, dass die Laien mit mehr Rechten ausgestattet wurden. Dieses Urteil ist vor dem Hintergrund des damaligen Regimes und daher nicht als Kehrtwende im Strafprozess zu verstehen.

7. Resümee

Die Abfolge der Entscheidungen zeigt, dass den Laienrichtern ein Akteneinsichtsrecht nicht ausdrücklich zugebilligt, sondern nur ausdrücklich untersagt wurde – die eben dargestellte Entscheidung des Volksgerichtshofes außen vor gelassen. Allerdings stellen alle Entscheidungen fest, dass ein Akteneinsichtsrecht der Laienrichter nicht gesetzlich geregelt sei. Meistens wurde gegen ein Akteneinsichtsrecht argumentiert, da eine eventuell durch die Aktenkenntnis entstehende Voreingenommenheit (meistens zu Lasten des Angeklagten) verhindert werden sollte. Das Lesen oder Verlesen der Anklage während der Hauptverhandlung oder Erklärungen des Vorsitzenden zum Sachverhalt wurden zum Teil gestattet und sollten dem besseren Verständnis dienen. Allerdings waren wertende Darstellungen, Berichte über Ermittlungsergebnisse sowie die Wiedergabe vorgenommener Erhebungen im Vorverfahren nicht zulässig. Diese Rechtsprechung galt bis zu der Zeit des nationalsozialistischen Regimes.

Dabei ist zu bedenken, dass damals nur ein Teil der Berufsrichter vor der Verhandlung die Ermittlungsakten kennen durfte. Der Untersuchungsrichter (der zuständige Richter der Voruntersuchung) konnte in denjenigen Fällen, in welchen er die Voruntersuchung geführt hatte, nicht Mitglied des erkennenden Gerichts sein, auch nicht bei einer außerhalb der Hauptverhandlung erfolgenden Entscheidung der Strafkammer mitwirken, § 23 Abs. 2 RStPO. Im Hauptverfahren vor der Strafkammer wirkten – wie oben bereits ausgeführt[278] – nicht mehr als zwei von denjenigen Richtern, welche bei der Entscheidung über die Eröffnung des Hauptverfahrens bereits mitgewirkt hatten, § 23 Abs. 3 RStPO.

---

277 *Sack*, Volksgerichtshof ZAkdtR 1937, S. 504.
278 Vgl. B. I. 2.

Den Berufsrichtern wurde daher zwar nicht gänzlich – wie den Laienrichtern – der Zugang zu den Akten verwehrt, dennoch war auch deren Aktenkenntnis vor der Hauptverhandlung beschränkt. Der Grund dafür war der gleiche, mit dem auch den Laienrichtern die Akteneinsicht untersagt war: die Gefahr der Befangenheit. Schon damals wurde damit begonnen, zwischen den Berufsrichtern und den Laienrichtern hinsichtlich einer Befangenheit durch Aktenkenntnis zu unterscheiden. Die „Lex Emminger" hat noch eine Befangenheit der Berufsrichter angenommen und in § 21 Abs. 1 Emminger-VO die Teilnahme von Richtern, die an dem Vorverfahren mitgewirkt hatten, für die Hauptverhandlung ausgeschlossen war.

VI. Die Zeit nach dem Zweiten Weltkrieg

Nach dem Zweiten Weltkrieg wurde Deutschland in vier Besatzungszonen aufgeteilt: die amerikanische Zone, die britische Zone, die französische Zone und die sowjetische Zone. Den Besatzungszonen stand ein Kontrollrat vor, der aus den Oberbefehlshabern der vier Siegermächte bestand.[279] Eine der ersten Handlungen der Alliierten war es, die Gerichtsbarkeit in Deutschland vollständig auszusetzen.[280] Während dieser Übergangszeit fanden notwendige Strafverfahren vor den jeweiligen Militärgerichten der Besatzungsmächte statt.[281] Allerdings wurde kurze Zeit später zur ansatzweisen Wiederherstellung des Rechtsfriedens auf Grund des Kontrollratsgesetzes Nr. 4 vom 30. Oktober 1945 angeordnet, das deutsche Gerichtswesen wieder einzuführen.[282] Auf Grund dieses Gesetzes konnten nun wieder Laienrichter an der deutschen Gerichtsbarkeit mitwirken, was vorher nicht möglich war. Gemäß Art. 1 des Kontrollgesetzes Nr. 4 sollte die Gerichtsverfassung der deutschen Gerichte *„grundsätzlich in Übereinstimmung mit dem Gerichtsverfassungsgesetz vom 27. Januar 1877 in der Fassung vom 22. März 1924 erfolgen."* Mit dem Kontrollratsgesetz wurden daher gleichzeitig wieder Amts-, Land- und Oberlandesgerichte hergestellt. Die neu ins Leben gerufene Gerichtsbarkeit wurde von den Alliierten streng kontrolliert.[283] Die Besatzungsmächte konnten beispielsweise

279 Der Kontrollrat agierte bis März 1948, *Gmür/Roth*, Grundriss der deutschen Rechtsgeschichte, S. 487, Rn. 490.

280 Proklamation Nr. 1 des Alliierten Kontrollrates, ausgefertigt am 30. August 1945, in Kraft getreten am 20. September 1945.

281 *Kern*, Geschichte des Gerichtsverfassungsrechts, S. 286.

282 Kontrollratsgesetz Nr. 4, ausgefertigt am 30. Oktober 1945, in Kraft getreten am 2. November 1945.

283 *Kern*, Geschichte des Gerichtsverfassungsrechts, S. 315.

Akteneinsicht in jedes Verfahren erhalten, bei allen Sitzungen anwesend sein, durften jede anhängige Sache an sich ziehen und sogar bereits rechtskräftige Urteile ändern.[284]

Das Reichsgericht und der Volksgerichtshof mit den jeweils besonders ausgewählten Mitgliedern und die Sondergerichte wurden nicht wieder eingeführt, sondern sogar durch die „Kontrollratsproklamation Nr. 3“ vom 20. Oktober 1945 ausdrücklich aufgehoben.

1. Laienrichter zur Zeit der Besatzung, 1945 bis 1950

Das Gerichtswesen wurde bis zum Vereinheitlichungsgesetz im Jahr 1950 von den Militärregierungen der Besatzungszonen unterschiedlich ausgebildet:[285]

a) Die amerikanische Besatzungszone

In der amerikanischen Besatzungszone wurde in Hessen, was hier beispielhaft betrachtet werden soll, die Laienbeteiligung in der Form der Emminger-VO durch das Strafgerichtsverfassungsgesetz (SGVerfG) vom 21. Februar 1946 wieder eingeführt.[286] Das Schöffengericht wurde beim Amtsgericht auf Grund des § 28 SGVerfG durch die oberste Justizverwaltung gebildet. Dafür bedurfte es einer gesonderten „Anordnung über die Bildung von Schöffengerichten und Schwurgerichten“ (HessAO), die am 17. April 1947 erging.[287] In dieser Anordnung wurde die Besetzung der Schöffengerichte mit einem Berufs- und zwei Laienrichtern geregelt, § 1 Abs. 3 HessAO.

Beim Landgericht wurden Strafkammern als erste und zweite Instanz gebildet, § 74 SGVerfG, die mit drei Berufsrichtern besetzt waren. Ferner wurde das Schwurgericht wieder hergestellt, § 79 SGVerfG. Die Geschworenen hatten jedoch die Aufgabe von Schöffen, da sie wie die Berufsrichter und mit ihnen gemeinsam für die Entscheidung über den Schuldspruch und den Strafausspruch zuständig waren, sodass dieses Schwurgericht eher einem Schöffengericht ähnelte. Es war mit zwei Berufsrichtern und sieben Laienrichtern besetzt, § 6 Abs. 1 HessVO. Durch die von 1924 abweichende Besetzung des Schwurgerichts wollte der damalige Justizminister *Zinn* einen Mittelweg zwischen dem eigentlichen

284 *Kern*, Geschichte des Gerichtsverfassungsrechts, S. 315.

285 Eine sehr detaillierte Abfolge der Einführung der verschiedenen die Strafgerichtsverfassung betreffenden Gesetzesänderungen bei *Kern*, Geschichte des Gerichtsverfassungsrechts, S. 288–291.

286 Gesetz- und Verordnungsblatt für Groß-Hessen, 1. März 1946, S. 14 ff.

287 Gesetz- und Verordnungsblatt für das Land Hessen v. 2. August 1947, S. 49 ff.

Schwurgericht und einem nur aus Laien bestehenden Schwurgericht beschreiten. Er versuchte damit, eine Synthese zwischen den beiden Systemen zu finden, welche er mit der Hochsetzung der Anzahl der Geschworenen anstrebte.[288]

In Bayern wurde das Schwurgericht in der Form wieder eingeführt, die es noch vor der Emminger-VO hatte.[289] Der Schuld- und der Strafausspruch wurden voneinander getrennt durch Geschworene und Berufsrichter ausgesprochen. Das Schwurgericht war mit drei Berufsrichtern und zwölf Geschworenen besetzt.[290] Diese Rückkehr zu dem ursprünglichen Schwurgericht in Bayern hielt jedoch nur bis zum Vereinheitlichungsgesetz 1950 an. Das Schwurgericht wurde damit endgültig und ohne *„nennenswerte Reaktion im Schrifttum oder in der Öffentlichkeit"* wieder abgeschafft.[291]

b) Die französische Besatzungszone

Die französische Militärregierung wendete das Gerichtsverfassungsgesetz von 1924 in der Form, die es bis 1933 erfahren hatte, an. Das bedeutete, dass das Schwurgericht in der ursprünglichen Besetzung mit drei Berufsrichtern und sechs Laienrichtern und damit eigentlich als Schöffengericht agierte. Gleichzeitig wurden beim Landgericht Kammern mit Laienbeteiligung gegründet, die mit einem Berufs- und zwei Laienrichtern (kleine Strafkammer) bzw. mit drei Berufs- und zwei Laienrichtern (große Strafkammer) besetzt waren.[292]

Außerdem wurde in Baden-Württemberg eine Friedensgerichtsbarkeit eingeführt. Diese ausschließlich aus Laien bestehenden Friedensgerichte waren mit drei oder mit einem Friedensrichter besetzt und für Bagatellsachen wie Beleidigungen, Körperverletzungen und Verkehrsdelikte zuständig.[293] Diese Gerichtsbarkeit wurde jedoch wegen des Verstoßes gegen Art. 101 Abs. 1 S. 2 GG (Recht

288 Vgl. *Hadding*, Schwurgerichte in Deutschland, S. 108.

289 Bayerisches Gesetzes- und Verordnungsblatt 1948, Verordnung v. 14. Juli 1948, S. 234.

290 *Kern*, Geschichte des Gerichtsverfassungsrechts, S. 289.

291 *Hadding*, Schwurgerichte in Deutschland, S. 115.

292 Verordnung Nr. 245 des Justizministeriums über die Besetzung der Strafkammern mit Richtern und Schöffen v. 21. Oktober 1948, Regierungsblatt der Regierung Württemberg-Baden v. 26. November 1948, S. 150.

293 *Grube*, Richter ohne Robe, S. 64 ff.; Verordnung Nr. 260 des Justizministeriums über das Verfahren vor den Friedensgerichten, Regierungsblatt der Regierung Württemberg-Baden v. 8. April 1949, S. 47.

auf gesetzlichen Richter) von dem Bundesverfassungsgericht (BVerfG)[294] im Jahr 1959 für verfassungswidrig erklärt und abgeschafft.[295]

c) Die britische Besatzungszone

Für eine kurze Zeit gab es in der britischen Besatzungszone weder Schöffen- noch Schwurgerichte.[296] Diese wurden jedoch später in der Ausgestaltung der Gerichtsverfassung von 1924 wieder eingeführt, sodass auch hier die kleinen (beim Amts- und Landgericht) und großen Schöffengerichte und die Schwurgerichte (beim Landgericht) wieder urteilten.[297]

d) Die sowjetische Besatzungszone

In der sowjetischen Besatzungszone wurde, wie in den anderen Besatzungszonen, zunächst das Schwurgericht in der Form von 1924 – hier indes nur kurz – wieder eingeführt.[298] Bei diesem wurden allerdings die Mitglieder der 1946 gegründeten Sozialistischen Einheitspartei Deutschlands (SED) nach und nach auf entscheidende Posten in der Justiz gesetzt.[299] In Ermangelung einer ausreichenden Anzahl von Juristen ohne nationalsozialistische Vergangenheit in sämtlichen Besatzungszonen wurden in der sowjetischen Besatzungszone juristische Laien zu Richtern berufen.[300] Sie waren *„Richter im Soforteinsatz, linientreue Männer und Frauen“*.[301] Diese Idee wurde ab 1946 weiter ausgebaut, indem man vor allem SED-Mitgliedern in halbjährigen Kursen den Zugang zum „Volksrichteramt“ ermöglichte.[302] Zu diesen Kursen wurde zugelassen, wer eine diesbezügliche Zustimmung von einer antifaschistischen Partei, einem Gewerkschaftsbund oder einem Frauenausschuss nachweisen konnte.[303] Die Zulassung erfolgte durch eine Kommission der Justizverwaltung.[304]

---

294 Das *BVerfG* hat seine Tätigkeit 1951 aufgenommen.

295 Das *BVerfG* war der Auffassung, dass dieses Friedensgericht des Landesrechts als Sondergericht den Anforderungen Art. 101 Abs. 1 Satz 2 GG nicht entspreche, BVerfGE 10, S. 200, 213 ff.

296 Vgl. *Hadding*, Schwurgerichte in Deutschland, S. 108.

297 Vgl. B. II. 4.

298 *Hadding*, Schwurgerichte in Deutschland, S. 109.

299 *Eisenhardt*, Deutsche Rechtsgeschichte, Rn. 689.

300 *Wesel*, Geschichte des Rechts, S. 509, Rn. 309.

301 *Wesel*, Geschichte des Rechts, S. 509, Rn. 309.

302 *Wesel*, Geschichte des Rechts, S. 509, Rn. 309.

303 *Kern*, Geschichte des Gerichtsverfassungsrechts, S. 311.

304 *Kern*, Geschichte des Gerichtsverfassungsrechts, S. 311.

Nachdem das Thüringer Oberverwaltungsgericht zunächst den Volksrichtern die Befähigung zum Richteramt abgesprochen hatte,[305] erließ die sowjetische Militäradministration im August 1947 den Befehl Nr. 193, der ausdrücklich die Gleichstellung von Volksrichtern und Richtern, die Volljuristen waren, vorsah.[306] Die Volksrichter, die ursprünglich als ein für den Übergang geplantes Hilfsmittel zur Überbrückung des Juristenmangels gedacht waren, wandelten sich zu einer *„Dauereinrichtung"*.[307] Besonders bemerkenswert ist, dass die Volksrichter während der Zeit des Nationalsozialismus mit der gleichen Argumentation – Beteiligung des Volkes bei der Rechtsprechung – ins Leben gerufen wurden. Beide Regime strebten jedoch tatsächlich die Beeinflussung der Rechtsprechung durch gezielte Einsetzung *„linientreuer"* Laienrichter an.[308] Erst einige Zeit nach der Gründung der Deutschen Demokratischen Republik (DDR) wurde eine juristische Ausbildung wieder zwingende Voraussetzung für die Berufung zum Richteramt.[309]

Nach Art. 130 S. 1 der „Verfassung der Deutschen Demokratischen Republik" vom 7. Oktober 1949 waren *„Laienrichter im weitesten Umfange"* an der Rechtsprechung zu beteiligen. Sie wurden *„auf Vorschlag der demokratischen Parteien und Organisationen durch die zuständigen Volksvertretungen gewählt"*, Art. 130 S. 2 der Verfassung der DDR.

Auf die Laienrichter während der Zeit der DDR[310] soll hier aber nicht weiter eingegangen werden, da sie – wenn überhaupt – nur eine untergeordnete Rolle bei der Beurteilung der Stellung der Laien im heutigen Strafverfahren spielen.

2. Vorläufiges Ende der Chancen für ein gemeinsames Deutschland

Nachdem erst die amerikanisch und die britisch besetzten Zonen im Januar 1947 ökonomisch zu einer „Bizone" zusammengeschlossen wurden, kam kurze Zeit später noch der von Frankreich besetzte Teil Deutschlands hinzu, sodass im Juli

305 Jahrbuch der Entscheidungen des Thüringischen Oberverwaltungsgerichts, 18.-20. Bd. Jahrgang 1946/47, S. 220 ff., zitiert nach *Weber*, Justiz und Diktatur, S. 513.

306 *Weber*, Justiz und Diktatur, S. 513.

307 *Kern*, Geschichte des Gerichtsverfassungsrechts, S. 311.

308 *„Personen, die auf Grund ihrer Lebenserfahrung und ihrer politischen Tätigkeit dieser Aufgabe gewachsen sind"*, Formulierung der Nationalsozialisten, zitiert nach *Kern*, Geschichte des Gerichtsverfassungsrechts, S. 311. Der Vergleich der nationalsozialistischen und der sozialistischen Begründung wird dargestellt von *Baur*, in: Tübinger Festschrift für Eduard Kern, S. 49 f., Fn. 5.

309 Vgl. *Hähnchen*, Rechtsgeschichte, S. 415 f., Rn. 901.

310 Dazu *Linkenheil*, Laienbeteiligung an der Strafjustiz, S. 127 f. m.w.N.

1948 die „Trizone“ entstand.[311] Auf Grund mehrerer Streitigkeiten zwischen den westlichen Besatzungsmächten und der Sowjetunion beendete letztere nach der „kleinen Berlin-Blockade“ die Zusammenarbeit mit den westlichen Alliierten[312] und die Bundesrepublik wurde ohne die sowjetische Besatzungszone mit dem Inkrafttreten des Grundgesetzes im Mai 1949 gegründet.

Fast zeitgleich gab sich die DDR eine Verfassung und im Herbst des Jahres 1949 wurde die erste vorübergehende Regierung gebildet.[313]

3. Das Vereinheitlichungsgesetz, 1950

Durch die vier verschiedenen Militärregierungen war die 1877 erstmals erlangte gemeinsame deutsche Gesetzgebung zunächst wieder verloren gegangen. Das galt vor allem für die Gerichtsverfassung, aber auch für die Justizeinrichtungen.[314] Das am 10. April 1949 verabschiedete „Besatzungsstatut“ (am 1. Oktober 1949 in Kraft getreten) der drei westlichen Alliierten übergab der Bundesrepublik Deutschland *„soweit dies mit der Besatzung vereinbar“* war, die *„gesetzgebende, vollziehende und rechtsprechende Gewalt“*.[315] Im Anschluss konnte mit dem „Gesetz zur Wiederherstellung der Rechtseinheit auf dem Gebiet der Gerichtsverfassung, der bürgerlichen Rechtspflege, des Strafverfahrens und des Kostenrechts“ vom 12. September 1950[316] (GVG 1950) nach dem ökonomischen Zusammenschluss Westdeutschlands nun abermals eine einheitliche Gesetzgebung in Westdeutschland geschaffen werden, die auch die Laiengerichtsbarkeit einheitlich regelte.

a) Besetzung der Gerichte

Die folgenden Bestimmungen des GVG zu der Besetzung der einzelnen Gerichte aus dem Jahr 1950 entsprechen, bis auf die Vorschriften für das Schwurgericht, weitestgehend unserer gegenwärtigen Gesetzeslage. Die Schöffen und Geschworenen übten *„während der Hauptverhandlung das Richteramt in vollem Umfang und mit gleichem Stimmrecht wie die Amtsrichter aus“*, § 30 Abs. 1 GVG 1950, was auch derzeit dem Wortlaut von § 30 Abs. 1 GVG entspricht. Nach § 77 Abs. 1

---

311 *Hähnchen*, Rechtsgeschichte, S. 416, Rn. 902.

312 *Hähnchen*, Rechtsgeschichte, S. 416, Rn. 902.

313 *Hähnchen*, Rechtsgeschichte, S. 431, Rn. 932.

314 *Kern*, Geschichte des Gerichtsverfassungsrechts, S. 299.

315 Amtsblatt der Hohen Alliierten Kommission in Deutschland v. 23. September 1949, Nr. 1 des Besatzungsstatuts, S. 13; Ausnahmen von dem Grundsatz: *Kern*, Geschichte des Gerichtsverfassungsrechts, S. 316 f.

316 In Kraft getreten am 1. Oktober 1950, BGBl. 1950 [Nr. 40 v. 20. September 1950], S. 457.

GVG 1950 galten und gelten für die Schöffen der Strafkammer entsprechend die Vorschriften über die Schöffen des Schöffengerichts.

Beim Amtsgericht gab es – wie auch heute – den Amtsrichter als Einzelrichter, § 25 GVG 1950. Das ebenfalls beim Amtsgericht als erste Instanz tätige Schöffengericht setzte sich aus einem Amtsrichter und zwei Laienrichtern zusammen, § 29 GVG 1950. Das Landgericht war mit einer kleinen und einer großen Strafkammer sowie einem Schwurgericht ausgestattet. Die kleine Strafkammer war mit einem Berufsrichter und zwei Schöffen, und die große Strafkammer mit drei Berufsrichtern und zwei Schöffen besetzt, § 76 GVG 1950. Das Schwurgericht behielt seinen Namen und bestand aus drei Berufsrichtern und sechs „Geschworenen", § 81 GVG 1950. Dass es sich auch bei diesem Gericht eigentlich um ein mit Schöffen und nicht mit Geschworenen besetztes Gericht gehandelt hat, zeigt § 82 Abs. 1 GVG 1950:

> *„Die Richter und die Geschworenen entscheiden über Schuld- und Straffrage gemeinschaftlich; während der Hauptverhandlung üben die Geschworenen das Richteramt im gleichen Umfang wie die Schöffen aus."*

Somit war die Laienrichterbeteiligung in den Spruchkörpern, die mit Schöffen (zumindest der offiziellen Bezeichnung nach) besetzt waren, auf zwei Personen beschränkt, was sich bis heute nicht geändert hat.

Die Spruchkörper der Oberlandesgerichte (§ 122 GVG 1950) und des Bundesgerichtshofs (BGH, § 125 Abs. 2 GVG 1950), der an die Stelle des bereits 1945 abgeschafften Reichsgerichts trat, waren nicht mit Laienrichtern besetzt.

b) Neues Auswahlverfahren der Laienrichter

Neben den neuen Vorschriften zur Besetzung der Gerichte mit Berufs- und Laienrichtern wurde auch ein neues Auswahlverfahren für die Laienrichter bestimmt. Die Gemeinden stellte ab 1950 in jedem zweiten Jahr eine Vorschlagsliste für Schöffen auf, § 36 GVG 1950. Nachdem diese von der Gemeindevertretung angenommen und ihr nicht widersprochen worden war, wählte ein Ausschuss aus zehn Vertrauenspersonen, einem Amtsrichter und einem Verwaltungsbeamten (§ 40 Abs. 2 GVG 1950) die Schöffen für eine Dauer von zwei Jahren aus, § 42 GVG 1950. Bei jedem Wahlvorgang musste eine Zweidrittelmehrheit für die Vorschlagsliste gegeben sein, § 36 S. 2 GVG 1950. Das hatte den Vorteil, dass eine Partei, die eventuell eine einfache oder absolute Mehrheit in der Gemeinde hatte, die Ausgestaltung der Vorschlagsliste nicht allein bestimmen konnte.[317] Die Schöffen sollten insgesamt an zwölf Sitzungstagen im Jahr herangezogen werden, § 43 Abs. 2 GVG 1950.

---

317 *Kern*, Geschichte des Gerichtsverfassungsrechts, S. 304.

c) *Weitere Neuerungen im GVG 1950*

Von Bedeutung war auch der Wegfall der Vorschrift, wonach eine bestimmte Anzahl von Personen in den Gerichten mit Laienrichterbeteiligung Männer sein mussten. Damit konnten die Laien bei Schöffen- und Schwurgerichten unter Umständen ausschließlich mit Frauen besetzt sein, sodass die Gleichberechtigung von Mann und Frau bei der Zulassung zum Laienrichteramt ab diesem Zeitpunkt gewährleistet war. Die Ausschluss- und Ablehnungstatbestände der Schöffen entsprachen bereits weitestgehend unseren heutigen Regelungen in den §§ 31 ff. GVG.[318] Da die Schöffen nunmehr auf Grund einer das Volk abbildenden Vorschlagsliste von einem unabhängigen Gremium ernannt wurden, konnten sie – im Vergleich zur Zeit des Nationalsozialismus – ihre Aufgaben in der Gerichtsverfassung wieder unvoreingenommen erfüllen.

4. Das Gesetz zur Änderung der Bezeichnung der Richter und ehrenamtlichen Richter, 1972

Durch das „Gesetz zur Änderung der Bezeichnung der Richter und ehrenamtlichen Richter und der Präsidialverfassung der Gerichte" vom 26. Mai 1972 wurde lediglich die Bezeichnung der Laienrichter von Geschworene auf Schöffen beim Schwurgericht abgewandelt,[319] weil die Geschworenen ohnehin schon seit dem Vereinheitlichungsgesetz von 1950 die Aufgaben von Schöffen wahrnahmen.[320] Das Schwurgericht hat jedoch bis heute seinen Namen beibehalten.

---

318 Die Paragraphen, die damals anders formuliert waren oder noch nicht existierten, sind die folgenden: § 33 Nr. 5, 6 GVG – zum Schöffenamt dürfen Personen nicht berufen werden, die nicht ausreichend Deutsch sprechen können oder in den Vermögensverfall geraten sind. Hauptamtliche Bewährungs- und Gerichtshelfer sollen nicht berufen werden, § 34 Nr. 5 GVG. Das gilt auch für Personen, die bereits Schöffen in zwei vorherigen Amtsperioden waren, § 34 Nr. 7 GVG. Außerdem dürfen Mitglieder des Europäischen Parlaments das Schöffenamt ablehnen, § 35 Nr. 1 GVG, oder solche, die bereits an vierzig Sitzungstagen mitgewirkt haben, § 35 Nr. 2 GVG. § 35 Nr. 3 GVG wurde lediglich genauer aufgeschlüsselt, umfasst jedoch die im Grunde schon damals aufgezählten Personen. Allerdings dürfen nun auch Männer, soweit sie für ihre Familie nicht entbehrlich sind, nach § 35 Nr. 5 GVG das Schöffenamt ablehnen, was 1922 ausdrücklich nur für Frauen vorgesehen war. Zuletzt ist die 1877 schon einmal eingeführte Vorschrift, dass Personen die Tätigkeit als Laienrichter ablehnen können, deren Geschäftsbetrieb ansonsten erhebliche Beeinträchtigungen davontragen würde, wieder in das Gesetz aufgenommen worden, § 35 Nr. 7 GVG. Vgl. insgesamt BGBl. 1950 [Nr. 40 v. 20. September 1950], S. 455 ff.

319 BGBl. 1972 [Nr. 47 v. 31. Mai 1972], S. 841.

320 Vgl. B. IV. 3.

5. Das Erste Gesetz zur Reform des Strafverfahrens, 1974

Die erste wirklich wichtige Änderung nach 1950 erfuhr die Gerichtsverfassung im Jahr 1974. Allerdings war das „Erste Gesetz zur Reform des Strafverfahrens" vom 9. Dezember 1974 (GVG 1974) gleichzeitig auch die letzte durchgreifende Änderung, die das Gerichtsverfassungsgesetz bis heute erhielt.[321]

a) Änderungen bei der Wahl zum Schöffenamt

Der Turnus, mit dem die Vorschlagslisten für die Schöffen aufgestellt wurden, wurde von zwei auf vier Jahre erhöht, § 36 Abs. 1 GVG 1974.[322] Damit konnte der alle zwei Jahre anfallende Verwaltungsaufwand deutlich reduziert werden. Anhand von Erfahrungsberichten einzelner Länder war festgestellt worden, dass darüber hinaus alle zwei Jahre nahezu dieselben Personen zu ehrenamtlichen Richtern gewählt worden waren, was nicht nur die Bevölkerung nicht widerspiegelte, sondern auch zu einer nicht gewollten Routine der Laienrichter führte.[323]

Herauszustellen ist die Änderung der Zusammenstellung der Vorschlagsliste, wonach erstmals darauf zu achten war, dass *„alle Gruppen der Bevölkerung nach Geschlecht, Alter, Beruf und sozialer Stellung angemessen berücksichtigt"* werden sollten, § 36 Abs. 2 GVG 1974.[324] Dementsprechend sollte auch die Wahl der Schöffen derart erfolgen, *„daß alle Gruppen der Bevölkerung nach Geschlecht, Alter, Beruf und sozialer Stellung angemessen berücksichtigt werden"*, § 42 Abs. 2 GVG 1974. Diese beiden Neuerungen waren Grundvoraussetzung dafür, dass die Laienrichter als Abbild der Bevölkerung im Strafverfahren agieren konnten. Denn die Beteiligung ehrenamtlicher Richter hatte nach der amtlichen Gesetzesbegründung

> *„das Ziel, dem Bürger unmittelbaren Einfluss auf die Rechtsprechung einzuräumen und hierdurch die Entscheidung so zu gestalten, daß sie auch von einem juristisch nicht Vorgebildeten nachvollzogen werden kann."*[325]

---

321 Vgl. BGBl. 1974 [Nr. 132 v. 11. Dezember 1974], S. 3393 ff. Die die Schöffen betreffenden Gesetzesänderungen befinden sich im Gerichtsverfassungsgesetz.

322 BGBl. Nr. 1974 [Nr. 132 v. 11. Dezember 1974], S. 3405; die Gesetzesbegründung widerspricht dem BGBl., welches von vier und die Gesetzesbegründung von drei Jahren spricht, BT-Drucks. 7/551 S. 53 f., 100.

323 BT-Drs. 7/551 S. 54.

324 BGBl. 1974 [Nr. 132 v. 11. Dezember 1974], S. 3405.

325 BT-Drs. 7/551 S. 54.

Mit der neuen Regelung sollten zudem

> *„die Anschauungen des Volkes von Recht und Gerechtigkeit in der Rechtsprechung [...] ihren Niederschlag finden.“*[326]

b) Erweiterte Zuständigkeit des Schwurgerichts

Bis zu diesem Zeitpunkt hatte das Schwurgericht tatsächlich nur die Hauptverhandlung für die ihm zugewiesene Schwerkriminalität durchgeführt. Die Entscheidungen über die Eröffnung des Hauptverfahrens und auch deren Vorbereitung oblagen der Strafkammer, da das Schwurgericht nur an bestimmten Terminen zusammentrat. Dies war eine sehr missliche Situation, die wiederum oft zu Verzögerungen der Verfahren führte.[327] Daher sollte das Schwurgericht nunmehr ständig tagen und auch für alle vorbereitenden Verfahrensabschnitte zuständig sein. Überdies wurden die Delikte, die in die Zuständigkeit des Schwurgerichts fielen, in einem Katalog festgehalten, § 74 Abs. 2 S. 1 GVG.

c) Schwurgericht als ständig tagender Spruchkörper

Mit dem GVG von 1974 wurde das Schwurgericht in einen ständig tagenden Spruchkörper umgewandelt. In der Fassung des GVG von 1950 trat das Schwurgericht nur an einzelnen Sitzungstagen zusammen, § 87 GVG 1950. Dies konnte zu Verzögerungen der Verfahren führen, da jeweils zunächst ein Termin für das Zusammentreten des Schwurgerichtes bestimmt werden musste und nur eines an jedem Landgericht existieren durfte.[328] Ferner erledigten die Berufsrichter, die für die Schwurgerichte tätig waren, regelmäßig diese Tätigkeit neben ihren eigentlichen Aufgaben in der Kammer, was eine zügige Behandlung der Schwurgerichtssachen zusätzlich erschwerte.[329]

Es war dadurch nicht mehr gewährleistet, dass die Richter, die über die Zulassung der Anklage entschieden, auch an der Hauptverhandlung teilnahmen.[330] Dadurch kannten nicht mehr alle Richter die Akten vor der Hauptverhandlung.[331] Eine Rolle spielte auch, dass die ehrenamtlichen Richter auf Grund der komprimierten Sitzungstermine und den gleichzeitig sehr schweren Fällen von Kriminalität, die in der Natur des Schwurgerichts liegen, *„übermäßigen psychischen*

326 BT-Drs. 7/551 S. 100.
327 BT-Drs. 7/551 S. 53.
328 BT-Drs. 7/551 S. 53.
329 BT-Drs. 7/551 S. 53.
330 Vgl. *Rieß*, in: FS-Widmaier, S. 472, 483.
331 Vgl. *Rieß*, in: FS-Widmaier, S. 472, 483.

Belastungen" ausgesetzt waren.[332] Wohingegen sie bei dem ständig tagenden Spruchkörper regelmäßig längere zeitliche Abstände zwischen den Verhandlungstagen hatten, sodass die Änderung auch in dieser Hinsicht wichtig war.

d) Besetzung des Schwurgerichts

Zuletzt wurde das Ungleichgewicht zwischen dem Schwurgericht und dem Schöffengericht in Bezug auf die Anzahl der Laienrichter korrigiert. Die ehrenamtlichen Richter (sechs) konnten beim Schwurgericht regelmäßig die Berufsrichter (drei) mit der geforderten Zweidrittelmehrheit (§ 263 Abs. 1 StPO) überstimmen. Deswegen wurde die Anzahl der ehrenamtlichen Richter auf zwei reduziert. In der amtlichen Begründung zu diesem Gesetz heißt es:

> *„Die Gesichtspunkte, die früher beim Schwurgericht für das Übergewicht der ehrenamtlichen Richter maßgebend waren, sind heute entfallen.*"[333]

Der Grund für diese Gesetzesänderung lag in der Entwicklung der Gesellschaft und der Judikative. Die ehrenamtlichen Richter mussten den Angeklagten nicht mehr vor der Obrigkeit schützen, weswegen ein Übergewicht der Stimmen ehrenamtlicher Richter aufzuheben gewesen sei.[334] Diese Argumentation wird vor dem Hintergrund eines Akteneinsichtsrechts für Laienrichter erneut relevant werden.

Mit der neu geschaffenen Besetzung, die es bis heute gibt, muss sich trotzdem immer wenigstens ein ehrenamtlicher Richter der Entscheidung der drei Berufsrichter anschließen, denn ansonsten kommt die für § 263 Abs. 1 StPO (nachteilige Entscheidung über die Schuldfrage und Rechtsfolgen der Tat) erforderliche Zweidrittelmehrheit nicht zustande.[335]

---

332 BT-Drs. 7/551 S. 53.
333 BT-Drs. 7/551 S. 54.
334 BT-Drs. 7/551 S. 54.
335 Weitere Änderungen betreffend die Ablehnungsmöglichkeiten und Berufungshindernisse der Schöffen: BT-Drs. 7/551 S. 98 f.

C. Das Schöffenamt – die heutige Gesetzeslage

Die Beteiligung von Laienrichtern[336] war seit ihrer Einführung nie unumstritten und dennoch gleichzeitig das Ergebnis der Liberalisierung und Demokratisierung in Deutschland. Um die Bedeutung und die Aufgabe der Laienbeteiligung im Strafprozess in Deutschland nachvollziehen zu können, müssen die mit dem Schöffenamt im Zusammenhang stehenden Rechte und Pflichten eines Schöffen dargestellt werden.

I. Grundsätzliches

Gesetzlich ist die Beteiligung von Laienrichtern in der Strafrechtspflege durch das Grundgesetz nicht garantiert. Allerdings hat das Bundesverfassungsgericht in einem Beschluss aus dem Jahr 1978 feststellt, dass das

> *„Grundgesetz das Laienrichtertum als traditionelle Institution des deutschen Gerichtsverfassungsrechts vorgefunden hat und stillschweigend anerkennt."*[337]

Das Schöffenamt ist ein Ehrenamt, § 31 S. 1 GVG. Die ehrenamtliche Tätigkeit wird nach dem Justizvergütungs- und Entschädigungsgesetz entschädigt, § 55 GVG. Die Schöffen sind ein Teil der rechtsprechenden Gewalt, § 1 DRiG. Das hat zur Folge, dass sie das besondere persönliche Merkmal der Amtsträgereigenschaft erfüllen, § 11 Abs. 2 Nr. 2a, Nr. 3 StGB.

II. Berufungsvoraussetzungen

Deutsche Staatsbürger können nur unter bestimmen Voraussetzungen zum Schöffenamt berufen werden.

1. Deutsche Staatsangehörigkeit, Mindestalterbestimmungen

Das Schöffenamt kann nur von Deutschen versehen werden, § 31 S. 2 GVG. Personen mit einem Alter von 25 Jahren bis zu 70 Jahren können berufen werden und müssen mindestens seit einem Jahr in der Gemeinde leben, in der die Liste mit den zu wählenden Schöffen aufgestellt werden soll, § 33 Nr. 1–3 GVG.

336 Mit „Laienrichter" sind die Laienrichter beim Strafgericht gemeint.

337 *BVerfG* v. 30. Mai 1978, NJW 1978, S. 1795 ff.

2. Die Wahl zum Schöffen

Schöffen werden aus einer Vorschlagsliste gewählt, die im Jahr vor Beginn der neuen Amtsperiode aufgestellt und von der Gemeindevertretung mit einer Zweidrittelmehrheit beschlossen wird; die Amtsperiode dauert fünf Jahre, §§ 36 Abs. 1, 40 Abs. 1 GVG. In dieser Liste sollen alle Gruppen der Bevölkerung nach Geschlecht, Alter, Beruf und sozialer Stellung angemessen berücksichtigt werden, § 36 Abs. 2 GVG. In Folge dessen sollen die gewählten Schöffen einen Querschnitt der Bevölkerung abbilden, § 42 Abs. 2 GVG. Ähnliches regelt auch § 44 Abs. 1a DRiG, wonach die Schöffen derart gewählt und ernannt werden sollen, dass Männer und Frauen gleichermaßen berücksichtigt werden.

Potentielle Schöffen können von Parteien, Gewerkschaften, Vereinen oder Religionsgemeinschaften vorgeschlagen werden oder sich selbst bei der jeweiligen Gemeinde melden. Nachdem die beschlossene Vorschlagsliste eine Woche in der Gemeinde ausgelegen hat (in der Zeit kann Einspruch gegen diese Liste eingelegt werden), wird sie an das zuständige Gericht weitergeleitet. Die Endauswahl trifft der Schöffenwahlausschuss des Gerichts, §§ 36 ff. GVG.[338] Der Schöffenwahlausschuss setzt sich aus einem Richter am Amtsgericht als Vorsitzenden und einem von der Landesregierung zu bestimmenden Verwaltungsbeamten sowie sieben Vertrauenspersonen als Beisitzern zusammen, § 40 Abs. 2 GVG. Die Vertrauenspersonen werden aus den Einwohnern des Amtsgerichtsbezirks von der Vertretung des entsprechenden unteren Verwaltungsbezirks mit einer Mehrheit von zwei Dritteln der anwesenden Mitglieder gewählt, § 40 Abs. 3 GVG.[339] Der Ausschuss ist beschlussfähig, wenn wenigstens der Vorsitzende, der Verwaltungsbeamte und drei Vertrauenspersonen anwesend sind, § 40 Abs. 4 GVG.

Gemäß § 77 GVG gilt das auch für die Schöffen beim Landgericht. Zu den einzelnen Instanzen und Gerichten werden die Schöffen per Los zugeteilt, § 45 Abs. 2 GVG.[340]

---

338 Dabei darf allerdings nicht das Los entscheiden, sondern es muss eine tatsächliche Auswahl der Schöffen erfolgen, vgl. BVerfGE 31, 181 ff.

339 Umfasst der Amtsgerichtsbezirk mehrere Verwaltungsbezirke oder Teile mehrerer Verwaltungsbezirke, so bestimmt die zuständige oberste Landesbehörde die Zahl der Vertrauenspersonen, die von den Vertretungen dieser Verwaltungsbezirke zu wählen sind, § 40 Abs. 3 GVG.

340 Ausführlich zu der Wahl der Schöffen: *Brusten*, Wie wird man Schöffe? Rechtliche und gesellschaftliche Bedingungen der Schöffenwahl, S. 74 ff.

III. Ausschließungs- und Ablehnungstatbestände, §§ 32 bis 35 GVG

Unter verschiedenen Voraussetzungen dürfen, können oder sollten Personen das Amt des Laienrichters nicht ausüben.

1. Unfähigkeit, § 32 GVG

Bestimmte Personen sind vom Schöffenamt ausgeschlossen. Zu diesem Amt unfähig ist, wem infolge eines Richterspruches die Bekleidung öffentlicher Ämter abgesprochen wurde, § 45 StGB, oder wer wegen einer vorsätzlichen Tat zu einer Freiheitsstrafe von mehr als sechs Monaten verurteilt wurde, § 32 Nr. 1 GVG. Zum Verlust der Fähigkeit, ein öffentliches Amt auszuüben, kann eine Verurteilung wegen eines Verbrechens führen oder diese Rechtsfolge ist vom Gesetz ausdrücklich vorgesehen, § 45 Abs. 2 StGB, wie beispielsweise bei Staatsschutz- und Amtsdelikten, §§ 92a, 101, 358 StGB. Das gleiche gilt für Personen, gegen die ein Ermittlungsverfahren läuft, welches dazu führen kann, dass man die Fähigkeit zur Bekleidung öffentlicher Ämter verliert. Die in § 32 GVG genannten Unfähigkeitsgründe haben zur Folge, dass diese Personen für fünf Jahre die Fähigkeit verlieren, öffentliche Ämter zu bekleiden. Ausnahmsweise kann das Gericht eine Dauer von nur zwei bis fünf Jahren anordnen, wenn das Gesetz dies vorsieht, § 45 Abs. 2 StGB.

2. Ungeeignetheit, §§ 33, 34 GVG; §§ 44a, 44b DRiG

Ungeeignet sind solche Personen, die jünger als 25 Jahre und älter als 70 Jahre sind, § 33 Nr. 1, 2 GVG, oder die aus gesundheitlichen Gründen für das Amt nicht geeignet sind, § 33 Nr. 4 GVG. Seit Juli 2010 sind auch Personen ausgeschlossen, die die deutsche Sprache nicht ausreichend beherrschen, § 33 Nr. 5 GVG.[341] Diese Änderung war notwendig, da das Schöffenamt zwar nur von Deutschen ausgeübt werden kann, die Nationalität jedoch nicht mit ausreichenden Deutschkenntnissen gleichzusetzen ist. Ein potentieller Schöffe darf zuletzt

341 Noch Anfang des Jahres 2011 entschied der *BGH*, dass ein Gericht aus dem Jahr 2009 falsch besetzt war, was zur Aufhebung des Urteils führte, weil eine Schöffin lediglich gebrochen deutsch sprach, *BGH*, NStZ-RR 2011, S. 49 f.

nicht in ein Schuldnerverzeichnis nach § 915 ZPO[342] eingetragen sein, § 33 Nr. 6 GVG.[343]

Während § 33 GVG grundsätzlich nur eine Ordnungsvorschrift ist und mit der Revision nicht erfolgreich gerügt werden kann, liegt bei § 33 Nr. 4 GVG eine Ausnahme vor. Denn wenn einer der Schöffen aus gesundheitlichen Gründen nicht verhandlungsfähig ist, so ist das Gericht nicht vorschriftsmäßig besetzt, sodass ein absoluter Revisionsgrund gem. § 338 Nr. 1 StPO gegeben ist.

§ 34 GVG ist ebenfalls eine Sollvorschrift und zählt die Personen auf, die auf Grund ihres Berufes, der in Verbindung mit der Strafrechtspflege steht, kein Schöffenamt bekleiden sollten.[344]

Das DRiG enthält weitere Gründe, warum Schöffen für ihr Amt ungeeignet sein können. Es nennt Personen, die gegen die Grundsätze der Menschlichkeit oder der Rechtsstaatlichkeit verstoßen, § 44a Abs. 1 Nr. 1 DRiG, oder in der DDR für die sogenannte Staatssicherheit gearbeitet haben, § 44 Abs. 1 Nr. 2 DRiG. Ist eine solche Person zum Schöffen ernannt worden, dessen Ungeeignetheit im Sinne von § 44a Abs. 1 DRiG erst im Nachhinein festgestellt wurde, so ist diese Person von ihrem Amt abzuberufen, § 44b Abs. 1 DRiG.

3. Ablehnungsgründe, § 35 GVG

Die Berufung zum Amt des Schöffen dürfen mehrere Berufsgruppen ablehnen. § 35 GVG enthält dafür eine abschließende Liste von Personen.[345] Das Schöffenamt kann von Abgeordneten, Nr. 1, Personen, die in der vorhergehenden

---

342 Das Vollstreckungsgericht führt ein Verzeichnis der Personen, die eine eidesstattliche Versicherung nach § 807 ZPO oder § 284 AO abgegeben haben, oder gegen die nach § 901 ZPO Haft angeordnet worden ist.

343 Die §§ 33 und 34 GVG enthalten Tatbestände, bei deren Vorliegen eine Person nicht zum Schöffen berufen werden „soll", das heißt aber faktisch darf, da diese Person schon nicht in die Vorschlagslisten aufgenommen werden „soll", KK-*Barthe*, § 33 GVG, Rn. 1.

344 Im Einzelnen: Nr. 1 der Bundespräsident, Nr. 2 die Mitglieder der Bundesregierung oder einer Landesregierung, Nr. 3 Beamte, die jederzeit einstweilig in den Warte- oder Ruhestand versetzt werden können, Nr. 4 Richter und Beamte der Staatsanwaltschaft, Notare und Rechtsanwälte, Nr. 5 gerichtliche Vollstreckungsbeamte, Polizeivollzugsbeamte, Bedienstete des Strafvollzugs sowie hauptamtliche Bewährungs- und Gerichtshelfer, Nr. 6 Religionsdiener und Mitglieder solcher religiösen Vereinigungen, die satzungsgemäß zum gemeinsamen Leben verpflichtet sind, Nr. 7 Personen, die als ehrenamtliche Richter in der Strafrechtspflege in zwei aufeinander folgenden Amtsperioden tätig gewesen sind, von denen die letzte Amtsperiode zum Zeitpunkt der Aufstellung der Vorschlagslisten noch andauert.

345 BGHSt 9, S. 203, 206.

Amtsperiode an 40 Tagen als ehrenamtliche Richter in der Strafrechtspflege tätig waren, sowie von Personen, die bereits bei einem anderen Gericht als ehrenamtliche Richter tätig sind, Nr. 2, abgelehnt werden. Das gilt ebenso für Ärzte, Zahnärzte, Krankenschwestern, Krankenpfleger und Hebammen, Nr. 3, Apothekenleiter, die keinen weiteren Apotheker beschäftigen, Nr. 4, und für Personen, die glaubhaft machen können, dass ihnen die unmittelbare Fürsorge für ihre Familie die Ausübung des Schöffenamtes in besonderem Maße erschwert, Nr. 5. Zuletzt können solche Personen von der Pflicht, das Schöffenamt auszuüben, befreit werden, die das 65. Lebensjahr vollendet haben oder es bis zum Ende ihrer Amtsperiode beendet haben würden, Nr. 6, und solche Personen, die glaubhaft machen können, dass die Ausübung des Schöffenamtes für sie oder einen Dritten eine Gefährdung der wirtschaftlichen Existenz bedeutet, Nr. 7.

4. Verfahren

Seit dem Jahr 2004, als das „Gesetz zur Vereinfachung und Vereinheitlichung der Verfahrensvorschriften zur Wahl und Berufung ehrenamtlicher Richter" verabschiedet wurde, kann ein Schöffe auf seinen Antrag hin aus der Schöffenliste gestrichen werden, § 52 Abs. 2 GVG.[346] Dieser Antrag kann von dem Schöffen gestellt werden, der seinen Wohnsitz in einen anderen Amtsgerichtsbezirk verlegt, Abs. 2 Nr. 1, oder in einem Sitzungsjahr bereits an mehr als 24 Sitzungstagen teilgenommen hat, Abs. 2 Nr. 2. Beim Tod eines Schöffen oder bei einem Umzug in einen anderen Landgerichtsbezirk ordnet der Richter beim Amtsgericht dessen Streichung von der Schöffenliste an, Abs. 3. Die Regelungen zu der Entbindung vom Schöffenamt an bestimmten Sitzungstagen, § 54 GVG, sind durch die Normen über die Hinzuziehung von Hilfsschöffen ergänzt worden, §§ 48, 49 GVG.

Die Ablehnungsgründe müssen innerhalb einer Woche nach der Mitteilung der Wahl oder dem späteren Entstehen des Ablehnungsgrundes gegenüber dem Gericht geltend gemacht werden, § 53 GVG.[347]

346 Vgl. BGBl. 2004 [Nr. 72 v. 27. Dezember 2004], S. 3599.

347 Ein Schöffe kann im Nachhinein von der Schöffenliste unter den Voraussetzungen des § 52 Abs. 1 bis 3 GVG gestrichen werden. Eine Entbindung von Schöffen an bestimmten Sitzungstagen ist nach § 54 Abs. 1 GVG nur erlaubt, wenn „unabwendbare Umstände" vorliegen, die den Schöffen an der Teilnahme der Sitzung hindern.

IV. Spruchkörper mit Schöffenbeteiligung im Strafverfahren

An Oberlandesgerichten und beim Bundesgerichtshof treten Schöffen nicht auf. Sie werden ausschließlich an Amts- und Landgerichten, damit in erster und zweiter Instanz, tätig.[348]

1. Beim Amtsgericht

Bei den Amtsgerichten entscheiden die Schöffen mit dem Berufsrichter als Schöffengericht gemeinsam, § 29 GVG. Das Schöffengericht richtet über *„mittlere Kriminalität“*.[349] Die Zuständigkeit ergibt sich aus der gemeinsamen Betrachtung von §§ 24 Abs. 1 Nr. 2, 25 Nr. 2 GVG i.V.m. § 28 GVG. Danach sind die Schöffen gemeinsam mit dem Berufsrichter zuständig, wenn die angeklagte Tat oder die angeklagten Taten eine Straferwartung von über zwei und unter vier Jahren haben.[350]

Das (einfache) Schöffengericht ist mit einem Berufsrichter und zwei Schöffen besetzt, § 29 Abs. 1 GVG. Für die Mehrheitsverhältnisse heißt das, dass die Schöffen den Berufsrichter überstimmen können, soweit sie sich einig sind. Das gilt sowohl für die absolute Mehrheit, § 196 Abs. 1 GVG, als auch für die Zweidrittelmehrheit, § 263 Abs. 1 StPO. Diese ist erforderlich, wenn für den Angeklagten nachteilige Entscheidungen über die Schuldfrage und die Rechtsfolgen der Tat getroffen werden sollen, § 263 Abs. 1 StPO.

Beim erweiterten Schöffengericht, § 29 Abs. 2 GVG, ist das Gericht mit zwei Berufsrichtern und zwei Schöffen besetzt. Hier sind beide Mehrheiten erst mit drei Stimmen erreicht, sodass die Schöffen grundsätzlich eine Sperrminorität haben, soweit sie sich einig sind. Lediglich bei Stimmengleichheit gibt die Stimme des Vorsitzenden den Ausschlag – das aber auch nur dann, wenn bei einer

---

348 Die Jugendgerichtsbarkeit soll dabei außer Betracht bleiben. Hier gelten wegen des Erziehungsgedanken im Jugendstrafrecht besondere Voraussetzungen für Schöffen, die hier keine Rolle spielen. Die Schöffen müssen bspw. *„erzieherisch befähigt“* und *„in der Jugenderziehung erfahren“* sein (§ 37 JGG) und das Jugendschöffengericht muss grundsätzlich mit einem Mann und einer Frau besetzt sein, § 33a JGG. Die Vorschlagslisten werden durch den Jugendwohlfahrtsausschuss und nicht durch die Gemeindevertretung aufgestellt, § 35 JGG.

349 *Beulke*, Strafprozessrecht, § 3, Rn. 40.

350 Die Zuständigkeit der Schöffengerichte wurde mit dem „Rechtspflegeentlastungsgesetz“ v. 11. Januar 1993 weiter eingeschränkt, BGBl. 1993, S. 50 f. und BT-Drs. 14/2992, S. 3. Bis dahin wurden Straftaten mit einer Straferwartung von einem bis drei Jahren zum Schöffengericht angeklagt.

Entscheidung des Gerichts die einfache Mehrheit ausreicht, § 196 Abs. 4 GVG. Nur in dieser Konstellation können die Schöffen die Berufsrichter, die ebenfalls einer Ansicht sein müssen, nicht überstimmen.

Die außerhalb der Hauptverhandlung erforderlichen Entscheidungen werden von dem Richter beim Amtsgericht ohne Schöffenbeteiligung erlassen, § 30 Abs. 2 GVG.

2. Beim Landgericht

Beim Landgericht entscheiden die Schöffen in mehreren Konstellationen gemeinsam mit den Berufsrichtern. Diese sind jeweils von der Instanz abhängig, in der sich das Verfahren befindet.

a) In der großen Strafkammer

Die große Strafkammer ist grundsätzlich mit drei Berufsrichtern und zwei Schöffen besetzt, § 76 Abs. 1 S. 1, 1. HS GVG. Sie ist erstinstanzlich zuständig für Taten, bei denen ein Verbrechen – das nicht zur Zuständigkeit des AG oder OLG zählt – angeklagt ist, § 74 Abs. 1 S. 1 GVG, bei denen die Straferwartung über vier Jahren Freiheitsstrafe liegt oder die Unterbringung in einem psychiatrischen Krankenhaus oder Sicherungsverwahrung zu erwarten ist, § 74 Abs. 1 S. 2 GVG. Auch wenn die Staatsanwaltschaft in den Fällen des § 24 Abs. 1 Nr. 3 GVG wegen der besonderen Bedeutung des Falles Anklage beim Landgericht erhoben hat und soweit nicht das Oberlandesgericht zuständig ist, geht die Sache an die große Strafkammer.

Solange das Schwurgericht nicht zuständig ist und nach dem Umfang oder der Schwierigkeit der Sache die Mitwirkung eines dritten Richters nicht notwendig erscheint, entscheidet das Gericht bei Eröffnung des Hauptverfahrens, dass es in der Hauptverhandlung mit zwei Richtern (einschließlich dem Vorsitzenden) und zwei Schöffen besetzt ist, § 76 Abs. 2 S. 1 GVG.[351] Hier gelten die gleichen Mehrheitsverhältnisse wie bei dem erweiterten Schöffengericht.[352] Bei Entscheidungen außerhalb der Hauptverhandlung entscheiden die Schöffen nicht mit, § 76 Abs. 1 S. 2 GVG.

---

351 Auch diese Möglichkeit zur Besetzungsreduktion wurde erstmals mit dem „Rechtspflegeentlastungsgesetz" v. 11. Januar 1993 zunächst zeitweise und später dauerhaft eingeführt.

352 C. IV. 1.

b) *In der kleinen Strafkammer*

Die kleine Strafkammer ist in Verfahren über Berufungen gegen ein Urteil des Strafrichters oder des Schöffengerichts zuständig, § 74 Abs. 3 GVG, und mit dem Vorsitzenden und zwei Schöffen besetzt, § 76 Abs. 1 S. 1, 2. HS GVG. In Verfahren über Berufungen gegen ein Urteil des erweiterten Schöffengerichts, § 29 Abs. 2 GVG, ist ein zweiter Richter hinzuzuziehen, § 76 Abs. 3 GVG. Die Mehrheitsverhältnisse sind die gleichen, die beim Amtsgericht für das Schöffengericht und das erweiterte Schöffengericht gelten.[353]

c) *Im Schwurgericht*

Das Schwurgericht ist im Gegensatz dazu grundsätzlich mit drei Berufsrichtern und zwei Schöffen besetzt, § 76 Abs. 2 GVG, und für die in § 74 Abs. 2 GVG aufgezählten Delikte zuständig. Die absolute Mehrheit ist hier mit drei Stimmen erreicht. Die Zweitdrittelmehrheit ist erst mit vier Stimmen gegeben, sodass Entscheidungen zu Lasten des Angeklagten nicht ohne die Zustimmung wenigstens eines Schöffen getroffen werden können. Insofern haben die Schöffen auch hier eine Sperrminorität.

3. Keine Beteiligung bei den Oberlandesgerichten oder beim Bundesgerichtshof

Bei den Oberlandesgerichten, §§ 115, 122 GVG, sowie beim BGH, § 139 GVG, wirken die Schöffen zu keinem Zeitpunkt des Verfahrens mit. Soweit die bei diesen Gerichten gebildeten Senate über Revisionen von Amts- oder Landgerichten entscheiden, ist es durchaus sinnvoll, diese Verhandlungen ohne Schöffen durchzuführen, da es sich um reine Revisionsinstanzen handelt. Denn für die Beurteilung der vom Revisionsführer angebrachten Rüge ist eine juristische Ausbildung notwendig. Dagegen ist das Oberlandesgericht auch in erster Instanz als Tatsachengericht zuständig für die Verhandlung von Staatsschutzdelikten.[354] Trotzdem werden auch hier keine Schöffen eingesetzt.

---

353 C. IV. 1.

354 Zu der Frage, wieso Schöffen beim Oberlandesgericht nicht beteiligt werden *Volk*, in: FS-*Dünnebier* S. 373, 382 m.w.N.

V. Rechte und Pflichten der Schöffen

§ 45 Abs. 1 S. 1 DRiG und §§ 30 Abs. 1, 70 Abs. 1 GVG[355] regeln die Gleichberechtigung von Schöffen und Berufsrichtern während der Hauptverhandlung, Nr. 126 der RiStBV regelt die Einführung der Schöffen durch den Vorsitzenden in die Hauptverhandlung und weitere Einzelheiten:

§ 30 GVG:

> *„(1) Insoweit das Gesetz nicht Ausnahmen bestimmt, üben die Schöffen während der Hauptverhandlung das Richteramt in vollem Umfang und mit gleichem Stimmrecht wie die Richter beim Amtsgericht aus und nehmen auch an den im Laufe einer Hauptverhandlung zu erlassenden Entscheidungen teil, die in keiner Beziehung zu der Urteilsfällung stehen und die auch ohne mündliche Verhandlung erlassen werden können.*
>
> *(2) Die außerhalb der Hauptverhandlung erforderlichen Entscheidungen werden von dem Richter beim Amtsgericht erlassen."*

§ 45 DRiG Abs. 1:

> *„Der ehrenamtliche Richter ist in gleichem Maße wie ein Berufsrichter unabhängig."*[356]

Nr. 126 RiStBV:

> *„(1) Der Vorsitzende soll die mitwirkenden Schöffen vor Beginn der Sitzung über die Unfähigkeitsgründe (§§ 31, 32 GVG) und – unter Hinweis auf die einzelnen Strafsachen, die verhandelt werden – über die Ausschließungsgründe (§§ 22, 23, 31 StPO) belehren sowie auf die Umstände hinweisen, die eine Ablehnung wegen Besorgnis der Befangenheit rechtfertigen könnten (§ 24 StPO). Ein Hinweis auf das Merkblatt für Schöffen kann genügen.*
>
> *(2) Die Berufsrichter sollen dazu beitragen, dass die Schöffen die ihnen vom Gesetz zugewiesene Aufgabe erfüllen können. Die Verhandlung ist so zu führen, dass die Schöffen ihr folgen können; Förmlichkeiten und Fachausdrücke, die ihnen nicht verständlich sind, müssen erläutert werden.*
>
> *(3) Die Anklageschrift darf den Schöffen nicht zugänglich gemacht werden. Ihnen kann jedoch, namentlich in Verfahren mit einem umfangreichen oder schwierigen Sachverhalt, für die Dauer der Hauptverhandlung eine Abschrift des Anklagesatzes nach dessen Verlesung überlassen werden."*

---

355 Alles Folgende gilt gemäß § 70 Abs. 1 GVG auch für die Laienrichter beim Landgericht.

356 Von diesen Grundsätzen der Gleichberechtigung sind jedoch, wie § 30 Abs. 1 GVG bestimmt, Ausnahmen zu machen, bspw. §§ 27 Abs. 2, 31 Abs. 2 StPO, die das Verfahren und die Zuständigkeit bei der Ablehnung eines Schöffen wegen Befangenheit regeln.

1. Im Ermittlungs- und Zwischenverfahren

Die Schöffen sind während des Ermittlungs- und des Zwischenverfahrens nicht beteiligt, da sie lediglich in der Hauptverhandlung mitwirken, § 76 Abs. 1 S. 2, Abs. 6 S. 2 GVG. Als juristische Laien können die Schöffen nicht die vom Gericht für die Hauptverhandlung zu treffenden Vorkehrungen treffen bzw. verfügen, da ihnen eine entsprechende Ausbildung fehlt.

2. Im Hauptverfahren

Die Schöffen sollen noch vor der Hauptverhandlung gemäß Nr. 126 Abs. 1 RiStBV von dem Vorsitzenden über die Unfähigkeitsgründe und die Ausschließungsgründe belehrt werden. Außerdem sollen sie vor Beginn der Hauptverhandlung auf die Umstände hingewiesen werden, welche eine Ablehnung wegen Besorgnis der Befangenheit rechtfertigen könnten, Nr. 126 Abs. 1 S. 1 RiStBV. Der Vorsitzende kann sich jedoch von dieser Pflicht entledigen, da ein Hinweis auf das Merkblatt für Schöffen genügen kann, Nr. 126 Abs. 1 S. 2 RiStBV.

Im Strafverfahren spielen die Schöffen erst im Hauptverfahren eine Rolle. Außerhalb der Hauptverhandlung entscheiden die Berufsrichter ohne die Schöffen, §§ 30 Abs. 2, 76 Abs. 1 S. 2 GVG. Die Hauptverhandlung und die anschließende Urteilsberatung werden von dem Vorsitzenden des jeweiligen Gerichts geleitet, § 238 Abs. 1 StPO, § 194 Abs. 1 GVG.[357]

Die Beratung und Abstimmung (§§ 192–197 GVG) sind zwar kein Teil der Hauptverhandlung, dennoch wirken die Schöffen auf Grund von § 30 Abs. 1 GVG und § 45 Abs. 1 S. 1 DRiG dabei auch außerhalb der Hauptverhandlung mit. Allerdings ist umstritten, ob Schöffen während (der Unterbrechung) der Hauptverhandlung bei Entscheidungen über die Untersuchungshaft mitwirken sollen.[358] Der BGH hat dies 1997 insoweit bejaht.[359]

---

357 Insoweit ist es zwar konsequent, dass Schöffen nicht an einer Verständigung, die außerhalb der Hauptverhandlung geführt wird, beteiligt sind, aber dadurch entsteht ein Problem: Denn oftmals wird das Zwischenverfahren genutzt, um vor Beginn der Hauptverhandlung auf Grundlage der Ermittlungsakten eine Einigung über die Durchführung der Hauptverhandlung zwischen Gericht, Staatsanwaltschaft und Verteidigung zu erzielen. Die Schöffen nehmen daran nicht teil. Die sich daraus ergebenden Probleme in der Hauptverhandlung werden unten beschrieben, dazu unter D. VIII.

358 Dazu ausführlich Löwe/Rosenberg-*Siolek*, 25. Aufl., § 30 GVG, Rn. 18 ff.; ihm nachfolgend Löwe/Rosenberg-*Gittermann*, 26. Aufl., § 30 GVG, Rn. 18 ff.; zum Streitstand KK-*Barthe*, § 30 GVG, Rn. 5a; *Mosbacher*, JuS 2011, S. 708 ff. Ein ähnliches Problem ergibt sich, wenn nach Eröffnung des Hauptverfahrens ein Verfahrenshindernis entsteht, vgl. *Linkenheil*, Laienbeteiligung an der Strafjustiz, S. 142 ff.

359 *BGH*, Beschl. v. 30. April 1997 – StB 4/97, NStZ 1997, S. 606 ff. m. Anm. *Dehn*, der sich für eine Beteiligung der Schöffen auch außerhalb der Hauptverhandlung ausspricht.

a) *Rechte der Schöffen*

Die Rechte der Schöffen[360] sind in verschiedenen Gesetzen geregelt und gleichzeitig eng mit ihren Pflichten verknüpft. Sie werden im Folgenden einzeln dargestellt.

aa) *Einsicht in den Anklagesatz, Nr. 126 Abs. 3 RiStBV*

Die RiStBV enthält keine gesetzlichen Regelungen, sondern Hinweise für Staatsanwälte und Richter, die diese befolgen können aber nicht müssen.[361] Nach Nr. 126 Abs. 3 S. 1 RiStBV soll den Schöffen die Anklageschrift nicht zugänglich gemacht werden. Diese Vorschrift unterscheidet ausdrücklich zwischen der Anklageschrift und dem Anklagesatz. Der Anklagesatz soll alle Tatsachen, die zur Erfüllung des gesetzlichen Tatbestands notwendig sind, angeben. Daher wird dort der Angeschuldigte, die Tat, die ihm zur Last gelegt wird, die Zeit und der Ort der Begehung bezeichnet, § 200 Abs. 1 S. 1 StPO. Außerdem enthält der Anklagesatz die gesetzlichen Merkmale der Straftat und die auf sie anzuwendenden Strafvorschriften, § 200 Abs. 1 S. 1 StPO. Der Anklagesatz hat die Aufgabe, die dem Beschuldigten vorgeworfene Tat im strafprozessualen Sinn zu konkretisieren und zu individualisieren.[362] Diese Darstellung kann vor allem für Schöffen bei umfangreichen Verfahren mit vielen Angeklagten und komplexen Sachverhalten von besonderer Bedeutung sein. Denn in Verfahren mit vielen Zeugen, die sich beispielsweise untereinander mit unvollständigen Namen anreden, wird ein Laienrichter, der sich das erste Mal mit der Sache befasst, Schwierigkeiten haben, die Inhalte der Aussagen dem jeweiligen Angeklagten oder Zeugen zuordnen zu können und dies zu behalten.[363] Der Anklagesatz soll den Schöffen als Gedankenstütze dienen, die von der Staatsanwaltschaft ermittelten Fakten enthalten und noch keine Beweiswürdigung darstellen.

Im Gegensatz dazu umfasst die gesamte Anklageschrift neben dem Anklagesatz alle Beweismittel und die Schilderung des wesentlichen Ergebnisses der Ermittlungen (davon kann abgesehen werden, wenn Anklage beim Strafrichter erhoben wird, § 200 Abs. 2 S. 2 StPO) sowie die Angabe des Gerichts, vor dem die Hauptverhandlung stattfinden soll und die Aufzählung der Verteidiger.[364] Weiter

---

360 Ein etwaiges Recht auf Akteneinsicht wird gesondert in Teil D. behandelt.

361 Vgl. Einführung zur RiStBV; allerdings ist die RiStBV für die Staatsanwälte insoweit verbindlich, als dass sie eine Abweichung von den Vorschriften fallspezifisch rechtfertigen müssen.

362 *Ritscher*, BeckOK, Edition 27, § 200 StPO, Rn. 2 ff.

363 Vgl. *Lieber*, Informations- und Mitwirkungsrechte von A bis Z, RohR 2008, S. 116 f.

364 Vgl. *Ritscher*, BeckOK, Edition 27, § 200 StPO, Rn. 11 ff.

müssen die Zeugen und deren Wohn- oder Aufenthaltsort genannt werden, wobei es einer vollständigen Angabe der Anschrift nicht bedarf, § 200 Abs. 1 S. 2 StPO.[365]

Die Rechtsprechung hat in einigen Fällen die Zurverfügungstellung des Anklagesatzes bestätigt.[366] So durften die Schöffen nach der Verlesung des Anklagesatzes eine Abschrift der Anklageschrift erhalten, was nicht gegen den Grundsatz des fairen Verfahrens verstoße.[367] Der BGH hat in einer Entscheidung zu den Anforderungen an die Verlesung des Anklagesatzes überdies festgestellt, dass man den Schöffen sogar ihr Amt dadurch erleichtern könne, wenn man ihnen den gesamten Anklagesatz aushändige.[368] Der Europäische Gerichtshof für Menschenrechte (EGMR) hat dies in einem Urteil aus dem Jahr 2009 ebenso entschieden.[369]

bb) Beweisanregung, § 244 Abs. 2 StPO

Schöffen sind als Teil des Gerichts zur Erforschung der Wahrheit verpflichtet, § 244 Abs. 2 StPO. Daher dürfen sie Beweise anregen, soweit sie der Ansicht sind, dass diese für die Entscheidung von Bedeutung seien.[370]

cc) Fragerecht, § 240 Abs. 2 StPO

Der Vorsitzende hat den Schöffen auf dessen Verlangen hin Fragen zu gestatten, § 240 Abs. 2 StPO. Zum Teil wird sogar etwas überspitzt formuliert, dass die Schöffen wegen ihrer Verantwortung bei der Urteilsfällung eine Pflicht zur Fragestellung hätten.[371]

---

365 Soweit ein Zeuge Wahrnehmungen in amtlicher Eigenschaft gemacht hat, kann er statt des Wohnortes den Dienstort angeben, § 68 Abs. 1 S. 2 StPO.

366 *BGH,* Urt. v. 23. Februar 1960–1 StR 648/59 so auch *BGH,* Urt. v. 26. März 1997– 3 StR 421/96, BGHSt 43, S. 36 = NStZ 1997, S. 506 ff. = NJW 1997, S. 1792 ff. (Aushändigung von Tonbandprotokollen); dazu ausführlich unter D. III.

367 BGHSt 43, S. 36 ff.; NStZ 2008, S. 525 m. Anm. *Krehl,* der sich gegen eine vollständige Überlassung der Anklageschrift mit dem wesentlichen Ergebnis der Ermittlungen an die Schöffen ausspricht.

368 *BGH,* NJW 2011, 1687 ff.

369 *EGMR,* NJW 2009, 2871 ff.: Das Gericht hatte den Schöffen einen Teil der Anklageschrift zugänglich gemacht. Der Vorsitzende hatte sie jedoch gleichzeitig über die Bedeutung der Anklage unterrichtet, sodass der EGMR davon ausging, dass *„die Schöffen die Schuld abschließend auf Grund des Ergebnisses der Hauptverhandlung festgestellt haben"*.

370 Dazu wird es in der Praxis jedoch nur vereinzelt kommen.

371 *Spona,* Laienbeteiligung im Strafverfahren, S. 100; *Räffle,* RohR 2006, S. 83.

Grundsätzlich stellen der Vorsitzende und/oder der Berichterstatter in der Hauptverhandlung zunächst einen Großteil der Fragen, sodass die Fragen der Schöffen in den meisten Fällen eher ihrem persönlichen Verständnis in dem Verfahren dienen sollten und die Verantwortung der Sachverhaltsaufklärung den Berufsrichtern obliegen wird.[372]

Die Formulierung „*hat […] zu gestatten*" in § 240 Abs. 2 StPO zeigt, dass die Schöffen ihre Fragen direkt an die jeweilige Person, die gerade vernommen wird, richten können;[373] allerdings mit der Ausnahme, dass Zeugen unter 18 Jahren nicht von ihnen befragt werden dürfen, es sei denn, der Vorsitzende gestattet dies ausdrücklich, § 241a StPO. Überdies kann der Vorsitzende ungeeignete oder nicht zur Sache gehörende Fragen zurückweisen, § 241 Abs. 2 StPO. Diese Zurückweisung kann beispielsweise für den Vorsitzenden notwendig werden, wenn ungeübte Schöffen durch ihre Art der Befragung sich dem Vorwurf der Befangenheit aussetzen könnten.

dd) Beteiligung bei Abstimmung und Beratung

Schöffen können den Vorsitzenden während der Hauptverhandlung um eine Unterbrechung bitten, falls sie eine andere Ansicht als der Vorsitzende vertreten, dem Geschehensablauf nicht mehr folgen können oder sonstige unaufschiebbare Fragen haben, die das Gericht nicht in der Öffentlichkeit diskutieren möchte, vgl. Nr. 126 Abs. 2 S. 1 RiStBV.[374] Dabei müssen sie jedoch auf die konkrete Verhandlungssituation Rücksicht nehmen und gegebenenfalls warten, bis sich die Gelegenheit für eine Pause bietet.[375]

Wie oft Schöffen in der Hauptverhandlung den Mut haben zuzugeben, dass sie etwas nicht verstehen oder gar eine andere Ansicht als der Vorsitzende vertreten und daher bitten oder beantragen, die Verhandlung zu unterbrechen, muss offen bleiben. Zwar steht ihnen grundsätzlich dieses Recht zu, allerdings wird dies nach persönlichen Mitteilungen von Berufsrichtern in der Praxis nur selten vorkommen.

Weiter haben die Schöffen das Recht (und die Pflicht), an allen Beratungen und Abstimmungen während der Hauptverhandlung teilzunehmen. Das beinhaltet auch alle Entscheidungen im Laufe einer Hauptverhandlung, die in keiner

---

372 Ausführlich für eine stärkere Einbindung der Schöffen bezüglich ihres Fragerechts: *Vultejus*, Schöffen in der Hauptverhandlung und Beratung, S. 61 f.

373 Vgl. *Lieber*, RohR 2008, S. 116 f.

374 Vgl. *Lieber*, RohR 2008, S. 116, 117.

375 Vgl. *Lieber*, RohR 2008, S. 116, 117.

Beziehung zu der Urteilsfällung stehen und die auch ohne mündliche Verhandlung erlassen werden können und bei denen es sich nicht um Entscheidungen handelt, die der Sachleitung des Vorsitzenden obliegen, § 30 Abs. 1 GVG i.V.m. § 238 StPO. Die zuletzt genannten sind verfahrensgestaltende Entscheidungen wie Beweisanträge, der Ausschluss der Öffentlichkeit oder der Erlass von Haftbefehlen.

Nach dem Ende der Hauptverhandlung nehmen die Schöffen an der Entscheidungsberatung über alle verfahrensbeendenden Entscheidungen teil, gleich, ob es sich um ein Urteil, die Einstellung des Verfahrens oder um Entscheidungen handelt, die mit dem Urteil im Zusammenhang stehen wie beispielsweise Bewährungsauflagen, §§ 194, 192 Abs. 3 GVG. Bei der Abstimmung zählt die Stimme eines Schöffen ebenso viel wie die eines Berufsrichters. Die Schöffen stimmen vor den Berufsrichtern ab, §§ 197 S. 2, 192 Abs. 3 GVG. Soweit ein Berichterstatter ernannt ist, stimmt dieser zuerst ab; der Vorsitzende stimmt grundsätzlich zuletzt ab, §§ 197 S. 3 und 4, 192 Abs. 3 GVG. Die Schöffen verfügen über die oben[376] dargestellten Sperrminoritäten bzw. Möglichkeiten bei den verschiedenen Gerichten, mit ihren Stimmen die Entscheidung des Gerichts unter Umständen erheblich zu beeinflussen.

ee) *Mitwirkung bei der Urteilsabsetzung*

Das Verfassen des Urteils gehört nicht zu den Rechten der Schöffen; dies obliegt allein den Berufsrichtern, § 275 Abs. 2 S. 3 StPO. Ihre Unterschrift ist dennoch unschädlich, wenn auch unüblich, da die schriftlichen Urteilsgründe nur das Beratungsergebnis beurkunden.[377] In dem Ausschluss der Schöffen bei der Urteilsabsetzung sehen wiederum viele[378] einen Widerspruch zu dem im § 45 Abs. 1 DRiG

---

376 Vgl. C. IV. 1. und 2.

377 *BGH*, NJW 1994, 206, 207.

378 Bspw. *Duttge*, JR 2006, S. 358, 360: *„Ist es nicht merkwürdig (und verräterisch), dass das Gesetz einerseits die gleichberechtigte Verantwortung der Laienrichter für die gerichtliche Erkenntnis geradezu feierlich verlautbart, selbige andererseits aber v. äußeren Zeichen dieser Mitverantwortung, der Unterschrift, ja selbst von der bloßen Kenntnisnahme der tragenden Urteilsgründe einfach freistellt?"*; ausführlich dazu *Hillenkamp*, in: FS-Kaiser, S. 1437, 1457: *„Die Gleichheit scheint nach dem Gesetz mit der Verkündung des Urteils zu enden. […] Mit dieser gesetzgeberischen Fehlentscheidung werden die Schöffen der ihrer Verantwortung entsprechenden Kontrollmacht enthoben"*; *K. Peters*, in: FS-Weber, S. 374, 376; besonders gute Darstellung von *Schreiber*, in: FS-Wezel, S. 941, 949; *Börner* leitet daraus ab, dass die Schöffen den Berufsrichtern gerade nicht gleichgestellt sein sollen; ders. grundsätzlich zu der Gefahr der Ergänzung des Urteils durch die Berufsrichter im Nachhinein in ZStW 2010, Band 122, S. 157–181.

und § 30 GVG postulierten Grundsatz der gleichberechtigten Verantwortung von Berufs- und Laienrichtern.

ff) Entschädigung

Für ihre Tätigkeit erhalten die Schöffen eine Entschädigung nach dem Justizvergütungs- und Justizentschädigungsgesetz (JVEG), § 55 GVG. Es handelt sich dabei um Fahrtkostenersatz (§ 5, 15 JVEG), Entschädigung für Aufwand (§ 6, 15 JVEG), Ersatz für sonstige Aufwendungen (§ 7 JVEG), Entschädigung für Zeitversäumnis (§ 16, 15 JVEG), für Nachteile bei der Haushaltsführung (§ 17, 15 JVEG) sowie für Verdienstausfall (§§ 18, 15 JVEG). Der Anspruch auf Entschädigung erlischt drei Monate nach Beendigung der Amtsperiode, § 2 Abs. 1 JVEG; er muss also innerhalb dieser Zeit geltend gemacht werden.

b) Pflichten der Schöffen

Grundsätzlich müssen Schöffen, wenn keine Ausschlussgründe oder Ablehnungsmöglichkeiten nach §§ 32 ff. GVG vorliegen, ihr Schöffenamt wahrnehmen. Sie sollen „*möglichst zu zwölf Sitzungstagen herangezogen*" werden, §§ 43 Abs. 2, 45 Abs. 2 S. 3 GVG. Dazu gehört das rechtzeitige Erscheinen und die Teilnahme an den terminierten Sitzungen des Gerichts. Für den Fall, dass ein Schöffe ohne genügende Entschuldigung nicht rechtzeitig zu den Sitzungen erscheint oder sich seinen Obliegenheiten in anderer Weise entzieht, wird gegen ihn ein Ordnungsgeld verhängt und ihm werden zugleich die dadurch verursachten Kosten auferlegt, § 56 Abs. 1 GVG.

Ferner müssen die Schöffen, wie die in § 226 StPO genannten Personen, ununterbrochen an der Hauptverhandlung teilnehmen. In der ersten Verhandlung eines Schöffen muss dieser durch den Vorsitzenden vereidigt werden, § 45 Abs. 2 DRiG.[379] Die Schöffen nehmen an der Abstimmung über die Beendigung des Verfahrens teil und sind dazu verpflichtet, eine Stimme abzugeben, da die Enthaltung in einer Frage unzulässig ist.[380]

Die Schöffen sind ebenso wie die Berufsrichter zur Unabhängigkeit verpflichtet, was die §§ 25, 45 Abs. 1 S. 1 DRiG ausdrücklich bestimmen. Darüber hinaus müssen Schöffen ebenso wie Berufsrichter das Beratungsgeheimnis wahren, §§ 43, 45 Abs. 1 S. 2 DRiG. Die Pflicht zur Verschwiegenheit betrifft alles, was außerhalb einer öffentlichen Verhandlung beraten wird. Für den Fall, dass ein

---

379 Die unterschiedlichen Möglichkeiten für Schöffen, den Eid abzuleisten, sind in § 45 Abs. 3 bis 7 DRiG geregelt.

380 KK-*Diemer*, § 195 GVG, Rn. 1.

Schöffe seine „*Amtspflichten gröblich verletzt*", ist er seines Amtes zu entheben, § 51 Abs. 1 GVG.

c) Aufklärung über die Rechte der Schöffen

Eine Aufklärung der Schöffen über ihre Rechte im Verfahren oder der Ablauf desselben ist gesetzlich nicht vorgeschrieben.[381] Die Berufsrichter sind ferner nicht dazu verpflichtet, die Schöffen über den Stand des Verfahrens zu informieren. Regelmäßig hängt es daher von dem jeweils zuständigen Richter ab, in welcher Art und Weise er die Schöffen über den bisherigen Gang des Verfahrens, den Vorwurf an sich oder über den Angeklagten informiert.

Wie bereits festgestellt,[382] soll der Vorsitzende die Schöffen noch vor der Hauptverhandlung gemäß Nr. 126 Abs. 1 S. 1 RiStBV über die Unfähigkeits- und Ausschließungsgründe belehren, wovon er nach S. 2 befreit ist, wenn er auf das „Merkblatt für Schöffen"[383] verweist.

Von jedem im Bundesverband für Schöffen organisierten Landesverband werden Merkblätter für Laienrichter angeboten. Diese unterscheiden sich von Landesverband zu Landesverband fast nicht, sind durchaus informativ und auch ausführlich (bis zu 35 Seiten lang).[384] Allerdings wird der Schöffe diese umfassenden Ausführungen kurz vor einer Hauptverhandlung kaum lesen können oder Zugang zu ihnen bekommen. Dafür müssten die Schöffen bereits an einem vor der Hauptverhandlung liegendem Termin auf das Merkblatt hingewiesen werden, was in dieser Form nicht vorgeschrieben ist.[385] Der Vorsitzende Richter

381 Ob eine solche Aufklärung rechtsstaatlich geboten ist, wird unter G. dargestellt.

382 Vgl. C. V. 3.

383 Das vierseitige Merkblatt ist bspw. abzurufen unter https://www.justiz.nrw.de/BS/formulare/Vordruck_124_gen_04_2013.pdf.

384 http://www.schoeffen-bw.de für den Landesverband Baden-Württemberg e.V.; http://www.schoeffen-bayern.de für den Landesverband Bayern e.V.; http://www.schoeffen-bb.de für den Landesverband Brandenburg und Berlin e.V.; http://www.dvs-verm.de für die Vereinigung der Ehrenamtlichen Richterinnen und Richter Mitteldeutschland e.V.; www.schoeffen-nds-bremen.de für den Landesverband Niedersachsen/Bremen e.V.; http://www.schoeffen-nord.de für den Landesverband Nord e.V.; http://www.schoeffen-nrw.de für den Landesverband Nordrhein-Westfalen e.V.

385 Trotzdem fordert die Vorsitzende der Deutschen Vereinigung der Schöffinnen und Schöffen, Landesverband Baden-Württemberg e.V., *Räffle* (vgl. RohR 2006, S. 83 f.), dass Schöffen zu Beginn ihrer Amtstätigkeit Gelegenheit haben sollten, „*an Einführungen in die Grundlagen ihres Amtes teilzunehmen*". Zu diesen einführenden Informationen sei die Justiz verpflichtet, „*da sie diejenigen, die sie zur Dienstleistung*" heranziehe, „*auch mit dem notwendigen Rüstzeug versehen*" müsse.

wird kaum Zeit für ein erstes aufklärendes Gespräch haben, sodass die Kenntnis der Schöffen in Bezug auf ihre Tätigkeit zum einen von dem guten Willen der Richter und vor allen vom eigenen Engagement der Schöffen abhängt. Ob diese Arbeitserleichterung für den Vorsitzenden (Aushändigung des Merkblattes) dem Verständnis der Schöffen auf gleiche Weise wie ein Gespräch dient, ist eher unwahrscheinlich. Ein Hinweis wird zumindest für die Schöffen genügen, die bereits Erfahrungen mit dem Schöffenamt haben. Soweit die Schöffen jedoch das erste Mal als Laienrichter bei Gericht sind, wird der alleinige Hinweis auf ein Merkblatt wenig weiterhelfen.

Ein Schritt in diese (richtige) Richtung ist daher Nr. 126 Abs. 2 RiStBV: Die Berufsrichter sollen dazu beitragen, dass die Schöffen die ihnen vom Gesetz zugewiesene Aufgabe erfüllen können. Das verpflichtet die Richter dazu, Sorge dafür zu tragen, den Schöffen Gegebenheiten zu erläutern, die sie nicht verstehen. Voraussetzung dafür ist jedoch, dass die Schöffen sich auch trauen, dementsprechende Fragen zu stellen. Die RiStBV setzt also voraus, dass sich die Schöffen selbst als Gradmesser für die Transparenz im Strafverfahren[386] verstehen und daraus den Mut schöpfen, Fragen an den Vorsitzenden zu stellen.

Nach Nr. 126 Abs. 2 S. 2 RiStBV muss die Verhandlung darüber hinaus so geführt werden, dass die Schöffen ihr folgen können und ihnen müssen Förmlichkeiten und Fachausdrücke, die sie nicht verstehen, erläutert werden.[387]

d) *Fortbildungen für Schöffen*

Der „Bundesverband ehrenamtlicher Richterinnen und Richter e.V." (Bundesverband für Schöffen) bietet zur Unterstützung der Laienrichter Fortbildungen an, die die verschiedenen Landesverbände durchführen. Allerdings sind Schulungen von Schöffen weder gesetzlich noch durch andere Vorschriften verbindlich vorgeschrieben.[388] In manchen Bundesländern gibt es jedoch Vorschriften, die besagen, dass Schöffen zu Beginn ihrer Tätigkeit Einführungsangebote erhalten sollen.[389]

---

386 So ähnlich *Lieber*, RohR 2008, S. 116, 118.

387 So auch *König*, Die Beteiligung der Schöffen an der Rechtsprechung aus der Sicht eines Strafverteidigers, S. 623, 634, der den Hinweis der Schöffen auf ihre verfahrensrechtlichen Rechte und Pflichten als wesentlich ansieht und diese Aufgabe vor allem den Berufsrichtern zuschreibt, ohne diese Aufgabe ihnen allein überlassen zu wollen.

388 Vgl. BT-Drs. 15/3191, S. 3.

389 *Räffle*, RohR 2006, S. 83 f.

Veranstaltungstitel[390] wie „*Sicherungsverwahrung und Führungsaufsicht. Wie gehen wir mit gefährlichen Straftätern um?*", „*Die Maßregeln der Besserung und Sicherung – unter besonderer Berücksichtigung des Maßregelvollzugs*"; „*Cannabis, Heroin & Co. Betäubungsmittelstrafrecht, Alkohol, Voraussetzungen für Schuldfähigkeit, Sicherungsverwahrung, Straßenverkehrsrecht*"; „*Wie finde ich eine gerechte und schuldangemessene Strafe?*"; „*Beweisaufnahme und Beweiswürdigung als Herzstück schöffenrichterlicher Tätigkeit*"; „*Kommunikation und Interaktion vor und im Gericht. Kommunikationspsychologische Grundlagen für die schöffengerichtliche Verhandlung*"; „*Die Absprache im Strafprozess – Handel mit der Gerechtigkeit?*"; „*Die Absprache im Strafprozess – Einflussmöglichkeiten und Verhalten der Schöffen*" sollen den Schöffen den Strafprozess und ihre Mitwirkungsmöglichkeiten sowie die Grundlagen der Rechtsprechung und der Rechtsanwendung näherbringen. Darüber hinaus gibt es eine vierteljährlich erscheinende Zeitschrift „Richter ohne Robe" und eine Schriftenreihe von *Lieber* (Vorsitzender des Bundesverbandes ehrenamtlicher Richterinnen und Richter e.V.) in vier Bänden mit dem Titel „Fit fürs Schöffenamt".[391]

All diese Angebote suggerieren nicht nur, dass die Schöffen vollkommen unvorbereitet ihr Ehrenamt beginnen, sondern zeigen deutlich, dass auch durchaus eine Nachfrage für Fortbildungen solcher Art existiert. Engagierte Schöffen können durch die ihnen zur Verfügung stehenden Mittel ihr Verständnis für das Strafverfahren verbessern. Durch die angebotenen Informationen können die Schöffen über ihre Rechte im Strafverfahren aufgeklärt und auf diese Art und Weise zu souveräneren Schöffen werden.[392] Die Vorsitzende der Deutschen Vereinigung der Schöffinnen und Schöffen, Landesverband Baden-Württemberg e.V., *Räffle* fordert, dass Laienrichter nicht nur allgemeine Lebenserfahrung mitbringen sollen, sondern auch „*über elementares Wissen über die Grundlagen des Strafverfahrens, die Bedeutung von Kriminalität und Strafe sowie die Rolle der Schöffen verfügen*" müssen.[393]

Es ist nicht auszuschließen, dass es Vorsitzende gibt, die die Mitwirkung der Schöffen als belastend empfinden und erleichtert sind, wenn sich die Schöffen ohne

---

390 Weitere Fortbildungen zu finden unter: http://www.schoeffen-nrw.de/assets/downloads/Fortbildungs_Flyer_2015.pdf, abgerufen am 5. Februar 2015.

391 *Lieber*: Band 1: Aufgaben, Rechte und Pflichten der Schöffen; Band 2: Das Strafverfahren. Grundsätze, Beweisaufnahme, Beweiswürdigung; Band 3: Kriminalität und Strafe – Wie findet man die gerechte Strafe?; Band 4: Die Entschädigung der ehrenamtlichen Richterinnen und Richter nach dem Justizvergütungs- und -entschädigungsgesetz.

392 *Räffle*, RohR 2006, S. 83 f.

393 *Räffle*, RohR 2006, S. 83 f.

großen Aufwand oder weitere Verzögerungen dem Entschluss des Vorsitzenden anschließen. Die Wahrscheinlichkeit, dass es zu einem solchen „Schulterschluss" kommt, ist umso höher, je weniger die Schöffen über ihre Rolle sowie ihre Rechte und Aufgaben im Strafprozess aufgeklärt sind: „*For knowledge itself is power*".[394]

Kühne wendet gegen Fortbildungen von Schöffen ein, dass diese die Laienbeteiligung „*ad absurdum*" führen würden.[395] Mit Fortbildungen würde den Laien ihre „*erhoffte Unbefangenheit des Rechtsempfindens*" genommen.[396] Sicher ist die fehlende juristische Ausbildung der Laien bei ihrem Mitwirken im Gericht nicht nur zu ihrem Nachteil. Es ist unumstritten, dass gerade die fehlende juristische Ausbildung die Laien als solche qualifiziert. Wirft man jedoch einen genaueren Blick auf die angebotenen Fortbildungen – unabhängig davon, in welchem Maße sie angenommen werden – so sieht man, dass diese nicht dazu erdacht wurden, um die Schöffen den Berufsrichtern hinsichtlich ihrer Routine im Strafprozess oder gar hinsichtlich der fachlichen Ausbildung gleichzustellen. Im Gegenteil, die Fortbildungen sollen den Schöffen ihre Rolle im Prozess verdeutlichen. Sie sollen ihre Rechte und Möglichkeiten der Mitwirkung besser kennenlernen, sodass ihnen eine bessere und vor allem sinnvollere Teilnahme am Strafverfahren möglich ist. Das Wissen, welches man im Studium der Rechtswissenschaften und im Referendariat erlangt, ist ohnehin nicht mit Fortbildungen aufzuholen.

Rüping stellte in diesem Zusammenhang bereits 1976 fest, dass das natürliche Rechtsgefühl eines Laienrichters nicht durch derartige Fortbildungen beeinträchtigt wird, sondern vielmehr „*erst die Bedingungen [schafft], es sinnvoll einsetzen zu können.*"[397] Er geht sogar noch weiter und vertritt die Auffassung, dass Schöffen besonders gut arbeiten könnten, wenn sie sich in dem Gebiet bewegen würden, in dem sie spezifische Erfahrungen hätten.[398] Sehr vorausschauend forderte *Rüping*

394 Denn „*Wissen selbst ist Macht*", *Francis Bacon*, vgl. *Wilpert*, Lexikon der Weltliteratur, Autoren A bis K, S. 99 f.

395 *Kühne*, ZRP 1985, S. 237, 238; so auch *Baur*, in: FS-Kern, S. 49, 57: „*Schulungskurse durch Interessenverbände bringen die Gefahr einer einseitigen Beeinflussung mit sich – […] schriftliche Hinweise für die Laienrichter sehen allzu sehr nach Lenkung aus. Aber vor allem: Es geht ja nicht darum, aus dem Schöffen einen ‚Schmalspurjuristen' zu machen*". Von einer Ausbildung zum „Schmalspurjuristen" kann allerdings kaum die Rede sein, da die Schöffen mit Weiterbildungen eine ca. sechsjährige Ausbildung nicht nachholen können.

396 *Kühne*, ZRP 1985, S. 237, 238.

397 *Rüping*, JR 1976, S. 269, 274.

398 *Rüping*, JR 1976, S. 269, 274.

schon damals, Schöffen in Wirtschaftsstrafverfahren zu spezialisieren, um dem *„überkommenen Institut der Laienbeteiligung im Strafrecht einen sinnvollen Inhalt zu geben.“*[399]

Die Europäische Charta der Ehrenamtlichen Richter regelt in Absatz XI das Recht der Schöffen auf Fortbildung:

> *„Die ehrenamtlichen Richter und Schiedspersonen sind auf die Übernahme des Amtes vorzubereiten und haben das Recht auf Fortbildung. Sie haben Zugang zu allen für die Amtsausübung erforderlichen Mitteln einschließlich der Informations- und Kommunikationstechnologien.“*[400]

Die Bundesregierung hat 2004 im Rahmen einer kleinen Anfrage zu der Schulungssituation der Schöffen Stellung[401] genommen und auf der einen Seite herausgestellt, dass die Schöffen eben wegen ihrer *„allgemeinen Erfahrung“* und *„nicht aufgrund besonderer Vorkenntnisse“* herangezogen werden.[402] Gleichzeitig befürwortet sie, *„dass dem Schöffen die Möglichkeit gegeben wird, sich mit den allgemeinen Grundsätzen seiner Tätigkeit, insbesondere auch mit den im Strafprozess geltenden Verfahrensgrundsätzen vertraut zu machen.“*[403] Was ein wenig widersprüchlich erscheint, ist die Ansicht der Bundesregierung, dass auf der anderen Seite *„Informationen über die Amtsausübung und ein fortlaufendes Weiterbildungsangebot wichtige Voraussetzung“* für die Schöffen sei, damit sie ihre Rolle im *„Strafprozess aktiv ausfüllen“* könnten.[404] Wenn die Fortbildungen Voraussetzung für eine aktive Ausübung des Laienrichteramtes sind, führt dann ein Fehlen der Fortbildung zu einer inaktiven Rolle der Schöffen? Diesen Rückschluss lässt nicht nur diese Formulierung, sondern auch die Betrachtung der Aufklärung

---

399 *Rüping*, JR 1976, S. 269, 274; siehe dazu auch D. IX.

400 Vgl. http://www.schoeffen.de/assets/Download/pdf_Europa/Europ%C3%A4ische%20Charta_dt.pdf; abgerufen am 26. Februar 2015 *„Zur Durchsetzung der Ziele dieser Charta vereinbaren die unterzeichnenden Organisationen eine abgestimmte europäische Zusammenarbeit durch eine europäische Organisation, die mit den Gremien der Europäischen Union und des Europarates zusammenarbeitet und zu diesem Zweck gegebenenfalls ein gemeinsames Büro und ein wissenschaftliches Forschungsinstitut unterhält“* (Absatz XII der Charta).

401 BT-Drs. 15/3191.

402 BT-Drs. 15/3191, S. 3.

403 BT-Drs. 15/3191, S. 3. vgl. auch S. 4: *„Sehr begrüßt wird darüber hinaus die Ausweitung des Schulungs- und Informationsangebotes für Schöffen durch die Volkshochschulen, die in Zusammenarbeit mit Vertretern der örtlichen Richter- und Anwaltschaft sowie des Bundesverbands Ehrenamtlicher Richterinnen und Richter in sachgerechter Form ein Forum für Lehr- und Diskussionsveranstaltungen bieten“.*

404 BT-Drs. 15/3191 S. 3.

der Schöffen über ihre Aufgaben zu. Zumindest zu Beginn ihrer Amtsperiode sind die Schöffen auf Grund ihrer Unerfahrenheit sicherlich nicht angemessen informiert, um ihre Rechte und auch ihre Pflichten wahrzunehmen.

VI. Sinn und Zweck der Beteiligung von Schöffen im Strafverfahren

In der Literatur gibt es viele Stimmen,[405] die den Nutzen der Schöffen im Strafverfahren auf Grund der bestehenden gesetzlichen Regelungen und der Entwicklung des Strafprozesses[406] anzweifeln oder wenigstens nicht als erwiesen ansehen und daher ihre zumindest gesetzlich angeordnete Gleichstellung mit den Berufsrichtern anmahnen oder aber strafprozessuale Änderungen verlangen.

Auf europäischer Ebene wurde der Sinn der Beteiligung der ehrenamtlichen Richterinnen und Richter wie folgt zusammengefasst:

> *„Das Recht auf Beteiligung des Volkes an der Rechtsprechung ist ein Akt staatsbürgerlicher Emanzipation und ein tragender Grundsatz jeder demokratischen Gesellschaft. Die Mitwirkung trägt zur Erhöhung von Plausibilität und Verständlichkeit der Verfahren und Urteile bei und erhöht damit das Vertrauen in die Justiz. Ehrenamtliche Richter bringen wertvolle Lebenserfahrungen und ein natürliches Verständnis von Gerechtigkeit ein. Sie leisten damit einen Beitrag zur Verbesserung der Effizienz der Justiz und der Erhöhung der Akzeptanz der Entscheidungen.“*[407]

Diese Darstellung des Einflusses der Schöffen spiegelt vor allem die Erwartungen wider, die man in die Beteiligung der Schöffen am Verfahren hat. Um zu überprüfen,

---

405 *Volk*, in: FS-Dünnebier: *„Das einzige Argument, das dagegen spricht, die Laienbeteiligung abzuschaffen, liegt in der Ungewißheit über die Folgen, die eine solche Entscheidung auslösen würde; das einzige Argument, was für eine Laienbeteiligung spricht, ist die Tatsache, daß es sie gibt“*, S. 389; ähnlich auch *Hillenkamp*, in: FS-Kaiser, Band 2, S. 1437 ff.; *Schreiber*, in: FS-Welzel, S. 941 ff.; *Baur*, in: FS-Kern, S. 49, 60 *„Sie gelten also als vollwertige Richter, obwohl sie es nicht sind und auch nicht sein können“*; *Duttge*, JR 2006, S. 358 ff.; *Kühne*, Strafprozessrecht, 9. Aufl., S. 92, Rn. 117: *„[Die Laienbeteiligung stellt] im Strafverfahren nur noch eine überlebte Reminiszenz mit Spuren basisdemokratischer Verklärung dar“*; Gegen die Schöffenbeteiligung auch *Weber*, vgl. *Machura*, Fairness und Legitimität im Strafverfahren, S. 15 m.w.N.; ausführlich zu der institutionellen Garantie des Laienrichtertums von Verfassungs wegen in Deutschland *Grube*, Richter ohne Robe, S. 71 ff.

406 *Volk*, in: FS-Dünnebier, S. 385; *H. Lilie*, in: FS-Rieß, S. 303 ff.

407 Vgl. Europäische Charta der ehrenamtlichen Richter, http://www.schoeffen.de/assets/Download/pdf_Europa/Europ%C3%A4ische%20Charta_dt.pdf; abgerufen am 3. August 2014.

ob die Mitwirkung von ehrenamtlichen Richtern diese Erwartungen erfüllt, wurden eine Reihe sehr interessanter empirischer Studien, die sich mit den Schöffen im Strafverfahren auseinandersetzen, durchgeführt.[408] Tatsächlich wird jedoch keine empirische Studie eindeutig darlegen können, welche konkrete Rolle die Schöffen bei der Urteilsfällung spielen und wie groß ihr Einfluss im Strafverfahren wirklich ist. Die Schwierigkeit einer solchen Untersuchung liegt darin begründet, dass kein Strafverfahren dem anderen gleicht. Für eine sichere Aussage über die Rolle der Schöffen müsste die exakt gleiche Tat vor mehreren repräsentativ ausgewählten Gerichten verhandelt werden, wobei allein die Zusammensetzung des Gerichtes und die Aktenkenntnis der Beteiligten variieren dürfte. Sogar die Zeugen müssten auf die – sicherlich unterschiedlichen – Fragen der Berufs- und Laienrichter inhaltlich dieselben Antworten geben bzw. immer denselben Sachverhalt bei der Beantwortung der Fragen zu Grunde legen. Allenfalls unter diesen Umständen könnte empirisch untersucht werden, ob und wie die Schöffen den Ausgang eines

408 *Klausa*, Ehrenamtliche Richter. Ihre Auswahl und Funktion; *Schiffmann*, Die Bedeutung der ehrenamtlichen Richter bei Gerichten der allgemeinen Verwaltungsgerichtsbarkeit; *Casper/Zeisel*, Der Laienrichter im Strafprozess – die Autoren befragten Vorsitzende von 341 Schöffengerichten, 200 Vorsitzende von Großen Strafkammern und weitere 22 Vorsitzende von Schwurgerichten (damals noch in der Besetzung von drei Berufs- und sechs Laienrichern); *Haisch*, MschKrim 62 (1979), S. 157 ff. (Diese Untersuchung zur Urteilsperseveranz in simulierten Strafverfahren wurde mit einer sehr geringen Fallzahl und einer nicht repräsentativ ausgewählten Vergleichsgruppe von „Richtern" durchgeführt, welche z.T. durch Referendare ersetzt wurden, während die Schöffen durch Studenten „dargestellt" wurden); *Rennig/Strempel*, Justiz im Umbruch – diese Studie befasst sich ausschließlich mit der Einführung der westdeutschen Justiz in den neuen Bundesländern; *Rennig*, Die Entscheidungsfindung durch Schöffen und Berufsrichter in rechtlicher und psychologischer Sicht – *Rennig* hat das Verhalten und die Wahrnehmung von 67 hessischen Berufs- und Laienrichtern an Schöffengerichten untersucht, sowie alle hessischen erstinstanzlich tätigen Berufs- und Laienrichter zu allgemeinen Erfahrungen mit und zu Einstellungen zu der Mitwirkung von Schöffen befragt; *Machura*, Fairness und Legitimität im Strafverfahren – der Autor befragte Laienrichter an ihrem letzten Sitzungstag über ihre Wahrnehmungen und Erfahrungen; *Schünemann*, in: Bierbrauer/Gottwald/Birnbreier-Stahlberger, Verfahrensgerechtigkeit: rechtspsychologische Forschungsbeiträge für die Justizpraxis, S. 215 ff. = *Schünemann*, StV 2000, S. 159 ff. in gekürzter Fassung; *Glöckner/Dickert/Landsberg/Scholz/Schönfeldt*, Entscheidungsverhalten von Schöffen, Forschungsbericht, Forschungsgruppe Intuitive Experten, MPI Bonn, https://www.coll.mpg.de/Download/IntuitiveExperts/Schoeffenbericht.pdf, abgerufen am 6. Juni 2014, an dieser Studie haben 67 Schöffen teilgenommen, die vornehmlich aus Bayern kamen.

Verfahrens beeinflussen. Eine solche Untersuchung hat jedoch noch nicht stattgefunden und wäre auf Grund der Gegebenheiten tatsächlich äußerst schwierig umzusetzen sowie kaum finanzierbar.

Würde man die Schöffen selbst bezüglich ihres Einflusses im Strafverfahren befragen, so bekäme man lediglich subjektive Einschätzungen, die kaum aussagekräftig wären. Ebenso gibt es keine validen Forschungsergebnisse bezüglich des Einflusses der Schöffen auf die Bevölkerung und die damit im Zusammenhang stehende Akzeptanz der Judikatur. Vielmehr wird gerne schlicht behauptet, dass Schöffen die Bürgernähe, die Praxisnähe und die Akzeptanz der Justiz stärken würden.[409]

Weiter ist es vor dem Hintergrund der sehr langen Diskussion um die Laienbeteiligung im Strafverfahren nicht verwunderlich, dass noch heute einige Juristen den Sinn der Beteiligung der Schöffen im Strafverfahren per se anzweifeln. Trotzdem kann nicht abgestritten werden, dass die Schöffen durchaus Einfluss auf die Urteilsbildung ausüben. Denn Urteile können nicht allein durch eine wissenschaftliche Subsumtion gefällt werden. Vielmehr muss das Gericht auf den individuellen Täter und dessen individuelle Tat abstellen, was insbesondere bei der Strafzumessung eine große Rolle spielt. Hier können Schöffen mit ihrer Menschenkenntnis dem Berufsrichter zur Seite stehen. Deshalb gibt es in einem Strafprozess eine Vielzahl an faktischen Mitwirkungsmöglichkeiten für die Schöffen,[410] sodass die Behauptung, Schöffen könnten zu einem Strafprozess nichts mehr beitragen, so nicht haltbar oder gar nachweisbar ist. Schließlich sollte jeder Laie einen „gesunden Menschenverstand" besitzen und ein Gefühl dafür haben, welches Verhalten rechtens ist und welches nicht. Zumal der Laie den Angeklagten auch losgelöst von den Rechtsnormen als Mensch sehen und vielleicht für dessen Situation und Beweggründe mehr Empathie aufbringen kann, als die fast täglich mit Angeklagten umgehenden Berufsrichter.[411] Trotzdem nennt *H. Lilie* die Schöffenbeteiligung unter den derzeitigen Voraussetzungen eine *„blinde Kontrollinstanz"*;[412] *„blind"* allerdings gemeint im Hinblick auf deren fehlende Aktenkenntnis.

Der Sinn und Zweck der Beteiligung der Schöffen im Strafverfahren ist mit der Frage eines Akteneinsichtsrechts für Schöffen eng verbunden, da ein solches

---

409 Bspw. *Däubler-Gmelin*, in: Ehrenamtliche Richter, Geleitwort.

410 *Machura* zitiert zu diesem Aspekt: *„As long as judging cannot be performed in a completely scientific way there is room for lay judges in court"*, S. 24.

411 Ausführlich zu den verfassungsrechtlichen und rechtspolitischen Aspekten *Wassermann*, Bürgermitwirkung an der Rechtsprechung, S. 39 ff.

412 *H. Lilie*, in: FS-Rieß, S. 303, 315.

ihre bisherige Position stärken könnte.[413] Um beurteilen zu können, ob Schöffen ein Akteneinsichtsrecht eingeräumt werden sollte, soll zunächst ihre eigentliche Funktion und Rolle im Strafverfahren analysiert werden.

1. Demokratieprinzip

In Art. 20 Abs. 2 GG heißt es: *„Alle Staatsgewalt geht vom Volke aus."* Zu der Staatsgewalt gehört neben der gesetzgebenden und der vollziehenden Gewalt auch die Rechtsprechung. Die Mitwirkung der Schöffen stellt die unmittelbarste Beteiligung des Volkes an der Rechtsprechung dar. Die Mitwirkung des Volkes ist eine elementare Säule der Demokratie und die legitimatorische Funktion für die Justiz.[414] Diese Absicht stellt die Überschrift *„Im Namen des Volkes"* eines jeden in Deutschland gesprochenen Strafurteils heraus. Die Bürger sollen nicht bloß Subjekt des Strafverfahrens sein, vielmehr darüber hinaus auch an diesem mitwirken können. Auf diesem Weg sollen die Schöffen sicherstellen, dass die Urteile nicht nur aus der *„Sicht des akademisch ausgebildeten Berufsrichters"* gesprochen werden.[415]

Kühne hinterfragt die demokratische Legitimation kritisch, indem er die Frage stellt, wieso ein Berufsrichter, der eine theoretisch jedermann zugängliche Ausbildung absolviert hat, nicht mehr Teil der Öffentlichkeit ist.[416] Die dadurch ausgedrückte Kritik greift aber zu kurz, weil sich hinter dem Argument der Repräsentation des Volkes bei der Urteilsfällung eben noch zusätzlich der Gedanke verbirgt, dass bei Berufsrichtern grundsätzlich die Gefahr bestehe, dass sie – als „professionell" Urteilende – den unverfälschten Blick auf den Sachverhalt verlieren.

Volk[417] geht noch einen Schritt weiter und vertritt die Ansicht, aus dem Grundgesetz würde sich keine Pflicht ableiten lassen, die Laienrichter unmittelbar am Strafverfahren zu beteiligen. Die demokratische Legitimation bedeute nicht gleichzeitig auch eine unmittelbare Teilhabe.[418] Dies beweise schon das Wahlsystem der Schöffen. Die Gemeindevertretung als zuständiges Organ für die Zusammenstellung der Vorschlagsliste sei ein überwiegend *„parteipolitisch motiviertes Gremium"* und die Kreisvertretung, für die Auswahl der Vertrauenspersonen im

---

413 So auch *H. Lilie*, in: FS-Rieß, S. 303, 310 ff.
414 *Machura*, Fairness und Legitimität im Strafverfahren, S. 40 f.
415 BT-Drs. 15/3191 S. 2.
416 *Kühne*, ZRP 1985, S. 239.
417 *Volk*, in: FS-Dünnebier, S. 373.
418 *Volk*, in: FS-Dünnebier, S. 373.

Wahlausschuss zuständig, würde ebenso gebildet.[419] *Baur* spricht den Laienrichtern auf Grund ihres Auswahlverfahrens gar die Repräsentanz der Bevölkerung ab.[420]

Die Darstellung eines (vermeintlich) fast ausschließlich parteipolitisch orientierten Auswahlverfahrens der Schöffen berücksichtigt allerdings nicht hinreichend, dass der Schöffenwahlausschuss nicht nur aus Vertrauenspersonen, sondern auch aus einem Richter beim Amtsgericht als Vorsitzenden und einem von der Landesregierung zu bestimmenden Verwaltungsbeamten besteht.[421] Ferner stellt die jeweilige Zusammensetzung der Gemeindevertretungen eben auch ein Abbild der wählenden Bevölkerung des jeweiligen Amtsgerichtsbezirkes dar, welches ebenfalls variiert, sodass es wohl überspitzt ist, das demokratische Element der Laienbeteiligung am Strafverfahren als „*Spurenelement*"[422] zu bezeichnen oder gar als parteipolitisch motiviert abzutun.

2. Rechtsstaatsprinzip

In einem Rechtsstaat soll die politische Macht nur aufgrund und im Rahmen des Rechts ausgeübt werden.[423] Im Strafrecht sollen die Sanktionen vom Volk nachvollzogen und akzeptiert werden können sowie gleichzeitig die Werte und Normen der Gesellschaft widergeben. Die Legitimation des Strafverfahrens ist dessen rechtsstaatliche Durchführung.[424] Notwendig dafür sind Förmlichkeiten, die die rechtsstaatliche Durchführung sicherstellen sollen und so auch vor gegebenenfalls voreingenommenen Richtern oder Fehlurteilen schützen können. Die Beteiligung der Schöffen – also weiterer Richter – am Strafverfahren kann vor Voreingenommenheit und Fehlurteilen schützen, indem Berufsrichter – außer als Strafrichter am Amtsgericht – gezwungen sind, Entscheidungen, die nicht der Verhandlungsleitung des Vorsitzenden allein unterliegen, in einem Kollegium zu treffen. Diese Entscheidungen setzen zunächst einen Diskurs über den zu entscheidenden Sachverhalt voraus.[425] Diesen Diskurs können die Schöffen

---

419 *Volk*, in: FS-Dünnebier, S. 374.

420 *„Aber von einer Repräsentanz des Volkes könne man nur sprechen, wenn das Volk die Repräsentanten aus dem Volke wählt und die Laienrichter als seine Repräsentanten anerkennt. An beidem fehlt es […]"*, *Baur*, in: FS-Kern, S. 49, 50.

421 Vgl. C. II. 2.

422 *Volk*, in: FS-Dünnebier, S. 374.

423 Ausführlich zum Rechtsstaatsprinzip Maunz/Dürig-*Scholz*, Art. 23 GG, Rn. 76 ff., 78. Ergänzungslieferung 2016.

424 *Börner*, StraFo 2012, S. 434 ff.

425 So auch *Börner*, StraFo 2012, S. 434, 437.

bereichern, indem sie andere Erfahrungen und Beurteilungshorizonte mit in die Beratung einbringen.[426] Zum Teil wird sogar davon ausgegangen, dass die Beteiligung von Laien einen erzieherischen Effekt habe.[427]

Die Beteiligung der Laien im Strafverfahren bindet ferner den Gesetzgeber an seine ohnehin bestehende Pflicht, Gesetze auch für Laien nachvollziehbar zu gestalten, obwohl das durchaus nicht immer gelingen kann. Gesetze sind auch für die Öffentlichkeit nachvollziehbar, wenn Laien zu deren Anwendung imstande sind.[428] Die Schöffen sollen dafür Sorge tragen, dass sich die Berufsrichter verständlich ausdrücken, um so die *„Justiz bürgernah und menschlicher zu machen."*[429] Sie sollen ihre Kenntnisse über das Recht und das Justizwesen an die Bevölkerung weiterleiten und hätten somit eine „Multiplikatorenfunktion".[430]

Die Schöffen sollen weiter als *„Vermittler zwischen Justiz und Bevölkerung [...] das Vertrauen in die Justiz stärken."*[431] Der Laie trage somit *„zur demokratischen Legitimation des gesamten Justizsystems bei"* und sorge dafür, dass die Justiz *„nicht die Bodenhaftung verliert und zur Scheuklappenjustiz verkommt."*[432] Daher wird den Schöffen teilweise sogar eine *„volkspädagogische Aufgabe"* zugeschrieben.[433]

Gleichwohl fand *Schiffmann* in einem Experiment bezüglich der Rolle der Laienrichter in der Verwaltungsgerichtsbarkeit heraus, dass die Akzeptanz der Gerichtsentscheidungen nicht nachweislich höher sei, wenn Laien am Verfahren mitwirken.[434] Nach seiner Untersuchung schafft die Mitwirkung von Laien keine größere Bereitschaft der am Verfahren Beteiligten, das Urteil anzunehmen.[435] Außerdem kam *Rennig* in einer anderen Untersuchung zu dem Ergebnis, dass die von ihm befragten Schöffen nur dann etwas über ihre Verfahren berichteten, wenn sie das rechtliche Instrumentarium als unbefriedigend empfunden haben.[436]

---

426 *Benz*, Zur Rolle der Richter im Strafprozess, S. 97 ff.; *Börner*, StraFo 2012, S. 434, 438.

427 *Schroeder*, NJW 1983, S. 137, 141.

428 *Machura*, Fairness und Legitimität im Strafverfahren, S. 18.

429 *Räffle*, RohR 2006, S. 83 f.

430 *Machura*, Fairness und Legitimität im Strafverfahren, S. 40.

431 *Räffle*, RohR 2006, S. 83 f.

432 *Hirsch*, ehemaliger Präsident des *BGH*, in seiner Rede auf dem Schöffentag 2001, zitiert *Räffle*, RohR 2006, S. 83 f.

433 *Machura*, Fairness und Legitimität im Strafverfahren, S. 40.

434 Vgl. *Schiffmann*, Die Bedeutung der ehrenamtlichen Richter bei Gerichten der allgemeinen Verwaltungsgerichtsbarkeit, S. 216 ff.; ähnlich *Duttge*, JR 2006, S. 358, 361.

435 *Schiffmann*, Die Bedeutung der ehrenamtlichen Richter bei Gerichten der allgemeinen Verwaltungsgerichtsbarkeit, S. 209.

436 *Rennig*, Die Entscheidungsfindung durch Schöffen, S. 516.

3. Grundsatz der Öffentlichkeit

Wenn *Volk* überhaupt einen Sinn der Beteiligung der Schöffen im Strafverfahren sieht, dann in der Verwirklichung des Grundsatzes der Öffentlichkeit:

> *„Diskutabel ist allein der Grundgedanke, Vertreter der Öffentlichkeit mit richterlicher Befugnis auszustatten und so das Prinzip der Öffentlichkeit nicht lediglich jenseits der Schranken des Gerichts zu etablieren, sondern auch diesseits abzusichern.“*[437]

Aus der Öffentlichkeitsgarantie könne abgeleitet werden, dass die Laien die Öffentlichkeit im Strafverfahren ersetzen sollten.[438] Dem ist insoweit zuzustimmen, als die Öffentlichkeit von Schöffen in den Verfahrensabschnitten repräsentiert werden kann, in denen sie ausgeschlossen ist, wie beispielsweise bei der Beratung und Abstimmung oder auch, wenn die Öffentlichkeit nach § 174 GVG gänzlich ausgeschlossen wird. Dieser Ansatz findet bei *Volk* jedoch im Ergebnis wieder nur eingeschränkt Zustimmung, da die Ableitung der Laienbeteiligung aus der Öffentlichkeitsgarantie als *„Verdopplung der Öffentlichkeitsgarantie [...] jedenfalls eine zweischneidige Sache“* sei.[439] Zwar könne man auf der einen Seite annehmen, dass die Laienrichter die Öffentlichkeit da ersetzen sollen (beim Strafrichter am Amtsgericht unmöglich), wo sie ausgeschlossen ist.[440] Allerdings könne auf der anderen Seite daraus ebenfalls abgeleitet werden, dass die Laienrichter – als Vertreter der Öffentlichkeit – mit der *„Öffentlichkeit ausziehen sollten“*, wenn diese bspw. ausgeschlossen werde. Jedoch werde weder die eine noch die andere Konsequenz gezogen, da beide auch nicht begründbar seien.[441] Daher bestehe zwischen der Beteiligung von Laien am Strafprozess und der Öffentlichkeitsgarantie lediglich eine *„oberflächlich-äußerliche Verbindung“*.[442]

Diese Sicht greift jedoch zu kurz. Die Laienrichter stellen die Öffentlichkeit während der gesamten Verhandlung dar. In einem Großteil der Strafprozesse wird die durch Zuschauer oder Beobachter repräsentierte Öffentlichkeit während der Hauptverhandlung nicht existent sein. Wenn doch, handelt es sich dabei meistens um Schüler, Praktikanten, Referendare oder vereinzelt Interessierte, die im Durchschnitt kein Abbild der Bevölkerung darstellen können. In wenigen Ausnahmefällen berichtet die Presse über Verhandlungen, sodass diese tatsächlich einer breiten Öffentlichkeit zumindest bekannt sind. Jedoch kann diese

---

437 *Volk*, in: FS-Dünnebier, S. 377.
438 *Volk*, in: FS-Dünnebier, S. 377.
439 *Volk*, in: FS-Dünnebier, S. 378.
440 *Volk*, in: FS-Dünnebier, S. 378.
441 *Volk*, in: FS-Dünnebier, S. 378.
442 *Volk*, in: FS-Dünnebier, S. 378.

Öffentlichkeit nicht bei der Urteilsfällung mitwirken, sondern soll exemplarisch durch die Schöffen ersetzt werden. Gerade darin liegt eine der Aufgaben der Schöffen.

4. Steuerungs- und Kontrollfunktion

Die Plausibilitätskontrolle, wie sie gerne ein wenig herabspielend genannt wird,[443] welche die Schöffen insbesondere früher ausüben sollten, um die unmittelbare Einflussnahme der Exekutive auf die Rechtsprechung zu verhindern, werden sie heute kaum noch wahrnehmen müssen.[444] Trotzdem, so *Baur*, sei der ursprüngliche Zweck der Beteiligung von Laienrichtern auf Grund der „*Wachsamkeit der öffentlichen Meinung*" nicht weniger relevant geworden.[445]

Jedenfalls können Laienrichter die Berufsrichter vor Routinedenken schützen.[446] Der Berufsrichter muss sein Verständnis des Tathergangs mit dem der Schöffen vergleichen und sich gegebenenfalls den Einwendungen der Schöffen stellen.[447] Der Laienrichter soll in seiner Position als juristischer Laie eine Kontrollfunktion übernehmen, die sich nicht nur auf die Nachvollziehbarkeit der tatsächlichen Gegebenheiten beschränkt, sondern sich auch auf den Prozessablauf auswirken kann, indem die Verhandlungen nicht übermäßig lang werden, da Laien oft nicht über eine solche Verhandlungsroutine wie Berufsrichter verfügen.[448] Ferner sollte auch der Ablauf der Verhandlung für die Laienrichter nachvollziehbar gestaltet werden, sodass auch der Angeklagte, der in der Regel ebenfalls ein Laie ist, der Verhandlung folgen kann.[449] Dies besagt auch Nr. 126 Abs. 2 RiStBV:

> *„Die Berufsrichter sollen dazu beitragen, dass die Schöffen die ihnen vom Gesetz zugewiesenen Aufgaben erfüllen können. Die Verhandlung ist so zu führen, dass die Schöffen ihr folgen können; Förmlichkeiten und Fachausdrücke, die ihnen nicht verständlich sind, müssen erläutert werden."*

---

443 Vgl. *Machura*, Fairness und Legitimität im Strafverfahren, S. 36 m.w.N.

444 So auch *König*, Die Beteiligung der Schöffen an der Rechtsprechung aus der Sicht eines Strafverteidigers, S. 623, 629.

445 Vgl. *Baur*, in: FS-Kern, S. 49, 54.

446 *Schmidt*, NJW 1969, S. 1137, 1144; *Schreiber*, in: FS-Welzel, S. 941, 951.

447 Ausführlich dazu: *Vultejus*, Schöffen in der Hauptverhandlung und Beratung, S. 62 f.; *Schmidt*, NJW 1969, S. 1137, 1144.

448 So auch *K. Peters*, Fehlerquellen im Strafprozess, Band 2, § 32 II S. 244 f.

449 *K. Peters*, Fehlerquellen im Strafprozess, Band 2, § 32 II S. 244.

Räffle vertritt sogar die Auffassung, dass die durch die Schöffen hergestellte Verständlichkeit des Verfahrens auch für den Angeklagten von besonderer Bedeutung sei, da der Angeklagte verstehen solle, warum er verurteilt worden ist und dies gleichzeitig der „*erste Schritt zur Resozialisierung*" sei.[450]

Steindorfner[451] betont ebenfalls, dass die Schöffen einen ganz wesentlichen „*Beitrag zur Selbstkontrolle des Gerichts und zwar [...] vor der Verkündung des Urteils*" spielen.[452] Mit dieser Kontrolle sollen die Schöffen zur „*Verständlichkeit berufsrichterlicher Entscheidungen beitragen.*"[453]

Nach *Rüping* bleibt (zumindest) eben diese „*Plausibilitätskontrolle, die den berufsmäßigen Juristen veranlasst, seine Vorstellungen zumindest dem Laien verständlich zu machen.*"[454]

Auch für *Volk* wäre diese Art von „*Plausibilitätskontrolle*" durchaus wünschenswert.[455] Das dabei entstehende Problem liege in der Übersetzung des juristisch gewerteten Sachverhalts in die Umgangssprache.[456] Denn der Laie müsse sich auf die Darstellung des Berufsrichters verlassen und könne dessen Übersetzung vom „*Rechtsdeutsch*" in eine Laiensprache kaum überprüfen.[457]

Diese „Gefahr" besteht natürlich grundsätzlich. Ein Richter wird den Schöffen regelmäßig den Sachverhalt in der Art und Weise präsentieren, wie er ihn für richtig hält. Jeder Mensch stellt das Erlebte, Gelesene oder Erfahrene so dar, wie er es wahrgenommen hat. Ob man jedem Richter dabei unterstellen kann, durch seine juristische Überlegenheit zu versuchen, die Laien zu beeinflussen, ist nicht nachprüfbar. Richtig ist, dass praktisch keinerlei Kontrollmechanismen bestehen, um solches Verhalten festzustellen. *König* spricht gar von der „*Black Box*" und meint damit das Beratungszimmer.[458] Der Schöffe sei dem „*Einfluss der Berufsrichter ausgeliefert.*" Auch er kritisiert, dass für die Verfahrensbeteiligten nicht nachvollziehbar sei, ob und inwieweit auf die Schöffen im Beratungszimmer

---

450 *Räffle*, RohR 2006, S. 83 f.

451 Ministerialdirektor a.D. im Justizministerium Baden-Württemberg.

452 *Steindorfner*, RohR 2006, S. 101, 111.

453 BT-Drs. 15/3191 S. 3; so auch Steindorfner, RohR 2006, S. 101, 111: „*Der Berufsrichter ist gezwungen, [...] seine rechtliche Bewertung in allgemein verständlicher Sprache*" *den Schöffen nahe zu bringen*".

454 *Rüping*, JR 1976, S. 269, 273.

455 *Volk*, in: FS-Dünnebier, S. 387.

456 *Volk*, in: FS-Dünnebier, S. 387; ebenso *Kühne*, ZRP 1986, S. 237, 238.

457 *Volk*, in: FS-Dünnebier, S. 387.

458 *König*, Die Beteiligung der Schöffen an der Rechtsprechung aus der Sicht eines Strafverteidigers, S. 623, 632.

eingewirkt werde. Daher schlägt er vor, die Schöffen bis zur Schlussberatung von den Zwischenentscheidungen auszuschließen, sodass sie sich ohne Beeinflussung zunächst ein eigenes Bild machen können.[459]

Die „*allgemeine Organisationstheorie*" spricht dabei von einer sogenannten Kontrollumkehr.[460] Hierbei lenken die eigentlich Kontrollierten die Kontrolleure durch eine gezielte Informationsweitergabe. So könnten die „*geschulten Fachleute*" die Kontrolleure zu „*Dilettanten*" werden lassen.[461] In seiner rechtssoziologischen Habilitationsschrift spricht sich *Machura* aufgrund dieses Aspekts für ein Akteneinsichtsrecht von Schöffen aus.[462]

Allerdings sind die Erklärungen der Berufsrichter nur ein Teil der Informationsquellen, die den Schöffen im Hauptverfahren zu Verfügung stehen. Außerdem empfinden durchaus einige Berufsrichter die Mitwirkung der Schöffen als Kontrollinstanz vor dem Hintergrund der Verantwortungsteilung als positiv.[463] Das Gericht trägt die Entscheidung gemeinsam und die Berufsrichter können sich nach dem übertragenen Leitspruch „*Drei Richter sehen mehr als einer*" (bei einer Übereinstimmung mit den Schöffen) der Richtigkeit der Entscheidung sicherer sein.

Hettinger führte in diesem Zusammenhang zu der Kontrollfunktion der Schöffen treffend aus:

> *„Es [das Laienrichtertum] festigt das Staatswesen von innen, wenn die Bürger – und sei es in Erfüllung einer kaum ablehnbaren Pflicht – durch ihre Mitwirkung die Staatsziele mittragen. Darüber hinaus dient […] jegliche Laienbeteiligung dort, wo Macht sich ballt, der Mäßigung dieser Macht – übrigens Aufgabe jeglichen Rechts. […]*
> *Kurz: Im Namen des Volkes wird geurteilt. Daraus folgere ich für den Strafprozess als Gebot der Klugheit: Das Volk soll seine Kontrolleure kontrollieren."*[464]

5. Rechtssoziologischer Blickwinkel

Die Mitwirkung ehrenamtlicher Richter soll zur Lebensnähe und Akzeptanz von Verfahren und Entscheidung beitragen. Insbesondere das Wissen der Schöffen um die lokalen Gegebenheiten des Amts- bzw. Landgerichtsbezirkes, die sogenannte

---

459 *König*, Die Beteiligung der Schöffen an der Rechtsprechung aus der Sicht eines Strafverteidigers, S. 623, 632.

460 Vgl. *Machura*, Fairness und Legitimität im Strafverfahren, S. 36 f.

461 Vgl. *Machura*, Fairness und Legitimität im Strafverfahren, S. 36 f.

462 Vgl. *Machura*, Fairness und Legitimität im Strafverfahren, S. 36 f.

463 Vgl. *Machura*, Fairness und Legitimität im Strafverfahren, S. 21 ff.

464 *Hettinger*, JoJZG 2011, S. 116, 122 mit Verweis auf *Tucholsky* in einer Rede vor dem Justizminister des Landes Rheinland-Pfalz, dem Präsidenten des OLG Zweibrücken und insbesondere ehrenamtlich in der Justiz Tätigen.

„local knowledge", ist besonders wichtig.[465] Das Amtsgericht Neukölln in Berlin wird sich vorwiegend mit anderen Delikten zu befassen haben als beispielsweise das Amtsgericht Kulmbach in Oberbayern. Die Deliktstruktur ist auf Grund der Bevölkerungszusammensetzung, der wirtschaftlichen Situation, der Lebensverhältnisse und der sozialen Situation eine andere. Berufsrichter stammen nicht immer aus der Region, in der sie arbeiten. Daher können die Schöffen an dieser Stelle die *„mannigfaltigen sittlichen Anschauungen und Strömungen einer [...] sog. pluralistischen Gesellschaft den Berufsrichtern nahebringen."*[466] Auf diese Art und Weise kann verhindert werden, dass das *„Wertbewusstsein einer durch Herkommen und Ausbildung einheitlich geprägten ‚Kaste' allein maßgeblich"* ist.[467] Auch wenn es sich bei den jeweiligen Laienrichtern nur um einen Ausschnitt der Gesellschaft handelt, so stellt doch die Gesamtheit aller Schöffen einen sehr großen Ausschnitt dar, der tatsächlich dazu in der Lage ist, die gesellschaftlichen *„Strömungen und Tendenzen"*[468] in der Rechtsprechung widerzuspiegeln.

Ein besonderes Beispiel, wie wichtig der Einsatz der Laienrichter in Bezug auf die lokalen Lebensverhältnisse ist, sind die Laienrichter in den ostdeutschen Bundesländern direkt nach der Wende. Die meisten Berufsrichter stammten zu der Zeit hauptsächlich aus den alten Bundesländern, sodass diese darauf angewiesen waren, dass die Laienrichter ihnen *„die Lebensverhältnisse der DDR, die Schicksale der Bürger und das lokale Rechtsgefühl in den Beratungen"* verständlich machten.[469]

Nach Ansicht von *König* spielen die Schöffen auch deswegen eine besondere Rolle, weil sie die gegebenenfalls fehlende Lebenserfahrung der unter Umständen jungen Berufsrichter ausgleichen könnten.[470]

---

465 *Machura*, Fairness und Legitimität im Strafverfahren, S. 23 m.w.N.

466 Dies könne nach *Baur*, der den Regelungen zum Schöffengericht nicht unkritisch gegenübersteht, der einzige wirklich ausschlaggebende Aspekt der Beteiligung von Laien im Strafverfahren sein; in: FS-Kern, S. 49, 62.

467 *Baur*, in: FS-Kern, S. 49, 62.

468 Dies bezweifelt *Baur* jedoch: *„Bestenfalls werden ihm [dem Berufsrichter] die Meinungen seiner Laienbeisitzer nicht mehr geben können, als ihm eine sorgfältige Beobachtung der Tendenzen und Richtungen der gesellschaftlichen Kräfte ohnehin vermittelt"*, in: FS-Kern, S. 49, 62. Um genau das sicherzustellen, ist eine Beteiligung von Laien durchaus sinnvoll.

469 *Machura*, Fairness und Legitimität im Strafverfahren, S. 23 m.w.N. und ausführlich zur Legitimation der Schöffen als *„volkspädagogische Aufgabe"*, S. 40 f.

470 *König*, Die Beteiligung der Schöffen an der Rechtsprechung aus der Sicht eines Strafverteidigers, S. 623, 629.

D. Akteneinsicht für Schöffen?

Der Blick auf die Rechte und Pflichten sowie den Sinn und Zweck der Beteiligung der Schöffen im Strafverfahren gibt Anlass zu überlegen, ob nicht ein Recht der Schöffen auf Akteneinsicht ihre schwache Stellung stärken würde und dadurch der Stellenwert der Schöffen im Strafprozess gesteigert werden kann.

I. Die Akteneinsicht

Um beurteilen zu können, ob den Schöffen ein Akteneinsichtsrecht eingeräumt werden sollte, sind zunächst der Gegenstand und die Grundlage des Akteneinsichtsrechts zu untersuchen.[471] In einem zweiten Schritt kann dann anhand der bereits bestehenden gesetzlichen Regelungen nachvollzogen werden, wem aus welchen Gründen und in welchem Umfang bereits ein Akteneinsichtsrecht zusteht. Erst danach kann anhand der Entwicklung der Rechtsprechung, der Meinungen in der Literatur und auf Grund der bisher gewonnenen Erkenntnisse eine Schlussfolgerung daraus für ein etwaiges Akteneinsichtsrecht der Schöffen gezogen werden.

1. Gegenstand des Akteneinsichtsrechts

Gegenstand der Akteneinsicht sind die „Akten", § 147 Abs. 1 StPO. Dabei handelt es sich um die Unterlagen, die bei der Anklageerhebung von der Staatsanwaltschaft übersandt werden[472] oder die, die das Gericht bereits erhalten hat,[473] § 199 Abs. 2 S. 2 StPO i.V.m. § 163 Abs. 2 S. 1 StPO. Das umfasst neben sämtlichen gesammelten Schriftstücken, Bild- und Tonaufnahmen, Strafregisterauszügen und

471 Nach *Börner* kann es ein Akteneinsichtsrecht für Laienrichter per se nicht geben, weil die Schöffen nicht als Subjekt, sondern als urteilendes Gremium am Strafverfahren teilnehmen würden und daher schon nicht Träger eines solchen Rechts sein könnten. Die ganze Diskussion könne dementsprechend nur eine Akten*kenntnis* behandeln, *Börner*, ZStW 2010, Band 122, S. 157, 181. Dem ist zuzustimmen, wobei hier gleichwohl ein Akteneinsichtsrecht diskutiert werden soll, wie es auch dem Berufsrichter zukommt, da diese Begriffswahl üblich geworden ist.

472 *BGH*, StV 1988, S. 193 f.

473 *BGH*, NStZ 2005, S. 344.

Fahndungsnachweisen sachliche Beweismittel, Spurenakten[474] sowie Verfalls- und Einziehungsgegenstände.[475]

2. Verfassungsrechtliche Grundlagen des Akteneinsichtsrechts

Art. 103 Abs. 1 GG garantiert jedermann vor Gericht einen Anspruch auf rechtliches Gehör.[476] Jeder Mensch soll die Möglichkeit bekommen, in einem Prozess, an dem er beteiligt ist, angehört zu werden.[477] Dies beinhaltet das Recht des Beteiligten, sich zu der Sache äußern zu können.[478] Damit sich der Angeklagte in einem Strafverfahren zu der Sache äußern kann, muss ihm die Möglichkeit gegeben werden, Einsicht in die Akten zu nehmen.[479] Der Anspruch auf rechtliches Gehör konkretisiert sich daher unter anderem in dem Recht auf Akteneinsicht.[480]

Art. 20 Abs. 3 GG i.V.m. Art. 2 Abs. 2 GG und auf europäischer Ebene Art. 6 Abs. 1 EMRK garantieren dem Beschuldigten das Recht auf ein faires Verfahren.[481] Ein faires Verfahren kann nur durchgeführt werden, wenn der Angeklagte die gegen ihn erhobenen Vorwürfe kennt und sich zu diesen äußern kann, was sich am Ende eines Verfahrens auch in § 258 Abs. 2 a.E. StPO widerspiegelt. Die Kenntnis der Vorwürfe setzt die Kenntnis des Akteninhalts voraus.

Das Recht auf Akteneinsicht ist darüber hinaus auch in dem Prinzip der „Waffengleichheit“[482] verankert,[483] das sich primär aus dem Rechtsstaatsprinzip

---

474 *Wasserburg*, NStZ 1981, S. 211 ff.

475 Meyer-Goßner/*Schmitt*, § 147 StPO, Rn. 15 m.w.N. und § 163, Rn. 23 m.w.N.; ausgenommen sind hingegen die Handakten der Staatsanwaltschaft, v. Gericht angefertigte Notizen während der Hauptverhandlung oder Senatsakten des Revisionsgerichts; Meyer-Goßner/*Schmitt*, § 147, Rn. 13 m.w.N.

476 Ausführlich zum rechtlichen Gehör *Rüping*, Der Grundsatz des rechtlichen Gehörs und seine Bedeutung im Strafverfahren.

477 Schmidt-Bleibtreu/Hofmann/Hennecke-*Schmahl*, Art. 103 GG, Rn. 1 f.

478 Schmidt-Bleibtreu/Hofmann/Hennecke-*Schmahl*, Art. 103 GG, Rn. 2.

479 Schmidt-Bleibtreu/Hofmann/Hennecke-*Schmahl*, Art. 103 GG, Rn. 23 f. m.w.N.

480 Dagegen wird zum Teil angeführt, dass sich der Akteninhalt auf Grund der Hauptverhandlung ergeben soll, sodass die Einsicht in die Akten nicht notwendig sei, um sich zu dem Vorwurf äußern zu können, vgl. Streitstanddarstellung bei *Hiebl*, Ausgewählte Probleme des Akteneinsichtsrechts nach § 147 StPO, S. 25 ff.

481 Ausführlich dazu *Gröger*, Das Akteneinsichtsrecht im Strafverfahren unter der besonderen Berücksichtigung der Europäischen Menschenrechtskonvention.

482 BVerfGE 38, S. 105, 111 = NJW 1975, S. 103 ff.

483 So zuletzt höchstrichterlich *EGMR*, Urt. v. 13. Dezember 2007–11364/03 = BeckRS 2008, 06503.

herleitet, Art. 20 Abs. 3 GG i.V.m. Art. 3 Abs. 1 GG. Dem Beschuldigten müssen über den Verteidiger (soweit der Untersuchungszweck nicht gefährdet wird, § 147 Abs. 2 S. 1 a.E. StPO) demnach die gleichen Möglichkeiten wie dem Gericht und der Staatsanwaltschaft zur Verfügung gestellt und daher Einsicht in die Akten gewährt werden.

3. Akteneinsichtsberechtigte

Ein Akteneinsichtsrecht aller am Verfahren mittelbar oder unmittelbar Beteiligten – bis auf das der Schöffen – ist gesetzlich geregelt.

a) Der Angeklagte und sein Verteidiger, § 147 StPO

Gemäß § 147 Abs. 1 StPO ist der Verteidiger befugt, die Akten einzusehen sowie amtlich verwahrte Beweisstücke zu besichtigen. Unabhängig von dem Streit, ob das Akteneinsichtsrecht ein höchstpersönliches Recht des Verteidigers ist oder ob sich das Akteneinsichtsrecht des Verteidigers lediglich aus der Rechtsstellung des Beschuldigten ableitet,[484] ist der Verteidiger dazu berechtigt (wenn nicht gar verpflichtet), dem Angeklagten eine vollständige Kopie der Akten zu überlassen.[485]

b) Staatsanwaltschaft und Berufsrichter

Mit der Hilfe der Polizei erforscht die Staatsanwaltschaft als Ermittlungsbehörde den Sachverhalt und ist damit bereits originär an der Erstellung der Akten beteiligt, § 163 StPO. Insofern benötigt sie kein Akteneinsichtsrecht wie die anderen am Prozess Beteiligten.

Das Gleiche gilt für das Gericht, soweit Berufsrichter betroffen sind, welches ohnehin nach Abschluss der Ermittlungen und mit Übersendung der Anklage die Akten notwendigerweise erhalten muss, § 199 Abs. 2 StPO. In der Wissenschaft[486] wurde bereits ausführlich darüber diskutiert, ob Berufsrichter nicht auch durch das ihnen zustehende Akteneinsichtsrecht in ihrer Entscheidung beeinflusst werden. Daher soll hier nicht weiter darauf eingegangen werden.

---

484 Dazu ausführlich *Hiebl*, Ausgewählte Probleme des Akteneinsichtsrechts nach § 147 StPO, S. 33 ff. und zu dem veralteten Streit, ob der Verteidiger dem Beschuldigten Kopien der Ermittlungsakten übergeben darf, S. 38 ff.

485 Meyer-Goßner/*Schmitt*, § 147 StPO, Rn. 20 m.w.N.

486 Ausführlich zu diesem Thema eine Dissertation von *Kemmer*, Befangenheit von Schöffen, S. 81 ff. m.w.N.; *Schreiber*, in: FS-Welzel, S. 941, 943 f., 945 ff.; *Schünemann*, StV 2000, S. 159 ff.; *Schmidt*, NJW 1969, S. 1139, 1144.

c) *Der Sachverständige, § 80 Abs. 2 StPO*

Ebenso ist der Sachverständige regelmäßig darauf angewiesen, dass ihm die Akten zur Erstellung seines Gutachtens zur Verfügung gestellt werden. Daher wird ihm das Akteneinsichtsrecht, nicht wie es § 80 Abs. 2 StPO vermuten lässt, in Ausnahmefällen, sondern im Regelfall schon mit der Auftragserteilung gewährt.[487] Allerdings kann ihm das Akteneinsichtsrecht in Teilen verwehrt werden, wenn die Gefahr besteht, dass der Sachverständige ansonsten in seiner Unparteilichkeit beeinträchtigt werden könnte.[488] Ferner kann ihm zur Erstellung des Gutachtens aus prozessökonomischen Gründen, gerade in Umfangsstrafverfahren[489], nur ein Teil der Akten zur Verfügung gestellt werden. Dies birgt jedoch die Gefahr, dass das Gutachten durch die Auswahl der Akten als beeinflusst und daher nicht mehr als unparteiisch angesehen werden kann.

d) *Sonstige am Verfahren beteiligte Personen*

Der Privatkläger kann sein Akteneinsichtsrecht über seinen Anwalt ausüben, § 385 Abs. 3 StPO und zwar in demselben Umfang wie der Angeklagte, was aus den Verweisen in § 385 Abs. 3 S. 2 StPO zu schließen ist. Dem Nebenkläger steht ein Akteneinsichtsrecht nur aus § 406e Abs. 1 StPO als Verletztem zu, das er über seinen Anwalt wahrnehmen kann. Dieses Recht kann nach § 406e Abs. 2 StPO eingeschränkt werden, soweit überwiegende schutzwürdige Interessen des Beschuldigten oder anderer Verfahrensbeteiligter, wie die Wahrung des Steuergeheimnisses,[490] entgegenstehen oder wenn der Untersuchungszweck gefährdet ist. Ferner hat der Vertreter des Nebenbeteiligten ein Recht auf Akteneinsicht (§ 434 Abs. 1 S. 2 i.V.m. § 147 Abs. 1 StPO) soweit die Aktenteile für den Einziehungsbeteiligten relevant sind.[491] Das gleiche gilt über § 444 Abs. 2 i.V.m. § 147 StPO für juristische Personen oder Personenvereinigungen, gegen die im Strafverfahren eine Geldbuße (§ 30 OWiG) angeordnet werden soll. Durch das Strafverfahrensänderungsgesetz 1999 wurde auch das Akteneinsichtsrecht von Justiz- und sonstigen Behörden in den §§ 474 ff. StPO normiert.

---

487 Meyer-Goßner/*Schmitt*, § 80 StPO, Rn. 3 m.w.N.

488 Löwe/Rosenberg-*Krause*, § 80 StPO, Rn. 4.

489 Zur Erläuterung des Begriffs vgl. D. IX. 1.

490 *Meyer-Goßner*/Schmitt, § 406e StPO, Rn. 6 m.w.N.

491 Löwe/Rosenberg-*Gössel*, § 434 StPO, Rn. 5.

II. Gesetzliche Ausgestaltung der Informationserlangung

Wie eben dargestellt sind die Akteneinsichtsrechte der am Strafverfahren beteiligten Personen und Behörden in der StPO geregelt oder ergeben sich unmissverständlich aus deren Aufgabe im Strafprozess. Anders verhält es sich jedoch mit dem Recht der Schöffen auf Akteneinsicht. Einige gesetzliche Regelungen sehen jetzt schon vor, dass die Schöffen Kenntnis von Aktenteilen unter bestimmten Voraussetzungen erlangen können. Im Folgenden sollen die insoweit in Betracht kommenden Regelungen untersucht werden – eine Bestandsaufnahme.

1. Gleichstellung, § 30 Abs. 1 GVG

§ 30 Abs. 1 GVG schreibt vor, dass – soweit das Gesetz keine Ausnahmen bestimmt – die Schöffen während der Hauptverhandlung das Richteramt im vollen Umfang und mit gleichem Stimmrecht wie die Richter beim Amtsgericht ausüben.[492] Weiter nehmen die Schöffen auch an den im Laufe der Hauptverhandlung getroffenen Entscheidungen, die in keiner Beziehung zu der Urteilsfällung stehen und die auch ohne mündliche Verhandlung erlassen werden können, teil, § 30 Abs. 1 a.E. GVG. Allerdings normiert § 30 Abs. 2 GVG, dass die Schöffen an den Entscheidungen außerhalb der Hauptverhandlung nicht mitwirken. Nach dem Wortlaut erfolgt eine Gleichstellung von Berufs- und Laienrichtern daher nur während der Zeit der Hauptverhandlung. Dieser Umstand kann sowohl für als auch gegen ein Akteneinsichtsrecht der Schöffen sprechen. Ausdrücklich geregelt ist es jedenfalls nicht.

2. Informationen durch den Berufsrichter, Nr. 126 Abs. 2 RiStBV, sowie Beratungsbedarf während der Hauptverhandlung

Nr. 126 Abs. 2 RiStBV regelt:

> *„Die Berufsrichter sollen dazu beitragen, daß die Schöffen die ihnen vom Gesetz zugewiesenen Aufgaben erfüllen können. Die Verhandlung ist so zu führen, daß die Schöffen ihr folgen können; Förmlichkeiten und Fachausdrücke, die ihnen nicht verständlich sind, müssen erläutert werden.“*

---

492 Gemäß § 77 Abs. 1 GVG gelten für die Schöffen der Strafkammern die Vorschriften über die Schöffen des Schöffengerichts entsprechend. Wenn im Folgenden von Schöffen oder Laienrichtern im Zusammenhang mit § 30 Abs. 1 GVG gesprochen wird, sind daher stets auch die Schöffen beim Landgericht eingeschlossen.

Wie weit diese Pflicht geht, hatte das Landgericht Münster im Jahr 1993 zu entscheiden.[493] Ein Schöffe hatte sich geweigert, an einer Hauptverhandlung weiter teilzunehmen, weil er dem Verfahren inhaltlich nicht mehr folgen konnte. Daraufhin wurde gegen den Schöffen ein Ordnungsgeld verhängt, wogegen der Schöffe Beschwerde einlegte. Das Landgericht Münster entschied auf die Beschwerde, dass dem Schöffen zwar kein Akteneinsichtsrecht zustehe, der Vorsitzende jedoch dazu verpflichtet sei, den Schöffen so zu informieren, dass er in der Lage sei, dem Verfahren folgen zu können.[494] Der Informationspflicht könne der Vorsitzende im Rahmen seiner Verhandlungsleitung, § 238 Abs. 1 StPO, nachkommen, indem er eine Verhandlungspause einlege und den Schöffen entsprechend informiere.[495] Dieser Fall zeigt den Kern des Problems gut auf. Wenn auch aus dieser Norm kein unmittelbares Akteneinsichtsrecht für die Schöffen ableitbar ist, muss zumindest festgestellt werden, dass die Berufsrichter gegenüber den Schöffen eine Fürsorgepflicht haben.

Neben der für den Vorsitzenden bestehenden Fürsorgepflicht kann aus Nr. 126 Abs. 2 RiStBV gleichzeitig ein Informationsrecht der Schöffen abgeleitet werden. Der Vorsitzende muss sicherstellen, dass die Schöffen so ausreichend über den Fall informiert sind, dass sie tatsächlich ein Urteil fällen können. In dem dargestellten Fall des Landgericht Münster hätte der Vorsitzende die Hauptverhandlung unterbrechen und den Schöffen angemessen aufklären können. Damit wäre er seiner Fürsorgepflicht nachgekommen sowie dem Recht des Schöffen auf ausreichende Informationen gerecht geworden.

3. Zugänglichmachen der Anklageschrift, Nr. 126 Abs. 3 RiStBV

Nr. 126 Abs. 3 RiStBV führt weiter aus:

> *„Die Anklageschrift darf den Schöffen nicht zugänglich gemacht werden. Ihnen kann jedoch, namentlich in Verfahren mit einem umfangreichen oder schwierigen Sachverhalt, für die Dauer der Hauptverhandlung eine Abschrift des Anklagesatzes nach dessen Verlesung überlassen werden.“*

Über diese Regelung können die Schöffen, wenn der Vorsitzende im Rahmen seiner Verhandlungsleitung dies entscheidet, zumindest Einblick in einen Teil der Anklageschrift erhalten.

---

493 *LG Münster*, NJW 1993, S. 1088, 1089.
494 *LG Münster*, NJW 1993, S. 1088, 1089.
495 *LG Münster*, NJW 1993, S. 1088, 1089.

4. Fragerecht, § 240 StPO

§ 240 StPO enthält ebenso wie § 30 GVG keine Regelung zum Akteneinsichtsrecht von Schöffen. § 240 Abs. 2 StPO gewährt jedoch den Schöffen ebenso wie der Staatsanwaltschaft, dem Angeklagten und dem Verteidiger dasselbe Fragerecht, welches auch den Berufsrichtern zusteht. Diese Vorschrift lässt sich ebenfalls ambivalent auslegen.[496]

5. Selbstleseverfahren, § 249 Abs. 2 S. 1 StPO

Grundsätzlich werden Urkunden und andere als Beweismittel dienende Schriftstücke in der Hauptverhandlung verlesen, § 249 Abs. 1 S. 1 StPO. Gemäß § 249 Abs. 2 S. 1 StPO kann von der Verlesung abgesehen werden, wenn die Richter und Schöffen vom Wortlaut der Urkunde oder des Schriftstücks Kenntnis genommen haben und die übrigen Beteiligten hierzu Gelegenheit hatten. Gesetzlich wird hier also für den Fall der Anordnung einer Selbstleseverfügung eine Pflicht zum Lesen eines bestimmten Teils der Akten normiert. Auf Grund dieser gesetzlichen Pflicht müssen die Schöffen für diesen beschränkten Teil der Akten auch das Recht auf Einsicht in diese Aktenteile haben.

6. Ausfertigung des Urteils

Wie oben bereits festgestellt,[497] werden die Schöffen bei der Ausfertigung des Urteils, also bei dem Verfassen des schriftlichen Urteils, nicht beteiligt.

7. Untersuchungsgrundsatz, § 244 Abs. 2 StPO

Gemäß § 244 Abs. 2 StPO hat das Gericht zur Erforschung der Wahrheit die Beweisaufnahme von Amts wegen auf alle Tatsachen und Beweismittel zu erstrecken, die für die Entscheidung von Bedeutung sind. Der BGH hat im Hinblick auf Schöffen aus § 244 Abs. 2 StPO abgeleitet, dass diese entsprechend des Fortgangs der Hauptverhandlung jeweils einen Minimalanspruch darauf haben, Informationen zu erhalten, die zum Begreifen des Prozessstoffes erforderlich sind.[498] Auch daraus lässt sich kein Recht der Schöffen auf Akteneinsicht ableiten, allerdings wird deutlich, dass die Schöffen die Informationen benötigen, die notwendig sind, um aktiv an der Hauptverhandlung teilnehmen zu können. Das setzt eben ein Verständnis für den Prozessstoff voraus.

---

496 Dazu mehr unter D. VI. 4.

497 C. V. 3. b) ee).

498 *BGH*, NJW 1987, S. 1209 f.

8. Verlesung des angefochtenen Urteils in der Berufungshauptverhandlung, § 324 Abs. 1 S. 2 StPO

Nachdem die Berufungshauptverhandlung begonnen hat, hält ein Berichterstatter in Abwesenheit der Zeugen einen Vortrag über die Ergebnisse des bisherigen Verfahrens, § 324 Abs. 1 S. 1 StPO. Das Urteil des ersten Rechtszuges wird verlesen, soweit es für die Berufung von Bedeutung ist, § 324 Abs. 1 S. 2 erster HS StPO. Über diesen Weg erhalten die Schöffen zwar keinen Einblick in die Akten, ihnen wird allerdings ganz unmittelbar vorgetragen, was sich in der vorhergehenden Instanz zugetragen hat. Sie werden dadurch auch über die Urteilsgründe in tatsächlicher und rechtlicher Hinsicht unterrichtet.[499] Dies wird insbesondere vor dem Hintergrund der Unvoreingenommenheit der Schöffen eine Rolle spielen.[500]

9. Zusammenfassung

Im Ergebnis ist festzuhalten, dass die gesetzlichen Regelungen, die die Einsicht der Laienrichter in Verfahrensakten betreffen, zumindest ambivalent auslegbar sind. Keinem Gesetz ist explizit ein Verbot auf Akteneinsicht zu entnehmen. Hingegen finden sich Anhaltspunkte auf eine Unvoreingenommenheit der Schöffen, die auch dann vorausgesetzt wird, wenn ihnen Aktenteile zur Verfügung gestellt werden. Außerdem hat der Vorsitzende sicherzustellen, dass den Laienrichtern ausreichende Informationen zur Verfügung gestellt werden, auf Grundlage derer sie dem Prozess folgen und ein Urteil fällen können.

III. Entwicklung der Rechtsprechung (nach dem Zweiten Weltkrieg)

Die Rechtsprechung zu dem Akteneinsichtsrecht der Schöffen hat sich nach dem Ende des Zweiten Weltkrieges gewandelt. Wie oben dargestellt[501] wurde die Einsicht von Laienrichtern in die Anklageschrift als ein Verstoß gegen den Grundsatz der Unmittelbarkeit und das Mündlichkeitsprinzip des Strafbarkeitsverfahrens gewertet. Zunächst übernahm der BGH diese Rechtsprechung:

---

499 *OLG Hamburg*, NStZ 1985, S. 379, 380.

500 Vgl. dazu D. VI. 8.

501 Vgl. B. V. 1., 3. und 4.

1. BGH, Urt. v. 5. Januar 1954

In einem Urteil aus dem Jahr 1954 entschied der BGH, dass das Verlesen des Eröffnungsbeschlusses gegen den Grundsatz der Mündlichkeit und Unmittelbarkeit in der Hauptverhandlung verstoße, soweit die im Eröffnungsbeschluss enthaltenen Ausführungen das vorläufige Ergebnis der Ermittlungen wiedergäben oder auf eine vorweggenommene Würdigung der Ermittlungen oder der Einlassung des Angeklagten hinausliefen.[502]

Zum Hintergrund dieser Entscheidung muss erklärt werden, dass der Eröffnungsbeschluss vom 1. Oktober 1950 bis zum 1. April 1965 noch weit mehr Informationen enthielt als heute. In § 207 Abs. 1 StPO war damals Folgendes geregelt:

> *„(1) In dem Beschluß, durch den das Hauptverfahren eröffnet wird, ist die dem Angeklagten zur Last gelegte Tat unter Hervorhebung ihrer gesetzlichen Merkmale und des anzuwendenden Strafgesetzes sowie das Gericht zu bezeichnen, vor dem die Hauptverhandlung stattfinden soll […].“*[503]

In Abs. 2 wurde zusätzlich geregelt, dass das Gericht unter Umständen im Beschluss darlegt, mit welchen Änderungen es die Anklage zur Hauptverhandlung zulässt. Heute hingegen enthält der Eröffnungsbeschluss gemäß § 207 Abs. 1 StPO:

> *„(1) In dem Beschluß, durch den das Hauptverfahren eröffnet wird, läßt das Gericht die Anklage zur Hauptverhandlung zu und bezeichnet das Gericht, vor dem die Hauptverhandlung stattfinden soll.“*

Zum Zeitpunkt des Erlasses der hier interessierenden Entscheidung wurde zu Beginn der Hauptverhandlung nach § 243 StPO a.F. zwar noch nicht mit der Feststellung der Anwesenheit der notwendigen Beteiligten, aber mit dem *„Aufrufe der Sachverständigen und Zeugen“*, § 243 Abs. 1 StPO a.F. begonnen. Jedoch hat sich gemäß § 243 Abs. 2 StPO a.F.

> *„die Vernehmung des Angeklagten über seine persönlichen Verhältnisse und die Verlesung des **Beschlusses über die Eröffnung** des Hauptverfahrens“,*[504]

angeschlossen. Die Anklage wurde *nicht* verlesen. Zu jener Zeit war darüber hinaus das wesentliche Ergebnis der Ermittlungen Teil des Zulassungsbeschlusses.

---

502 *BGH*, Urt. v. 5. Januar 1954–1 StR 476/53; BGHSt 5, S. 261 = NJW 1954, S. 483 f.

503 http://lexetius.com/StPO/207, abgerufen am 13. Februar 2015.

504 Hervorhebung nicht im Original.

Aus der Entscheidung lässt sich folglich ableiten, dass 1954 nach Auffassung der höchstrichterlichen Rechtsprechung die Gefahr bestand, dass Laienrichter durch das Verlesen des wesentlichen Ergebnisses der Ermittlungen – also einem Teil der Akte – derart beeinflusst werden konnten, dass sie befangen gewesen wären.

2. BGH, Urt. v. 17. November 1958

In einem Verfahren drei Jahre später half ein Schöffe einem armamputierten Berufsrichter beim Umblättern der Aktenseiten und erhielt dabei verschiedentlich Einsicht in die Anklageschrift. Nach eigenen Angaben des Schöffen las dieser insoweit mit, als dass er kontrollieren wollte, ob das Ermittlungsergebnis mit den Aussagen der Zeugen übereinstimme. Daraufhin entschied der 2. Senat des BGH, dass auf Grund der von dem Schöffen angestellten Vergleiche nicht ausgeschlossen werden könne, dass er sich durch das Ermittlungsergebnis in seiner Entscheidungsfindung habe beeinflussen lassen; § 261 StPO sei verletzt und das Urteil aufzuheben.[505]

In dieser Entscheidung wies der 2. Senat des BGH darauf hin, dass ein Einblick der Schöffen in die Akte (hier die Anklageschrift) einen Verstoß gegen den in § 261 StPO enthaltenen Unmittelbarkeitsgrundsatz darstelle und sprach sich damit gegen ein etwaiges Recht der Schöffen auf Einsicht in die Akten aus.

3. BGH, Urt. v. 23. Februar 1960, tendenzielle Änderung der Rechtsprechung

In dieser Entscheidung aus dem Jahr 1960[506] öffnete der 1. Senat des BGH nur zwei Jahre nach seiner letzten Entscheidung durch ein obiter dictum[507] die starren Grundsätze des Verbotes des Akteneinsichtsrechts für Schöffen – die Rechtsprechung des Nationalsozialismus ausgenommen – erstmals für eine andere Auslegung:

In diesem Verfahren wurde den Angeklagten vorgeworfen, auf Grund von Befehlen der nationalsozialistischen Machthaber Massentötungen an Juden und an vermeintlichen Kommunisten vorgenommen zu haben. Das Schwurgericht

---

505 *BGH*, Urt. v. 17. November 1958–2 StR 188/58; BGHSt 13, S. 73 ff. = NJW 1959, S. 1139.

506 *BGH*, Urt. v. 23. Februar 1960–1 StR 648/59, zu finden bei „jurion".

507 Ausführlich zum obiter dictum als Problem der Entscheidungsbegründung, *H. Lilie*, Obiter dictum und Divergenzausgleich in Strafsachen, Ein Spannungsfeld zwischen Revisionsgericht und Gerichtsverfassungsgesetz.

verurteilte die damaligen Angeklagten wegen gemeinschaftlicher Beihilfe zum gemeinschaftlichen Mord in 315, 415 und 526 Fällen zu Zuchthausstrafen.

Die Revision rügte die Verletzung formellen Rechts, da die Geschworenen die Anklageschrift hatten einsehen können. Der 1. Senat führte in seiner Begründung aus, dass er Bedenken hätte, an der bisherigen Rechtsprechung – dass das Einsehen der Anklageschrift durch die Geschworenen einen Verstoß gegen das Unmittelbarkeits- und Mündlichkeitsprinzip darstellte – festzuhalten. Er sah keinen überzeugenden Grund, eine

> *„im Gesetz nicht ausdrücklich vorgesehene unterschiedliche Behandlung von Berufs- und Laienrichtern aufrecht zu erhalten.“*[508]

Der 1. Senat führte aus, dass auch den Laienrichtern zugetraut werden könne, den Sinn und die Bedeutung der Anklageschrift zu verstehen, da sie gleichberechtigt mit den Berufsrichtern entscheiden würden. Weil diese Frage jedoch in dem damaligen Prozess gar nicht entschieden werden musste, da die Laienrichter nach der dienstlichen Äußerung des Vorsitzenden keine Akteneinsicht erhalten hatten, stellten die Ausführungen des BGH insoweit ein obiter dictum dar.

Auf diese erstmalige Stellungnahme des BGH in Richtung einer Gleichstellung von Laien- und Berufsrichtern bezüglich der Möglichkeit, Einsicht in die Akten zu nehmen, wurde in der Rechtsprechung in letzter Zeit wieder Bezug genommen.[509]

4. BGH, Urt. v. 27. August 1968

Acht Jahre später hatte der 1. Senat dann tatsächlich zu entscheiden, welche Auswirkungen es hat, wenn nicht nur der Anklagesatz, sondern auch das wesentliche Ergebnis der Ermittlungen verlesen wird.[510] Der BGH ist dabei in Fortführung seines obiter dictums zu dem Ergebnis gekommen, dass Laienrichter durch ein *„einmaliges Verlesen“* nicht derart stark beeindruckt werden, dass sie das *„wirkliche Ergebnis der Hauptverhandlung nicht mehr unbefangen in sich aufnehmen können“*.[511] Dies sei außerdem grundsätzlich von einem Überlassen der Anklageschrift im Ganzen zu unterscheiden.[512]

---

508 *BGH*, Urt. v. 23. Februar 1960–1 StR 648/59.

509 Vgl. BGHSt 43, S. 36, 39; BGHSt 43, S. 360, 363.

510 *BGH*, Urt. v. 27. August 1968–1 StR 381/68; abrufbar unter BeckRS 1968, 00090, JurionRS 1968, 12199 oder juris.

511 *BGH*, Urt. v. 27. August 1968–1 StR 381/68.

512 *BGH*, Urt. v. 27. August 1968–1 StR 381/68.

In dieser Entscheidung hat der BGH zwar nicht direkt auf die Abstraktionsfähigkeit der Laienrichter abgestellt. Allerdings hat er zum Ausdruck gebracht, dass das einmalige Hören eines Textes nicht zum Memorisieren desselbigen führt. Auch, wenn es sich um eine Einzelfallentscheidung handelt, ist hervorzuheben, dass der BGH – diesen Gedanken weiterführend – zu dem Schluss kommt, dass das Ergebnis der Beweisaufnahme für die Urteilsfindung der Schöffen eine wesentlich wichtigere Rolle spielt, als die zu Beginn der Hauptverhandlung verlesene Anklage.

Damit hat der BGH den Laienrichtern die Fähigkeit zugesprochen, im Hinblick auf die Bedeutung für die Urteilsfindung zwischen der Relevanz der Anklageverlesung – bzw. des nicht beabsichtigten Verlesens des wesentlichen Ergebnisses der Ermittlungen – und den während der Hauptverhandlung erfolgten Feststellungen zu unterscheiden.

5. BGH, Urt. v. 18. Dezember 1968

Kurz nach dieser Entscheidung hatte der 2. Senat des BGH über das Verhältnis von Berufs- und Laienrichten zur Presse bzw. deren Beeinflussbarkeit durch die selbige zu entscheiden.[513] Dem Verfahren lag ein Fall zugrunde, in dem die Laienrichter in der Presseberichterstattung „*eingehende Darstellungen des Tatgeschehens*“ hatten lesen können.[514] Der Senat stellte fest, dass allein das Lesen der Presseberichte nicht unmittelbar auf die Überzeugungsbildung der Richter Einfluss habe.[515] Vielmehr seien sowohl die Berufs- als auch die Laienrichter durchaus in der Lage, solche Eindrücke nicht in die Entscheidungsfindung einfließen zu lassen. Sie würden ausschließlich auf Grund der Hauptverhandlung zu einem Urteil gelangen.[516] Erst wenn „*sichere Anhaltspunkte*“ für eine Beeinflussung gegeben seien, könne man annehmen, dass die Richter befangen seien.[517]

Eine andere Entscheidung des Senates hätte wahrscheinlich ein kaum zu lösendes Problem nach sich gezogen. Wären die Richter davon ausgegangen, dass die Berichterstattung Einfluss auf die Urteilsfindung der Schöffen habe, wäre es ab diesem Zeitpunkt durch eine gezielte Presseberichterstattung möglich gewesen,

---

513 *BGH*, Urt. v. 18. Dezember 1968–2 StR 322/68 = BGHSt 22, S. 289 ff. = MDR 1969, S. 321 ff. = NJW 1969, S. 703 ff.

514 *BGH*, MDR 1968, S. 321, 322.

515 *BGH*, MDR 1968, S. 321, 322.

516 *BGH*, MDR 1968, S. 321, 322.

517 *BGH*, MDR 1968, S. 321, 322.

Strafverfahren reihenweise derart zu beeinflussen, dass eine Befangenheit der Richter anzunehmen gewesen wäre.

Gleichzeitig wäre dadurch die Mitwirkung der Laien in Gerichtsverhandlungen grundsätzlich in Frage gestellt worden. Die Laienrichter hätten zur Vermeidung der Beeinflussung nicht mehr mit aktuellen Medien in Kontakt kommen dürfen. Auch wenn sich die Presseöffentlichkeit seit 1968 im Verhältnis zu heute noch wesentlich weiterentwickelt hat, hätte man schon damals die Laien von der Öffentlichkeit abschotten müssen, um eine etwaige Beeinflussung durch die Medien verhindern zu können. Spätestens diese Maßnahme hätte zu Konsequenzen geführt, die die Laiengerichtsbarkeit grundsätzlich in Frage gestellt hätten.

Die Feststellung des 2. Senates des BGH, dass die Presseberichterstattung nicht unmittelbar auf die Überzeugungsbildung der Laienrichter Einfluss habe, zeigt, dass man den Laienrichtern durchaus zugetraut hat, zwischen den in der Hauptverhandlung gewonnenen und den in der Presse veröffentlichten Erkenntnissen zu unterscheiden. Auch wenn mit dieser Entscheidung die Emanzipation der Schöffen noch ein wenig mehr gefördert wurde, sollte man bedenken, dass sie auf Grund der weiter reichenden Konsequenzen eines anderen Urteils auch aus Praktikabilitätsgründen gefällt worden sein könnte.

6. BGH, Urt. v. 23. März 1976

In dem diesem Urteil zu Grunde liegenden Verfahren musste sich der 1. Senat ebenfalls mit der Beeinflussbarkeit von Laienrichtern beschäftigen. Die Revision hatte die vollständige Verlesung des aufgehobenen Urteils aus der vorherigen Instanz beanstandet.[518] Die Schöffen würden dadurch, ebenso wie durch das Ermittlungsergebnis, zu Ungunsten des Angeklagten beeinflusst.

Der BGH hat in dieser Entscheidung allerdings ausdrücklich offen gelassen, ob die Mitteilung der gesamten Anklageschrift (die eben das Ermittlungsergebnis – heute das wesentliche Ergebnis der Ermittlungen – umfasst) einen Verfahrensfehler darstelle.[519] Die Argumentation stützt sich auf eine Entscheidung aus dem Jahr 1961,[520] in der der 4. Senat festgestellt hatte, dass die Geschworenen *„schon deshalb nicht"* beeinflusst wurden, weil die *„tatsächlichen Darlegungen des […] Urteils […] als rechtlich angreifbar"* beanstandet wurden.[521] Die Formulierung *„schon deshalb nicht"* veranlasste den 1. Senat, in dieser Entscheidung

518 *BGH*, Urt. v. 23. März 1976–1 StR 9/76; GA (1976), S. 368.

519 GA (1976), S. 368.

520 *BGH*, Urt. v. 20. Januar 1961, 4 StR 496/60; abrufbar unter JurionRS 1961, 11211.

521 GA (1976), S. 368.

von einer Rechtsprechung auszugehen, welche eine Abstraktionsfähigkeit der Laienrichter voraussetzt. Dafür spreche zudem § 324 Abs. 2 S. 1 StPO, der vorschreibe, in der Berufungshauptverhandlung das Urteil des ersten Rechtszuges zu verlesen, soweit dieses von Bedeutung sei.[522] Insoweit sei die Sachlage nach Abschluss des ersten Rechtszugs nicht mit der Verlesung der Anklage in erster Instanz zu vergleichen.

Der BGH hat damit an der bestehenden Rechtsprechung, die den Laienrichtern die Fähigkeit zuschreibt, die ihnen zugeführten Informationen richtig einordnen zu können, festgehalten.[523]

7. BGH, Urt. v. 2. Dezember 1986

Anders argumentierte der BGH in seiner Entscheidung vom 2. Dezember 1986.[524] Die Revision rügte seinerzeit, der Anklagesatz habe Teile des wesentlichen Ergebnisses der Ermittlungen enthalten.[525] Der BGH gab der Revision insoweit Recht, als ungewöhnlich viele Einzelheiten des Tatgeschehens und zum Teil sogar Details der Beweiswürdigung im Anklagesatz enthalten gewesen seien und die Anklageschrift so hätte nicht zugelassen werden dürfen.[526] Allerdings habe die in diesem Fall 32 Seiten umfassende Anklageschrift keinen Einfluss auf die Überzeugungsbildung der Laienrichter haben können, da sie auf Grund ihrer Ausführlichkeit und wegen ihres Umfanges durch bloßes einmaliges Zuhören kaum zu erfassen gewesen sei.[527] Daher sei auch nicht zu entscheiden, ob die Rechtsprechung des RG, wonach ein Verfahrensfehler darin zu sehen sei, dass ein Schöffe die Anklageschrift lese oder Einblick in diese bekomme, aufrecht zu erhalten sei.[528]

---

522 § 324 Abs. 1 S. 2 StPO hat auch heute noch denselben Inhalt.

523 Vgl. *BGH*, Urt. v. 23. Februar 1960–1 StR 648/59, vgl. oben unter 3.

524 *BGH*, Urt. v. 2. Dezember 1986–1 StR 433/86; NJW 1987, S. 1209 f. = JR 1987, S. 389 ff. m. Anm. *Rieß*.

525 *BGH*, NJW 1987, S. 1209.

526 *BGH*, NJW 1987, S. 1209 f.

527 *BGH*, NJW 1987, S. 1209 f.; *Rieß* hat diese Entscheidung nicht nur bezüglich eines Akteneinsichtsrechts für Schöffen angemerkt, sondern hat zu Recht beanstandet, dass die eigentliche Aufgabe der Anklage, die Tat zu umgrenzen, in dieser Verhandlung nicht zum Tragen kam, JR 1987, S. 389.

528 Früher galt entsprechend die Frage, ob die Schöffen Einsicht in den Eröffnungsbeschluss – welcher das wesentliche Ergebnis der Ermittlungen enthielt – bekommen hatten.

Weiter wies der BGH erneut darauf hin, dass man zwischen der dauernden Überlassung der Anklageschrift und deren einmaliger Verlesung unterscheiden müsse.[529] Unter den in diesem Fall vorliegenden Umständen (32 Schreibmaschinenseiten und 30 Hauptverhandlungstage) hätte der verlesene Anklagesatz keine überzeugungsbildende Wirkung entfalten können. Hierbei ließ der 1. Senat jedoch ausdrücklich offen, ob er an der bisherigen Rechtsprechung festhalten oder den im früheren obiter dictum[530] erwogenen Änderungen folgen wolle.[531]

Mit dieser Entscheidung, wie schon in der Entscheidung vom 27. August 1968,[532] differenziert der BGH ausdrücklich zwischen einem einmaligen Verlesen und dem Aushändigen von Dokumenten, zu denen die Schöffen keinen Zugang haben sollten. Auch wenn der Hinweis, dass die Anklage derart unverständlich sei, dass *„der Anklagesatz [...] nach Umfang, Inhalt und Aufbau durch bloßes Zuhören ohnedies schwer zu erfassen oder gar [...] einzuprägen“* sei,[533] nicht unbedingt als Lob für die Staatsanwaltschaft zu verstehen ist, so zeigt er doch, dass die starren Grenzen des Verbotes einer Beeinflussung durch die Kenntnisnahme von Aktenteilen weiter aufweichen.

8. BGH, Urt. v. 17. Juni 1996

Diese Entscheidung des BGH[534] beschäftigte sich erneut mit der Problematik, ob sich Schöffen von Eindrücken, die sie in der Hauptverhandlung gewinnen, welche sich jedoch als unverwertbar herausstellen, ebenso wie Berufsrichter, wieder freimachen können (sollten). Interessant ist diese Entscheidung, da viele Gegner eines Akteneinsichtsrechts für Schöffen argumentieren, Schöffen könnten grundsätzlich wegen der Informationen in der Akte voreingenommen sein.

In dem vorliegenden Fall entschied der BGH, dass es den Schöffen durchaus möglich sei, Teile der Hauptverhandlung wieder auszublenden. Grundlage dieser Entscheidung war ein Geständnis des Angeklagten, welches auf Grund eines Dissenses bei Verständigungsgesprächen nach einem Beschluss der Strafkammer nicht mehr verwertet werden durfte. Die Revision beanstandete, dass die Schöffen nicht in der Lage wären, sich von dem Eindruck des Geständnisses

---

529 *BGH*, Urt. v. 27. August 1968–1 StR 381/68, vgl. oben unter 4.

530 *BGH*, Urt. v. 23. Februar 1960–1 StR 648/59, vgl. oben unter 3., der *BGH* sah dort keinen überzeugenden Grund, eine *„im Gesetz nicht ausdrücklich vorgesehene unterschiedliche Behandlung von Berufs- und Laienrichtern aufrecht zu erhalten“*.

531 *BGH*, NJW 1987, S. 1209 f.

532 Vgl. oben unter 4. *BGH*, NJW 1987, S. 1209 f.; JR 1987, S. 389 ff. m. Anm. *Rieß*.

533 *BGH*, JR 1987, S. 389 f.

534 *BGH*, Urt. v. 17. Juni 1996–5 StR 121/96; *BGH*, NJW 1996, S. 318 ff.

frei zu machen. Der BGH entschied jedoch, dass von Schöffen – ebenso wie von Berufsrichtern – erwartet werden könne, nach entsprechender rechtlicher Unterrichtung durch die Berufsrichter, ihre Überzeugungsbildung ausschließlich auf Basis dessen vorzunehmen, was ihnen in der Schlussberatung als verwertbares Beweismaterial unterbreitet worden sei. „*Etwaige Schwierigkeiten bei der Bewältigung dieser Aufgabe [...]*“ könnten „*von dem die Beratung leitenden Vorsitzenden durch jeweils angemessene Hinweise und Erklärungen*“ ausgeglichen werden.

Bei dieser Entscheidung des 5. Senates spielten weniger Praktikabilitätserwägungen eine Rolle, als bei der Entscheidung aus dem Jahr 1968. Der BGH spricht in diesem Urteil den Laienrichtern die Fähigkeit zu, zwischen verwertbaren und nicht verwertbaren Beweismitteln gedanklich zu unterscheiden und dies entsprechend zu würdigen. Gleichzeitig sieht der BGH die Laienrichter in der Lage, die auf sie einwirkenden Eindrücke zu kanalisieren und richtig einzuordnen.

Zwar geht es in dieser Entscheidung nicht um die Einsicht in Aktenteile, trotzdem steht das Vertrauen der höchstrichterlichen Rechtsprechung in die Abstraktionsfähigkeit der Schöffen im Vordergrund. Diese ist eine Grundvoraussetzung für ein etwaiges Akteneinsichtsrecht der Schöffen. Denn, wenn man davon ausgehen kann, dass Schöffen die ihnen zur Verfügung gestellten Unterlagen oder Informationen richtig einordnen und würdigen können, dann kann ihnen auch Einsicht in die Akten gewährt werden, weil sie dadurch nicht beeinflusst werden könnten. Der BGH hat daher mit dieser Entscheidung einen großen Schritt hin zu der weiteren Emanzipation der Schöffen gemacht.

9. BGH, Urt. v. 26. März 1997

Einen weiteren großen Schritt in Richtung eines zumindest in Ausnahmefällen und auf bestimmte Aktenteile beschränkte Möglichkeit für Laienrichter, Einsicht in die Akten zu nehmen vollführte der 3. Senat mit seiner Entscheidung vom 26. März 1997.[535] Diesem Urteil lag folgender Sachverhalt zu Grunde:

In einem der in diesem Strafverfahren stattfindenden Hauptverhandlungstermine wurden den Beteiligten umfangreiche fremdsprachige Tonbandaufnahmen einer Telefonüberwachung vorgespielt, die anschließend übersetzt wurden.[536] Die Schöffen konnten dem Wortwechsel im Einzelnen nicht folgen und baten den Vorsitzenden daher, Kopien der in den Akten enthaltenen übersetzten Aufzeichnungsprotokolle (71 Seiten) zum Nach- und Mitlesen für sie

---

535 *BGH*, Urt. v. 26. März 1997–3 StR 421/96, NStZ 1997, S. 506 f. = BGHSt 43, 36 ff.

536 *BGH*, NStZ 1997, S. 506.

anfertigen zu lassen.[537] Dieser Bitte kam der Vorsitzende nach, was letztendlich Auslöser der Revision war.[538]

Die Aufzeichnungsprotokolle enthielten neben dem übersetzten Gesprächsinhalt Zusätze wie erläuternde Anmerkungen, die Zuordnung der Gespräche zu Personen und die Hervorhebung wichtiger Passagen durch Fettdruck. Weiter waren den Protokollen sogar einige Bearbeitungszusätze der Berufsrichter wie etwa Unterstreichungen, Streichungen und Hinweise beigefügt.[539]

Der BGH sah jedoch in der Aushändigung der Tonbandprotokolle keinen Verstoß gegen den Mündlichkeitsgrundsatz oder das Unmittelbarkeitsprinzip.[540] Er stellte fest, dass die Gewährung von Akteneinsicht für Berufs- und Laienrichtern nicht gesetzlich geregelt sei und die Rechtsprechung bisher lediglich die Einsicht der Laienrichter in Ermittlungsergebnisse der Staatsanwaltschaft für unzulässig erachtet habe.[541] Denn Ermittlungsergebnisse, so schon das Reichsgericht, könnten Schöffen dahingehend beeinflussen, dass sie die staatsanwaltlichen Darstellungen mit den Eindrücken der Hauptverhandlung vermischten, während die Berufsrichter einer solchen Gefahr nicht (derart) ausgesetzt seien.[542] An dieser Stelle wies der 3. Senat auf das obiter dictum[543] des 1. Senates aus dem Jahr 1960 hin, wonach eine Ungleichbehandlung von Berufs- und Laienrichtern in Bezug auf eine Gewährung von Akteneinsicht nicht gerechtfertigt sei, da auch Laienrichtern zugetraut werden könne, zwischen Darstellungen der Staatsanwaltschaft und den Eindrücken der Hauptverhandlung zu unterscheiden.[544] Weiter ging der 3. Senat darauf ein, dass zum Teil von der Literatur sogar eine Gewährung von Akteneinsicht für die Schöffen gefordert werde. Allerdings nahm der BGH die Gelegenheit nicht wahr, sich zur Gewährung von Akteneinsicht für Schöffen zu äußern (obwohl er geneigt gewesen sei, der Ansicht der Literatur und des 1. Senats zu folgen). Er befand, dass die Frage nicht entscheidungserheblich sei.[545]

---

537 *BGH*, NStZ 1997, S. 506.
538 *BGH*, NStZ 1997, S. 506.
539 *BGH*, NStZ 1997, S. 506.
540 *BGH*, NStZ 1997, S. 506 f.
541 *BGH*, NStZ 1997, S. 506.
542 *BGH*, NStZ 1997, S. 506.
543 Vgl. D. II. 2.
544 *BGH*, NStZ 1997, S. 506.
545 *BGH*, NStZ 1997, S. 506, 507.

Die Überlassung von Tonbandprotokollen sei im Ergebnis zulässig, was ohne eine Vorlage vor den Großen Senat habe entschieden werden können, da es sich um einen wesentlich anderen Sachverhalt als 1960 gehandelt habe.[546]

An dieser Stelle hätte der 3. Senat auf den ersten Blick weiter präzisieren können, warum es sich um einen anderen Sachverhalt als 1960 gehandelt haben soll. Dadurch hätte er jedoch mehr als nur seine „Neigung" kundgetan. Denn der Unterschied zwischen Tonbandprotokollen und von der Staatsanwaltschaft verfassten Ermittlungsergebnissen ist deren fehlende Wertung.

Tonbandprotokolle sollen eine (gegebenenfalls übersetzte) wörtliche Wiedergabe von tatsächlich gesprochenen Worten darstellen, während das Ermittlungsergebnis eine von der Staatsanwaltschaft verfasste und deren Vorstellung des Tatablaufes wiedergebende wertende Darstellung eines Geschehens und daher eine mit Tatsachen vermischte Meinung des Tatgeschehens ist.

Oft sind es jedoch die Übersetzungen, auch wenn sie von vereidigten Übersetzern vorgenommen werden, keine wertungsfreie Wiedergabe des Gesprochenen. Arbeitet der Verteidiger die Übersetzungen mit dem Mandanten durch, wird er durchaus feststellen können, dass einzelne Gesprächsteile falsch oder tendenziös übersetzt werden. Aber auch, wenn man diesen Umstand außen vor lässt, spielt hier eine entscheidende Rolle, dass die für die Ermittlungsbehörden oder das Gericht relevanten Passagen gesondert gekennzeichnet, sogar fettgedruckt oder mit erläuternden Anmerkungen versehen wurden. Der Leser dieser Papiere wird also automatisch auf diese hervorgehobenen Stellen sein besonderes Augenmerk legen (im vorliegenden Fall hatten die Richter die Unterstreichungen vorgenommen). Dabei wird eher nicht davon auszugehen sein, dass die Staatsanwaltschaft mögliche Passagen gekennzeichnet hat, die die Täter hätten entlasten können.

Viele Teile der Akte, die auf den ersten Blick einen neutralen Charakter haben, enthalten bei genauerem Hinsehen durchaus Bewertungen. Gerade die Schriftstücke, bei denen Darstellungen oder Meinungen von Ermittlungsbehörden mit Tatsachen vermischt werden, beinhalten die Gefahr, als solche nicht erkannt zu werden. Man denke beispielsweise an Durchsuchungsberichte, in denen nicht nur die beschlagnahmten Gegenstände aufgezählt werden, sondern vermerkt werden kann, ob sich der Beschuldigte *„renitent"* oder *„hilfsbereit"* verhalten hat (in manchen Vordrucken in vielfältigen ähnlichen Beschreibungen ankreuzbar). Allein diese Einschätzung der Ermittlungspersonen ist auslegungsbedürftig und mit Vorsicht zu genießen, weil es sich um rein subjektive Wahrnehmungen handelt. Somit

546 *BGH*, NStZ 1997, S. 506, 507.

wird es kaum möglich sein, in den Akten befindliche Schriftstücke zu finden, die tatsächlich ohne eine Be- oder Entlastungstendenz erstellt wurden.

In Kenntnis dieser Umstände hat sich der BGH in den weiteren Ausführungen an die Entscheidung des BGH aus dem Jahr 1960 angelehnt. Eine „*unzulässige Einflussnahme des Akteninhalts auf die Urteilsfindung*" der Schöffen könne nicht derart ins Gewicht fallen, dass sie von jeder Aktenkenntnis ausgeschlossen werden müssten:

> „*Zwar können sich die Schöffen die erforderliche Tatsachengrundlage auch durch einen entsprechenden Sachvortrag eines Berufsrichters verschaffen, doch widerspricht es grundsätzlich der gebotenen Gleichstellung, sie von jeglicher unmittelbarer Kenntnisnahme aus den Akten auszuschließen. Andernfalls bestünde die Gefahr, daß die Schöffen insbesondere in komplizierten Verfahren gegenüber den Berufsrichtern benachteiligt und zu bloßen Statisten werden.*"[547]

Die Gefährdung durch die Kenntnis von Aktenteilen sei, so der 3. Senat, im Verhältnis zu den Einflüssen, denen die Laienrichter durch andere Verfahrensbeteiligte oder die Presse ausgesetzt seien, nicht größer; zumal der Richter nach Nr. 126 Abs. 2 RiStBV die Pflicht habe, die Schöffen bei der ihnen vom Gesetz zugewiesene Aufgabe zu unterstützen.[548] Insbesondere könne der Vorsitzende

> „*[…] durch entsprechende Erläuterungen dazu beitragen, daß auch diese [die Schöffen] den Unterschied zwischen den in den Akten schriftlich niedergelegten vorläufigen Ermittlungsergebnissen und den ausschließlich der Entscheidung zugrundezulegenden Ergebnissen der Hauptverhandlung erfassen.*"[549]

Gerade, weil die Schöffen

> „*[…] auch sonstigen Einflußnahmen durch wertende Stellungnahmen der Verfahrensbeteiligten in der Hauptverhandlung und in wesentlich stärkerem Maße durch tendenziöse Berichterstattung der Medien ausgesetzt [sind], von denen sie sich ebenfalls freimachen müssen, um zu einem unbeeinflußten Urteil zu gelangen*",

könne das Lesen der Tonbandprotokolle keine unzulässige Beeinflussung der Schöffen darstellen.

Im Ergebnis geht der BGH davon aus, dass der Laienrichter seine Pflicht, den von außen kommenden Einwirkungen

> „*keinen Einfluss zu gewähren und seine Überzeugungen ausschließlich aufgrund der Hauptverhandlungen zu gewinnen, kennt und beachtet.*"[550]

547 *BGH*, NStZ 1997, S. 506, 507 mit Verweis auf *Schreiber*, in: FS-Welzel, S. 941, 953.

548 *BGH*, NStZ 1997, S. 506, 507.

549 *BGH*, NStZ 1997, S. 506, 507.

550 So schon wörtlich BGHSt 22, S. 289, 294.

Wenn auch die Entscheidung unter anderem eine logische Folge der Regelung des § 249 Abs. 2 StPO ist, da Beweismittel auf diesem Weg gewöhnlich in die Hauptverhandlung eingeführt werden, so hat der BGH erneut sehr deutlich hervorgehoben, dass die Laienrichter durchaus in der Lage seien, inhaltlich zwischen den in der Hauptverhandlung gewonnenen Beweisen und den aus den Akten stammenden Informationen zu unterscheiden und – noch wichtiger – diese bei der Urteilsfällung entsprechend einzuordnen und zu gewichten.

10. BGH, Urt. v. 10. Dezember 1997

Mit diesem Urteil hat der BGH erneut im Wege eines obiter dictums zum Ausdruck gebracht, dass die Laienrichter mit den Berufsrichtern gleichzusetzen seien und dass er in die Abstraktionsfähigkeit der Schöffen vertraue.[551] Der 3. Strafsenat hatte über die Problematik zu entscheiden, ob die Verlesung eines Vorlagebeschlusses, in dem die Tat auf Grund vorläufiger Ermittlungsergebnisse bewertet wird, die Schöffen in ihrer Urteilsfindung negativ beeinflussen kann.

In dem Beschluss wurde ausgeführt, dass der hinreichende Tatverdacht nach Auffassung des vorlegenden Gerichts deshalb bestünde, weil es die Aussagen der Hauptbelastungszeugin für glaubhaft gehalten habe.[552] Die Revision rügte diese Vorgehensweise als Verstoß gegen die Grundsätze der Unmittelbarkeit und Mündlichkeit. Die Schöffen seien schon vor einer Einlassung des Angeklagten und vor dem Beginn der Beweisaufnahme mit den ausführlichen Ermittlungsergebnissen und einer richterlichen Beweiswürdigung konfrontiert worden.[553] Daher hätten die Schöffen die darauffolgende Hauptverhandlung nicht mehr unbefangen wahrgenommen.[554]

Der 3. Strafsenat hat mit dieser Entscheidung seine bisherige Rechtsprechung fortgesetzt und erneut durch ein obiter dictum die Position der Laienrichter gestärkt. Er sah – so eindeutig wie bisher nur der 1. Senat in seinem obiter dictum aus dem Jahr 1960 – keine Argumente für eine unterschiedliche Behandlung von Berufs- und Laienrichtern.[555] Der 3. Senat

551 *BGH*, Urt. v. 10. Dezember 1997–3 StR 205/97, BGHSt 43, S. 360 ff. = NJW 1998, S. 1163 ff.
552 *BGH*, NJW 1998, S. 1163.
553 *BGH*, NJW 1998, S. 1163.
554 *BGH*, NJW 1998, S. 1163.
555 *BGH*, NJW 1998, S. 1163, 1164.

„[…] neigt aus den in BGH, NJW 1997, 1792 […], näher dargelegten Bedenken – keine unterschiedliche Behandlung von Berufs- und Laienrichtern – dazu, in vergleichbaren Fällen ***einen Verstoß*** *gegen die genannten Grundsätze* ***nur*** *in* ***besonderen Ausnahmefällen*** *anzunehmen."*[556]

Daraus kann gefolgert werden, dass der BGH grundsätzlich davon ausgeht, dass kein Verstoß gegen das Mündlichkeits- und das Öffentlichkeitsprinzip vorliegt, wenn die Schöffen Einblick in die Akten erhalten. Bezogen auf die Verlesung des Vorlagebeschlusses hat der BGH weiter entschieden, dass ein Verlesen des Beschlusses:

„[…] in dem die Tat aufgrund vorläufiger Ermittlungsergebnisse bewertet wird und aufgrund dessen das erkennende Gericht die Anklage zur Hauptverhandlung vor sich zugelassen hat, […] dies den Grundsatz der Unmittelbarkeit und Mündlichkeit ***nur dann*** *[verletzt], wenn* ***wegen besonderer Umstände*** *zu befürchten ist, daß sich die Laienrichter bei der Urteilsfällung durch die Gründe des Vorlagebeschlusses beeinflussen lassen. Eine solche Gefahr bestand hier nicht. Dies ergibt sich zum einen aus dem Verfahrensgang, zum anderen aus der rechtlichen Stellung der Schöffen."*[557]

Aus dieser Passage geht deutlich hervor, dass sich Schöffen schon auf Grund ihrer rechtlichen Stellung durch eine Kenntnisnahme solcher Aktenbestandteile nicht beeinflussen lassen. Die hier gemeinte rechtliche Stellung der Schöffen ist die Gleichstellung der Schöffen mit den Berufsrichtern.

Der 3. Senat hat festgestellt, dass die Schöffen auf Grund diverser Entscheidungen in der Hauptverhandlung, an denen sie mitwirken, Kenntnis der Akten haben dürfen.[558] Diese können zwar durch einen entsprechenden Sachvortrag eines Berufsrichters ersetzt werden, doch widerspreche es

„grundsätzlich der gebotenen Gleichstellung, sie von jeglicher unmittelbarer Kenntnisnahme aus den Akten auszuschließen. Andernfalls bestünde die Gefahr, daß die Schöffen insbesondere in komplizierten Verfahren gegenüber den Berufsrichtern benachteiligt und zu bloßen Statisten werden."[559]

Wörtlich zitiert der 3. Senat aus seinem Urteil vom 26. März 1997 – 3 StR 421/96[560] – und stellt erneut fest, dass die Schöffen diese ihnen obliegende Pflicht kennen und daher die von außen kommenden Einwirkungen keinen Einfluss auf

---

556 *BGH*, NJW 1998, S. 1163, 1164.

557 *BGH*, NJW 1998, S. 1163, 1164; Hervorhebungen nicht im Original.

558 *BGH*, NJW 1998, S. 1163, 1164.

559 *BGH*, NJW 1998, S. 1163, 1164; so auch wörtlich BGHSt 43, S. 36, 40.

560 BGHSt 43, S. 36, 40 (s.o. unter 9.).

ihre Überzeugungsbildung nehmen, sondern die Schöffen in der Lage sind, ihre Überzeugung ausschließlich auf Grund der Hauptverhandlung zu gewinnen.[561]

Außerdem werde von den Schöffen erwartet, sich beim Vorliegen eines Beweisverwertungsverbotes von diesem Beweisergebnis innerlich freizumachen. Daher kommt der 3. Senat – wie schon ein Jahr zuvor – [562] zu dem tatsächlich bemerkenswerten Schluss, dass

> *„eine entsprechende Kritikfähigkeit […] den Schöffen auch gegenüber dem Akteninhalt zuzubilligen“* sei.

Mit diesem Urteil hat sich der BGH demnach deutlich für eine Gleichberechtigung von Berufs- und Laienrichtern ausgesprochen und klargestellt, dass bei Einsichtnahme der Schöffen in die Akten nur in Ausnahmefällen ein Verstoß gegen das Mündlichkeits- und das Unmittelbarkeitsprinzip gegeben ist, und zwar wenn *„besondere Umstände“* diesen Verstoß begründeten. Grundsätzlich seien Schöffen aufgrund ihrer rechtlichen Stellung in der Lage, unbeeinflusst von solchen Einflüssen zu urteilen.

Dieses Urteil ist daher nicht nur ein weiteres Mosaikteilchen hin zu einer gleichberechtigten Behandlung von Berufs- und Laienrichtern hinsichtlich der Beurteilung ihrer Fähigkeit zur richtigen Einordnung der ihnen zur Verfügung gestellten Informationen, sondern auch im Hinblick auf die kommenden Entscheidungen als wegweisend einzuordnen.

11. BGH, Beschl. v. 7. Juli 2004

In einem Beschluss aus dem Jahr 2004 hat der BGH im Anschluss an die zweite Entscheidung aus dem Jahr 1997 eine Ungleichbehandlung von Laien- und Berufsrichtern in Bezug auf das Selbstleseverfahren als reversiblen Verstoß gewertet.[563] In der Hauptverhandlung wurde seinerzeit beschlossen, Teile der Akten im Wege des Selbstleseverfahrens einzuführen. Im Hauptverhandlungsprotokoll wurde allerdings nicht vermerkt, dass auch die Schöffen Gelegenheit zum Studium der relevanten Aktenteile erhalten hatten. Der Vorsitzende hätte die Feststellung über die Kenntnisnahme als wesentliche Förmlichkeit (§ 273 Abs. 1 StPO) mit in das Protokoll aufnehmen müssen.[564] Der 5. Senat stellte in seiner Entscheidung ausdrücklich klar, dass eine Differenzierung von Berufs- und

---

561 BGHSt 22, S. 289, 294; vgl. auch D. II. 5.

562 *BGH*, NStZ 1997, S. 506, 507.

563 *BGH*, Beschl. v. 7. Juli 2004 -5 StR 412/03 = NStZ 2005, S. 160 f. = StV 2004, S. 521 = JuS 2005, S. 381.

564 *BGH*, NStZ 2005, S. 160.

Laienrichtern in Bezug auf diese Vorgehensweise unzulässig sei. Der Nachweis über die Kenntnisnahme könne in jedem Fall nur über das Protokoll geführt werden (§ 274 StPO), weswegen die Revision begründet sei.[565]

Sieben Jahre zuvor musste der BGH noch darüber befinden, ob den Schöffen überhaupt Tonbandprotokolle im Rahmen des Selbstleseverfahrens ausgehändigt werden dürfen.[566] Nun wird eine entsprechende Aktenkenntnis von Schöffen als Selbstverständlichkeit vorausgesetzt und stellt bei fehlender positiver Feststellung im Hauptverhandlungsprotokoll sogar einen reversiblen Verstoß dar. Dies zeigt die weitreichende Entwicklung, die die Rechtsprechung des BGH seit 1960 erfahren hat.

12. EGMR, Urt. v. 12. Juni 2008–26771/01 (Elezi/Deutschland)

Ganz deutlich wurde eine Gleichstellung von Laien- und Berufsrichtern von den Vertretern Deutschlands bei dem Verfahren „*Elezi vs. Deutschland*" vor dem Europäischen Gerichtshof für Menschenrechte (EGMR) gefordert.[567]

Hier trug der Beschwerdeführer vor, er sehe die Unparteilichkeit der Schöffen gefährdet, weil sie in ihrer Beweiswürdigung parteiisch seien. Gegen den Beschwerdeführer und fünf weitere Beschuldigte wurde ein Verfahren wegen gewerbs- und bandenmäßigen Menschenhandels geführt. Die Anklage beinhaltete im wesentlichen Ergebnis der Ermittlungen den Tathergang jedes Vorwurfes sowie die Beweiswürdigung der Staatsanwaltschaft. Weiter fasste das wesentliche Ergebnis der Ermittlungen die Zeugenaussagen und die zuvor abgehörten Telefongespräche zusammen.

Das Verfahren gegen eine Beschuldigte, die Schwester des Beschwerdeführers, wurde abgetrennt, da sie ein Geständnis abgelegt hatte. Dieses Geständnis beschränkte sich auf das Einräumen der in der Anklage beschriebenen Taten einschließlich der Tatausführung. Den Schöffen – welche in beiden Verfahren identisch waren – wurde der entsprechende Teil der Anklage ausgehändigt. Die Schwester des Beschuldigten wurde verurteilt und das Aushändigen eines Teils der Anklage den Beschuldigten in dem anderen Verfahren mitgeteilt, woraufhin gegen die Schöffen ein Befangenheitsantrag gestellt wurde. Im Zusammenhang mit dem Antrag, welcher abgelehnt wurde, gaben die Schöffen an, von dem Kammervorsitzenden darüber aufgeklärt worden zu sein, dass der ihnen ausgehändigte Teil der Anklageschrift den Schöffen üblicherweise nicht ausgehängt

565 *BGH*, NStZ 2005, S. 160.

566 D. III. 10.

567 *EGMR* Nr. 26771/03 – Urt. v. 12. Juni 2008–26771/01 (Elezi/Deutschland).

werde. Weiter seien sie darauf hingewiesen worden, dass die Anklage die Auffassung der Staatsanwaltschaft wiedergebe und, dass sie das Verfahren gegen den Beschwerdeführer getrennt von dem gegen seine Schwester geführten Verfahren zu beurteilen hätten, wozu sie sich in der Lage fühlten. Die Schwester wurde wegen gewerbs- und bandenmäßigen Menschenhandels verurteilt. Der Beschwerdeführer legte zuletzt Beschwerde beim EGMR ein. Dieser kam zu dem Ergebnis, dass das Recht des Beschwerdeführers auf ein faires Verfahren, Art. 6 der Europäischen Menschenrechtskonvention (EMRK), nicht verletzt sei.

In diesem Zusammenhang trugen die Vertreter Deutschlands bei dem EGMR vor, dass die Laienrichter während der Verhandlung den gleichen Status wie Berufsrichter hätten.[568] Die Schöffen dürften im Strafverfahren sogar die gesamte Verfahrensakte zur Kenntnis nehmen:

> *„They [Deutschland] argued that the status of lay judges in the criminal proceedings in general permitted them to have knowledge of the contents of the entire case file, without this raising an issue of partiality.“*[569]

Es gäbe auch keine gesetzliche Regelung, die verbiete, den Schöffen eine vollständige Kopie der Anklageschrift auszuhändigen. Im Gegenteil, das gleiche Stimmrecht verlange auch eine Gleichstellung der Rechte. Die in Nr. 126 RiStBV artikulierten Empfehlungen seien eben nicht verbindlich für die Gerichte oder Staatsanwaltschaften, sodass von ihnen abgewichen werden könne, wenn die besonderen Umstände des Falles eine solche Divergenz verlangten.[570] Deutschland trug weiter vor, wie auch der BGH in seinen vorhergehenden Entscheidungen erkannt hatte, dass die Schöffen in der Lage seien, ihr Urteil nur auf die zulässigen Beweismittel zu stützen.

Der EGMR stellte zutreffend fest, dass die StPO keine Regelungen zur Einsicht der Schöffen in Ermittlungsakten enthalte und dass allein das GVG in § 30 Abs. 1 regele, dass Schöffen in der Hauptverhandlung das Richteramt in vollem Umfang und mit gleichem Stimmrecht wie die Berufsrichter ausübten. Auch, wenn der BGH bisher die Überlassung des wesentlichen Ergebnisses der Ermittlungen an die Schöffen als unzulässig abgelehnt habe, so habe er in letzter Zeit Zweifel daran geäußert, dass er an dieser Rechtsprechung festhalten wolle.[571]

In dem vorliegenden Fall kam der EGMR zu dem Ergebnis, dass die Schöffen objektiv wegen der vorherigen Aufklärung durch den Kammervorsitzenden und

---

568 *EGMR* Nr. 26771/03 – Urt. v. 12. Juni 2008 (Elezi vs. Deutschland), Rn. 39 ff.
569 *EGMR* Nr. 26771/03 – Urt. v. 12. Juni 2008 (Elezi vs. Deutschland), Rn. 39.
570 *EGMR* Nr. 26771/03 – Urt. v. 12. Juni 2008 (Elezi vs. Deutschland), Rn. 39.
571 *EGMR* Nr. 26771/03 – Urt. v. 12. Juni 2008 (Elezi vs. Deutschland), Rn. 47.

auf Grund der langen Hauptverhandlung nicht befangen gewesen seien, sodass er zwar nicht explizit zu entscheiden hatte, ob Schöffen ebenso unbefangen sind wie Berufsrichter, wenn sie während der Hauptverhandlung Einblick in die Verfahrensakten erhalten, dieses Recht ihnen – nach Ansicht des EGMR und mangels entgegenstehender Regelungen – jedoch zustehe. Der dadurch zu Nr. 126 Abs. 3 RiStBV aufgeworfene Widerspruch wurde – wie bereits dargelegt – nicht als solcher anerkannt. Die dieser Annahme entgegenstehende Rechtsprechung des BGH wurde als in der Auflösung befindlich kaum beachtet.

Diese Argumentationsweise macht deutlich, dass der EGMR die vom BGH deutlich enger gesetzten Grenzen der Akteneinsicht von Schöffen wesentlich weiter sieht.

13. Zusammenfassung

Die Entwicklung der Rechtsprechung seit dem Zweiten Weltkrieg zeigt, dass der BGH und der EGMR die Gleichsetzung und Gleichbehandlung der Laienrichter in der Hauptverhandlung immer mehr fördern. Die zuvor nicht konsistente und sich teilweise an Einzelfällen orientierende Rechtsprechung des BGH erfuhr mit dem obiter dictum des 1. Strafsenates aus dem Jahr 1960 eine Trendwende. Den Schöffen wurde im Lauf der Jahre immer mehr zugetraut – was bei den Berufsrichtern als Selbstverständlichkeit vorausgesetzt wird –, die ihnen zugetragenen Informationen danach zu beurteilen, ob sie das Tatgeschehen selbst oder die Wahrnehmung bzw. Beurteilung des Tatgeschehens durch Dritte wiedergeben. Dabei spielt es keine Rolle, ob die vermeintliche Beeinflussung durch die Staatsanwaltschaft oder die Presse erfolgt.

Die Rechtsprechung des BGH und des EGMR hat so dazu beigetragen, dass die Schöffen von der Rechtsprechung nicht (mehr) als leicht beeinflussbare, sondern als ebenso objektive Richter wie die Berufsrichter wahrgenommen werden. Diese Entwicklung der Rechtsprechung hat die Schöffen – zumindest in der Außenwahrnehmung – emanzipiert.

Zwar wurde in diesem Zusammenhang den Schöffen immer wieder die Möglichkeit zugestanden, Einsicht in Teile der Akten nehmen zu dürfen, die Gewährung der vollständigen Einsicht in die Akte ist den Schöffen bisher jedoch in keinem Fall konkret zugesprochen worden. Zudem ist der von der Rechtsprechung behandelte Zeitraum für eine Aktenkenntnis auf die Hauptverhandlung beschränkt. Ob den Schöffen daher vor Beginn der Hauptverhandlung ein Akteneinsichtsrecht zustehen könnte, war nicht Gegenstand dieser Rechtsprechung. Die Stärkung der Position der Schöffen könnte den Weg zu einem Akteneinsichtsrecht allerdings ebnen.

IV. Stellungnahmen der Interessenvertretungen zu der Frage des Akteneinsichtsrechts für Schöffen

Im Anschluss an die wegweisenden Urteile des BGH hat das Bundesministerium der Justiz (BMJ) am 14. Oktober 2002 die Justizverwaltungen angeschrieben.[572] In diesem Schreiben stellte das BMJ die Problematik der Akteneinsicht für Schöffen dar. Es ging darauf ein, dass sich die Literaturmeinungen früher eher gegen ein Akteneinsichtsrecht für Schöffen ausgesprochen hätten. Ebenso wurde dargestellt, dass der BGH unterschiedliche Ansichten zu dieser Frage vertrete und sich die neuere Rechtsprechung eher pro der Gewährung von Akteneinsicht für Laienrichter verhalte. Ähnlich habe sich die Literatur in letzter Zeit entwickelt.[573] Weiter wurde thematisiert, dass es keine gesetzliche Regelung gebe, sondern dass sich ausschließlich Nr. 126 Abs. 3 RiStBV zu diesem Thema, und auch nur im Ansatz, verhalte. Es wurde um eine Stellungnahme zu folgender Frage gebeten:

> *„[…] ob und in welchem Umfang [sollen] den Schöffen im Strafverfahren Akten oder Teile der Akten als Vorbereitung für die Hauptverhandlung zugänglich gemacht werden? […].“*[574]

Zu dieser Frage haben die Bundesrechtsanwaltskammer,[575] der Deutsche Richterbund,[576] der Deutsche Anwaltverein,[577] der Verein Deutscher Strafverteidiger[578] sowie der Bundesverband ehrenamtlicher Richterinnen und Richter[579] Stellung genommen, was im Folgenden dargestellt wird.[580] Auf diese Stellungnahmen soll

572 Schreiben v. 14. Oktober 2002 beim Bundesministerium der Justiz als Auskunft nach dem Informationsfreiheitsgesetz mit E-Mail v. 25. Mai 2014 erhalten. Das Schreiben ist digital nicht öffentlich zugänglich.

573 In dem Schreiben werden die Argumente der Literatur, die sich *für* und *gegen* ein Akteneinsichtsrecht für Schöffen sprechen, dargestellt.

574 Schreiben des BMJ v. 14. Oktober 2002.

575 http://www.brak.de/zur-rechtspolitik/stellungnahmen-pdf/stellungnahmen-deutschland/2003/juni/stellungnahme-juni-2.pdf; abgerufen am 25. Mai 2014.

576 http://www.drb.de/cms/index.php?id=382; abgerufen am 26. Februar 2016.

577 Direkt beim DAV angefragt, da nicht mehr über die Internetseite zu finden.

578 http://www.deutsche-strafverteidiger.de/pdf/BMJ-Schoeffen.pdf; abgerufen am 25. Mai 2014.

579 Stellungnahme des Bundesverbandes ehrenamtlicher Richterinnen und Richter (ohne Datum), auf E-Mailanfrage erhalten. Das Schreiben ist digital nicht öffentlich zugänglich.

580 Die Stellungnahme der Landesjustizverwaltungen waren nicht zugänglich, sodass auf die der verschiedene Verbände eingegangen wird, die aufgrund der jeweils unterschiedlichen Interessen, in ihrer Argumentation weiterführend sind.

näher eingegangen werden, da sie länderübergreifend argumentieren und die in der Wissenschaft und Praxis existierenden Argumente umfassend wiedergeben. Bei der Beurteilung der Stellungnahmen darf allerdings nicht aus den Augen verloren werden, dass vor dem Hintergrund der Einführung der Verständigungsregelungen in das Strafverfahren die verschiedenen Einschätzungen gegebenenfalls neu zu bewerten sein dürften.

1. Bundesrechtsanwaltskammer

Die Bundesrechtsanwaltskammer (BRAK)[581] spricht sich grundsätzlich gegen ein Akteneinsichtsrecht von Schöffen aus, betont aber mehrfach, dass sie sich eine „*Stärkung der Schöffenstellung*" wünscht. Diese solle jedoch durch eine bessere Vorbereitung durch den Vorsitzenden und Schulungen der Schöffen erreicht werden.[582] Die BRAK regt vorsichtig an, dass die Vorsitzenden entsprechend ihrer sich aus Nr. 126 Abs. 2 RiStBV ableitenden Fürsorgepflicht für Schöffen „*vermehrt Zwischenberatungen*" durchführen und „*dabei objektive Grundsätze der Tatsachenfeststellung und der Beweiswürdigung*" vermitteln sollten.[583] Die Einsicht in Verfahrensakten sei hingegen kein geeignetes Mittel.

Zur besseren Vorbereitung der Hauptverhandlung schlägt die BRAK vor, gerade in Umfangsverfahren[584] den Schöffen den Anklagesatz und den Terminplan mit der Terminmitteilung zukommen zu lassen. Weiter wird befürwortet, dass moderne Medien stärker eingesetzt werden sollten, um die Erinnerungsfähigkeit der Verfahrensbeteiligten zu unterstützen.[585]

Akteneinsicht für Schöffen würde „*zu einer systemwidrigen Durchbrechung der Grundsätze der Unmittelbarkeit und Mündlichkeit des Hauptverfahrens führen.*" Den § 30 Abs. 1 GVG legt die BRAK dahingehend aus, dass den Laienrichtern dadurch nur eine „*uneingeschränkte Gleichstellung in der Beratung und Entscheidung von Fragen der Sachleitung sowie der Tat-, Rechts- und Straffrage*" zu teil

---

581 http://www.brak.de/zur-rechtspolitik/stellungnahmen-pdf/stellungnahmen-deutschland/2003/juni/stellungnahme-juni-2.pdf; abgerufen am 25. Mai 2014.

582 http://www.brak.de/zur-rechtspolitik/stellungnahmen-pdf/stellungnahmen-deutschland/2003/juni/stellungnahme-juni-2.pdf; abgerufen am 25. Mai 2014.

583 http://www.brak.de/zur-rechtspolitik/stellungnahmen-pdf/stellungnahmen-deutschland/2003/juni/stellungnahme-juni-2.pdf; abgerufen am 25. Mai 2014.

584 Damit sind Verfahren gemeint, die besonders umfangreich, komplex und daher meistens schwerer verständlich sind. Nicht selten handelt es sich dabei um Wirtschaftsstrafverfahren.

585 http://www.brak.de/zur-rechtspolitik/stellungnahmen-pdf/stellungnahmen-deutschland/2003/juni/stellungnahme-juni-2.pdf; abgerufen am 25. Mai 2014.

werde. Nur die Prozessleitung, welche dem Berufsrichter obliege, setze Aktenkenntnis voraus. Weiter stellt die BRAK (ohne Nachweise anzuführen) auf *„verfahrenspsychologische Untersuchungen"* ab, nach welchen sich eine *„selektive Kenntnis von Akteninhalten [...] negativ auf die Neutralität von Schöffen"* auswirke.[586]

Die BRAK ist der Auffassung, die Schöffen könnten den Akteninhalt kaum richtig einordnen und würden auch auf Grund des sich durch das Aktenstudium ergebenen Mehraufwandes – wie schon in den anderen Gerichtsbarkeiten – davon absehen.[587] Eine Quelle für diese Vermutung wird allerdings nicht angeführt und auch auf die Entscheidungen des BGH,[588] welche den Schöffen durchaus den Umgang mit den Akten zutrauen, wird nicht Bezug genommen.

Wenn es ein Akteneinsichtsrecht gäbe, müssten die Verfahren vor den Schöffengerichten und den Jugendschöffengerichten – eine Schlechterstellung des unverteidigten Angeklagten vermeidend – zu Fällen der notwendigen Verteidigung nach § 140 Abs. 1 Nr. 1 StPO werden. Außerdem müssten dem jeweiligen Angeklagten von Amts wegen die Akten gleichfalls zur Verfügung gestellt werden. Die dieser Forderung zugrunde liegende Prämisse ist nicht ganz nachvollziehbar. Wieso soll der Angeklagte schlechter gestellt sein, wo doch die Berufsrichter ohnehin die Akten eingesehen und sogar schon entschieden haben, dass auf Grund der Aktenlage eine Verurteilung des Angeklagten wahrscheinlich ist.

2. Deutscher Richterbund e.V.

Der Deutsche Richterbund (DRB) hat das Vorliegen des Bedürfnisses, eine etwaige Akteneinsicht von Schöffen gesetzlich zu regeln, verneint.[589] Aus der Entscheidung des BGH lasse sich kein Regelungsbedarf ableiten. Auf Grund der unterschiedlichen Interessen, die in diesem Zusammenhang vertreten würden, sei es jedoch notwendig, eine ausdrückliche Regelung zum Akteneinsichtsrecht in die StPO aufzunehmen.[590]

---

586 http://www.brak.de/zur-rechtspolitik/stellungnahmen-pdf/stellungnahmen-deutschland/2003/juni/stellungnahme-juni-2.pdf; abgerufen am 25. Mai 2014.

587 http://www.drb.de/cms/index.php?id=382; abgerufen am 26. Februar 2016.

588 *BGH*, Urt. v. 23. Februar 1960–1 StR 648/59; *BGH*, Urt. v. 26. März 1997–3 StR 421/96, BGHSt 43, S. 36 und *BGH*, Urt. v. 10. Dezember 1997–3 StR 205/97, BGHSt 43, S. 360 ff.

589 http://www.drb.de/cms/index.php?id=382; abgerufen am 26. Februar 2016.

590 http://www.drb.de/cms/index.php?id=382; abgerufen am 26. Februar 2016.

Ein Akteneinsichtsrecht der Schöffen vor Beginn der Hauptverhandlung sei abzulehnen, da die Schöffen ausschließlich aus dem Inbegriff der Hauptverhandlung urteilen sollten. Dabei verweist der DRB auf § 261 StPO.[591]

Die Schöffen seien im Übrigen durch das Akteneinsichtsrecht rechtlich und tatsächlich überfordert. Wenn es ein Akteneinsichtsrecht für Schöffen gäbe, dann müsste dieses nach Auffassung des DRB *„zwingend als Akteneinsichtspflicht für alle Akten ausgestaltet"* und kontrolliert werden können.[592] Dagegen spreche aber, dass auch die Verteidigung keine *„Akteneinsichtspflicht"* habe. Der DRB stellt nicht dar, wieso ein etwaiges Akteneinsichtsrecht für Schöffen als eine Akteneinsichtspflicht ausgestaltet werden müsste. Eine solche gesetzliche Pflicht besteht weder für den Angeklagten, noch für den Verteidiger, der mit einem Akteneinsichtsrecht ausgestattet ist.[593]

Es könne nicht darum gehen, einen einheitlichen Informationsstand sicherzustellen, da nach wie vor der Unmittelbarkeitsgrundsatz und der Öffentlichkeitsgrundsatz in der Hauptverhandlung gälten und daher die Schöffen ohnehin nur aus dem Inbegriff der Hauptverhandlung ein Urteil zu finden hätten.[594] Der DRB befürchtet, dass ein Akteneinsichtsrecht für Schöffen den Zeit- und Kostenaufwand unermesslich steigern und die Lektüre der Akten unverhältnismäßig viel Zeit in Anspruch nehmen würde. Diese Einwendung kommt allerdings nur in Umfangsverfahren tatsächlich zum Tragen. Wieso Schöffen *„aus datenschutzrechtlichen Gründen keine Aufzeichnungen oder Kopien aus den Akten fertigen"* dürfen sollen, so der DRB, ist ebenfalls nicht näher erläutert.

Besonders scheinen den DRB mögliche Nachfragen der Schöffen auf Grund der Aktenlektüre zu beschäftigen. Diese müssten aus Gründen der Transparenz dokumentiert werden, was den Arbeitsaufwand deutlich erhöhen würde.[595] Auch dieses gegen ein mögliches Akteneinsichtsrecht der Schöffen vorgebrachte Argument überzeugt nicht. Zum einen müssen Unterredungen zwischen den Berufsrichtern auch nicht dokumentiert werden. Zum anderen soll der Vorsitzende nach Nr. 126 Abs. 3 RiStBV ohnehin die mitwirkenden Schöffen *„unter Hinweis auf die einzelnen Strafsachen belehren"* und *„dazu beitragen, dass die Schöffen die ihnen vom Gesetz zugewiesene Aufgabe erfüllen können."* Der Inhalt dieser Gespräche wird ebenfalls nicht dokumentiert, sodass eine Dokumentationspflicht

591 http://www.drb.de/cms/index.php?id=382; abgerufen am 26. Februar 2016.

592 http://www.drb.de/cms/index.php?id=382; abgerufen am 26. Februar 2016.

593 Letzterer muss natürlich zur effektiven Verteidigung seines Mandanten trotzdem sämtliche Akteninhalte kennen.

594 http://www.drb.de/cms/index.php?id=382; abgerufen am 26. Februar 2016.

595 http://www.drb.de/cms/index.php?id=382; abgerufen am 26. Februar 2016.

über etwaige Verständnisfragen einen Fremdkörper im Normsystem darstellen würde. Darüber hinaus ist selbstverständlich nicht auszuschließen, dass Laienrichter – so die Befürchtung des DRB – ihre *„Nachfragen an Dritte richten, ohne diese Erkenntnisquellen dem Gericht offen zu legen.“*[596] Der DRB übersieht dabei, dass diese Gefahr schon jetzt besteht und vom Gesetzgeber hingenommen wird. Es kann nicht kontrolliert werden, ob Schöffen ihre Erlebnisse aus der Hauptverhandlung mit Dritten diskutieren und dass Inhalte aus solchen Gesprächen in die Entscheidungsfindung einfließen. Daher kann diese Befürchtung nicht gegen ein Akteneinsichtsrecht von Schöffen sprechen, insbesondere da dies auch bei Berufsrichtern nicht kontrolliert werden kann.

Dem DRB ist auch zu widersprechen, wenn er unterstellt, dass durch die Kenntnisnahme der Schöffen von den in der Akte geschilderten Lebenssachverhalten, die unter Umständen nicht alle zur Anklage gelangen, nicht mehr gewährleistet wäre, dass die Schöffen ihr Urteil aus dem Inbegriff der Hauptverhandlung fällen. Eine solche Behauptung bleibt Vermutung.[597]

Die vom DRB vorgebrachten Argumente erwecken beim Leser den Eindruck, als hätte man bei der Diskussion eines Akteneinsichtsrechts für Schöffen die vorrangige Sorge, dass die damit verbundene (Mehr-)Arbeit für die Berufsrichter nicht abschätzbar und daher abzulehnen sei.

3. Deutscher Anwaltverein e.V.

Der Deutsche Anwaltverein (DAV) beantwortete die Frage durch den Strafrechtsausschuss des DAV. Er argumentiert nachvollziehbarerweise aus einer anderen Perspektive als der DRB. Das Ministerium irre schon, wenn es mit der Fragestellung unterstelle, dass keine gesetzliche Regelung existiere.[598] Die Frage werde durch § 30 GVG beantwortet und auch Nr. 126 RiStBV regele, dass den Schöffen nur in Umfangsverfahren der Anklagesatz zu Verfügung gestellt werden dürfe.[599]

Weiter stellt der DAV wichtige praktische Fragen, die nach Ansicht der Autoren der Stellungnahme gegen eine Akteneinsicht von Schöffen sprechen würden.

---

596 http://www.drb.de/cms/index.php?id=382; abgerufen am 26. Februar 2016.

597 Der *BGH* widerspricht dieser Vermutung zumindest indirekt, da schon mehrfach festgestellt wurde, dass Schöffen durchaus in der Lage seien, sich von den Strafakten nicht derart beeinflussen zu lassen, dass sie ihre Objektivität verlieren würden, vgl. bspw. BGHSt 43, S. 36 ff. und BGHSt 43, S. 360 ff.; auch wenn empirisch Beweise hierfür nicht vorhanden sind.

598 S. 3 der Stellungnahme des DAV Nr. 2/2003.

599 S. 3 der Stellungnahme des DAV Nr. 2/2003.

Oftmals würden Schöffen erst kurz vor der jeweiligen Verhandlung geladen, sodass offen sei, ob die Ladungsfrist nicht für eine „*sachgerechte*" Einarbeitung verlängert werden müsse.[600] Nicht geklärt sei, wo die „*Schöffen die Akten ,durcharbeiten*' " könnten und ob sie dafür Kopien erhalten sollten. Klarzustellen sei außerdem, ob das „*Amtsgeheimnis*" bei einer Zurverfügungstellung der Akten an die Schöffen noch gewahrt würde. Ferner stelle sich die Frage, ob die Schöffen für die Zeit der Einarbeitung von ihrem Arbeitgeber freigestellt werden sollten und wer ihnen bei Fehlinterpretationen und Missverständnissen helfen könne (beispielsweise, um Unterschiede zw. Beschuldigten- und Zeugenvernehmungen zu erläutern).[601]

All diese vom DAV gestellten Fragen sind richtig und wichtig. Man kann sich nicht für ein Akteneinsichtsrecht von Schöffen aussprechen, ohne die praktischen Konsequenzen dessen zu begutachten und für auftretende Probleme Lösungen anzubieten. Allerdings ist es etwas zu kurz gegriffen, sich gegen ein Akteneinsichtsrecht auszusprechen, ohne zu versuchen, Lösungswege für die sich aufdrängenden Fragen aufzuzeigen.

Der DAV vertritt die Auffassung, dass neben den sich stellenden praktischen Fragen auch zu beantworten sei, welche Aufgaben die Schöffen denn noch wahrnehmen sollten, wenn sie nun auch Aktenkenntnisse hätten. Diese

> *„völlige Gleichstellung der Schöffen mit den Berufsrichtern würde letztlich zur Konsequenz haben, dass Schöffen entbehrlich werden, denn wo bliebe dann noch das Element der* ***laienhaften Unbefangenheit der Schöffen****? Womit soll – bei völliger Gleichstellung der Schöffen mit Berufsrichtern – gerechtfertigt bleiben, dass bestimmte Entscheidungen (beispielsweise zur Haftfrage) auch während laufender Hauptverhandlung ausschließlich von den Berufsrichtern getroffen werden?*"[602]

Diese – zunächst ebenfalls berechtigte – Frage übersieht allerdings, dass den Schöffen die juristische Ausbildung fehlt, die (selbstverständlich) auch mit Fortbildungen der Schöffen, Lektüre der Akten und Erfahrung in Prozessen nicht im Ansatz ersetzt werden kann. Außerdem werden Schöffen, auch wenn sie oft zu Verhandlungen herangezogen werden, nie die Erfahrung eines Berufsrichters erlangen können, der sich täglich mit einer Prozessmaterie auseinandersetzt. Durch die Aktenkenntnis werden die Schöffen daher nicht mit den Berufsrichtern völlig gleichgestellt und könnten auch ihre laienhafte Unbefangenheit nicht gänzlich verlieren.

---

600 S. 5 der Stellungnahme des DAV Nr. 2/2003.

601 S. 5 der Stellungnahme des DAV Nr. 2/2003.

602 S. 6 f. der Stellungnahme des DAV Nr. 2/2003; Hervorhebungen im Original.

Die vor dem Hintergrund der praktischen Umsetzung gestellten Fragen müssen beantwortet bzw. in die Überlegungen für ein Akteneinsichtsrecht von Schöffen mit einbezogen werden. Eine „*völlige Gleichstellung*" ist durch die Gewährung von Akteneinsicht zumindest nicht zu erwarten, sodass die Schöffen durch die Möglichkeit der Kenntnisnahme der Akten auch nicht unmittelbar überflüssig werden würden.

4. Deutsche Strafverteidiger e.V.

Auch der Deutscher Strafverteidiger e.V. (StV) spricht sich gegen ein Akteneinsichtsrecht von Schöffen aus.[603] Der StV verwendet die von den anderen Interessenvertretungen bereits genannten Argumente und geht sogar noch einen Schritt weiter. Es erscheine

> *„[...] sogar notwendig und wäre überlegenswert, zur Optimierung der gerechten Urteilsfindung eine Reformierung des Akteneinsichtsrechts von Richtern dahingehend anzusehen, die sich darauf richtet, daß sowohl Berufsrichter[n] als auch Laienrichter[n] die Akteneinsicht[srecht] vor Durchführung der Hauptverhandlung versagt bleibt.*"[604]

Hierin spiegelt sich ein häufig geforderter Umstand, den *Kemmer*[605] in seiner Dissertation ausführlich dargestellt hat. Eine Auseinandersetzung mit dieser Frage soll hier daher nicht erfolgen.

5. Bundesverband ehrenamtlicher Richterinnen und Richter e.V.

Der Bundesverband ehrenamtlicher Richterinnen und Richter e.V., Deutsche Vereinigung der Schöffinnen und Schöffen (DVS), spricht sich nachdrücklich für ein Akteneinsichtsrecht von Schöffen aus.[606] Zunächst setzt sich der DVS mit der Rechtsprechung auseinander und kommt zu dem Schluss, dass gerade die letzten Entscheidungen des BGH für ein Akteneinsichtsrecht von Schöffen sprächen.[607] Auch die gesetzlichen Regelungen, wie etwa § 253 Abs. 2 (Protokollverlesung zur Gedächtnisunterstützung), § 254 Abs. 2 StPO (Verlesung von Geständnissen und bei Widersprüchen) und § 324 StPO setzten für die zu treffenden Entscheidungen

---

603 http://www.deutsche-strafverteidiger.de/pdf/BMJ-Schoeffen.pdf; abgerufen am 25. Mai 2014.

604 http://www.deutsche-strafverteidiger.de/pdf/BMJ-Schoeffen.pdf; abgerufen am 25. Mai 2014.

605 *Kemmer*, Befangenheit von Schöffen, S. 81 ff. m.w.N.

606 Nicht über die Internetseite zu erhalten; auf schriftliche Anfrage erhalten.

607 S. 1 f. der Stellungnahme des DVS.

Aktenkenntnisse notwendigerweise voraus. Außerdem gebe es keine *„ausdrückliche gesetzliche Regelung, die den Schöffen die Akteneinsicht“* verwehre.[608]

Weiter wird ausgeführt, dass in den anderen Gerichtsbarkeiten den ehrenamtlichen Richtern die Akten zur Verfügung gestellt werden würden und hier kein Verstoß gegen die ebenfalls geltenden Grundsätze der Mündlichkeit und Unmittelbarkeit angenommen werden würde.[609]

Den Schöffen müssten die Akten im selben Umfang zugänglich gemacht werden, wie sie den Berufsrichtern zur Verfügung stehen. Sie seien Richter im Sinne von § 11 Abs. 1 Nr. 3 StGB und unterlägen den gleichen (Verschwiegenheits-) Verpflichtungen wie Berufsrichter.[610]

Wie jedoch schon die Interessenvertretungen zuvor festgestellt haben, beschränkt sich die Gleichstellung auch nach Ansicht des DVS auf die Dauer der Hauptverhandlung. Der DVS spricht sich deutlich gegen eine verpflichtende Vorbereitung des Akteninhalts durch die Schöffen vor Beginn der Hauptverhandlung aus.[611] Eine – bereits jetzt schon gesetzlich geregelte – Ausnahme sei das Selbstleseverfahren, welches schon vor Beginn der Hauptverhandlung angeordnet werden könne. Erweiternd soll Einsicht in Teile der Akten notwendig sein, um gesetzliche Ausschlussgründe oder eine etwaig gegebene Befangenheit festzustellen.[612]

Die eigentliche Forderung, die die Stellungnahme des DVS von denen der übrigen Interessenvertretungen unterscheidet, ist die, dass den Schöffen

> *„während der Hauptverhandlung [...] die Akten in demselben Umfang zur Verfügung [stehen] wie den Berufsrichtern.“*[613]

Darüber hinaus solle den Schöffen nicht nur der Anklagesatz, sondern die Anklageschrift überlassen werden.[614] Dafür würde neben den bereits dargestellten Gründen (Nr. 126 Abs. 1 RiStBV) insbesondere auch die Prozessökonomie sprechen. Gerade in Verfahren mit mehreren Angeklagten beinhalte das wesentliche

---

608 S. 3 der Stellungnahme des DVS.

609 S. 3 f. der Stellungnahme des DVS.

610 S. 4 der Stellungnahme des DVS.

611 S. 4 der Stellungnahme des DVS.

612 S. 5 der Stellungnahme des DVS; hier ist nicht ganz klar, wieso die Einsicht bei dieser Argumentation auf Teile von Akten beschränkt werden soll oder kann. Wenn ein gesetzlicher Ausschlussgrund oder eine etwaige Befangenheit ausgeschlossen werden soll, so sollte man – würde man dieser Argumentation folgen – Einsicht in die gesamte Akte nehmen müssen, um nichts zu übersehen.

613 S. 5 der Stellungnahme des DVS.

614 S. 5 der Stellungnahme des DVS.

Ergebnis der Ermittlungen für die Schöffen wichtige Informationen, die im Anklagesatz zu kurz dargestellt würden. Der BGH habe bereits mehrfach entschieden, dass die Schöffen hierdurch nicht voreingenommen sein würden. Die Einsicht beziehe sich außerdem auf bereits in die Hauptverhandlung eingeführte und genauso noch nicht eingeführte Schriftstücke, auf die der Vorsitzende die Schöffen gegebenenfalls aufmerksam zu machen habe.

Das Argument der Gegner eines Akteneinsichtsrechts, die Schöffen würden als Garant der Unmittelbarkeit und Mündlichkeit im Strafverfahren mit einer Akteneinsicht dieser Aufgabe nicht mehr nachkommen können, sei nicht tragfähig.[615] Denn wenn die Schöffen tatsächlich

> *„auf solche Umstände stoßen, die ihnen aus der Beweisaufnahme nicht bekannt sind, so werden sie es eher darauf zurückführen, dass ihnen in der Verhandlung etwas entgangen ist. […] Die Schöffen, die diesen Akteninhalt nicht kennen, mit der Kontrolle zu betrauen, würde sie eindeutig überfordern. Im Übrigen trifft dieses Argument nicht diejenigen Entscheidungen, die mit dem Urteil nicht im Zusammenhang stehen und im Wege des Freibeweises zu treffen sind.“*[616]

Ebenso wie den Gegnern eines Akteneinsichtsrechts ist dem DVS zwar entgegenzuhalten, dass nicht nachgewiesen ist, ob die Schöffen tatsächlich so verfahren. Es handelt sich um eine bloße Vermutung ohne empirischen Nachweis. Zumindest ist es nicht unwahrscheinlich, dass Schöffen auf Grund ihrer Eigenschaft als Laien im Strafprozess zunächst an sich und nicht an der Verhandlungsführung des Vorsitzenden zweifeln. Allerdings könnten die Schöffen mit Aktenkenntnis den Vorsitzenden unter Bezugnahme auf die Akten fragen, wieso ein bestimmter Sachverhalt nicht erörtert wurde. Mit einem Nachweis könnte es ihnen leichter fallen, die Hürde – den Vorsitzenden in der Hauptverhandlung oder spätestens in der Beratung auf Unstimmigkeiten hinweisen – zu nehmen.

Das Recht auf Akteneinsicht mündet nach Ansicht des DVS nicht in eine Pflicht zur Akteneinsicht (und müsse auch nicht protokolliert werden).[617] Das sei bei den Berufsrichtern ebenso nicht der Fall – den Berichterstatter bei der Strafkammer, eine nur mit zwei Berufsrichtern besetzte Strafkammer und die Berufsrichter im erweiterten Schöffengericht ausgenommen.[618] Gegen dieses Argument ist allerdings einzuwenden, dass eine Akteneinsichtspflicht auch einen

---

615 S. 7 der Stellungnahme des DVS.

616 S. 8 der Stellungnahme des DVS.

617 S. 9 der Stellungnahme des DVS.

618 S. 9 der Stellungnahme des DVS.

Großteil der Berufsrichter betrifft, zumal der Einzelrichter am Amtsgericht, auch wenn hier keine Schöffen mitwirken, die Akten ebenfalls kennen muss, da er ansonsten die Verhandlung nicht führen kann. Argumentativ lässt sich jedoch mit dem gleichen Ergebnis festhalten, dass, obwohl einige Berufsrichter zur Aktenkenntnis verpflichtet sind, diese im Strafprozess nicht positiv festgestellt werden muss.

Die Rechtslage ist nach Ansicht des DVS eindeutig,[619] sodass kein zusätzlicher Regelungsbedarf bestehe. Im Hinblick auf die in der Praxis herrschende Unsicherheit könne jedoch eine Klarstellung erfolgen. Wie diese Klarstellung ausgestaltet sein soll, wird jedoch nicht ausgeführt.

6. Zusammenfassung

Die Vertreter der Anwaltschaft und der Richter haben sich – erwartungsgemäß – gegen ein Akteneinsichtsrecht für Schöffen und der Bundesverband der ehrenamtlichen Richterinnen und Richter für ein solches ausgesprochen. Allerdings sind sich alle Interessenvertretungen dahingehend einig, dass den Schöffen vor der Hauptverhandlung keine Möglichkeit eingeräumt werde sollte, Einsicht in die Akten zu nehmen, was an § 30 Abs. 1 GVG festgemacht wird. Einigkeit besteht auch grundsätzlich darüber, die Stellung der Schöffen zu stärken.

Der Vorschlag, die Schöffen durch den Vorsitzenden besser vorzubereiten (BRAK) scheint sinnvoll und gut. Allerdings müsste überlegt werden, wie diese Vorbereitung ausgestaltet sein soll. Auch könnten die mehrfach vorgeschlagenen Schulungen die Position der Schöffen in der Hauptverhandlung stärken.

Die Argumente gegen ein Akteneinsichtsrecht entsprechen denen, die auch in der Literatur vorgebracht werden, welche im Anschluss ausführlich diskutiert werden sollen.[620]

Die vom DAV gestellten Fragen zur praktischen Umsetzbarkeit sollen erst beantwortet werden, wenn nach der Würdigung der Pro- und Contraargumente festgestellt werden kann, dass ein Akteneinsichtsrecht für Schöffen nach der jetzigen Gesetzeslage zu befürworten ist.[621]

---

619 S. 9 der Stellungnahme des DVS.

620 Dazu unter D. VI.

621 Dazu unter F.

V. Stellungnahme der Bundesregierung

Im Mai 2004 stellten mehrere Abgeordnete[622] eine „Kleine Anfrage“ mit 17 Fragen an die Bundesregierung betreffend die Rolle der Schöffen in der Strafjustiz, da zu diesem Zeitpunkt die Auswahlen für das Ehrenamt in den Kommunen für die nächsten vier Jahre stattfanden. Die Antworten der Bundesregierung bezogen sich auch auf die Frage 11 der „Kleinen Anfrage“, in welcher gefragt wurde, welche Haltung die Bundesregierung hinsichtlich der Forderungen einnehme, dass den Schöffen Einsicht in die Verfahrensakten oder eine vergleichbare Vorausinformation und deren rechtliche Würdigung vor oder während einer Hauptverhandlung gegeben werden sollte.[623]

Die Bundesregierung stellte daraufhin zunächst fest, dass nur der in der Hauptverhandlung erörterte Prozessstoff dem Urteil zugrunde gelegt werden dürfe. Daraus sollten sich die Schöffen ein Urteil bilden, sodass ein generelles Akteneinsichtsrecht nicht erforderlich sei.[624] Sodann nahm die Bundesregierung Bezug auf die Entscheidung des BGH aus dem Jahr 1997[625] zum Lesen von Tonbandprotokollen durch die Schöffen.

Die von der Bundesregierung vertretene Ansicht schloss jedoch nicht aus, dass den Schöffen im Einzelfall zum besseren Verständnis einzelne Aktenteile zur Verfügung gestellt werden könnten. Allerdings seien „*weitergehende Maßnahmen zur Vorbereitung der Schöffen auf die konkreten Verhandlungen*“ nicht erforderlich.[626]

Diese Stellungnahme berührt das eigentliche Thema nur oberflächlich und führt daher bei der Diskussion um ein Akteneinsichtsrecht für Schöffen nicht weiter.

VI. Argumente Pro und Contra Akteneinsichtsrecht

Schreiber[627] hat schon 1974 das Problem treffend beschrieben:

> „*Eine akzeptable Lösung hat die Rechtsprechung damit [die Berufsrichter erhalten im Gegensatz zu den Laienrichtern Akteneinsicht] aber nicht gefunden. Sie hat einerseits in Widerspruch zur eindeutigen gesetzlichen Regelung die Schöffen als Richter geringerer Art*

---

622 *Jörg van Essen*, *Daniel Bahr*, *Rainer Brüderle* und weitere Abgeordnete der Fraktion der FDP.

623 BT-Drs. 15/3111, S. 2.

624 BT-Drs. 15/1391, S. 4.

625 *BGH*, NJW 1997, S. 1792 = *BGH*, NStZ 1997, S. 506 ff.

626 BT-Drs. 15/1391, S. 4.

627 *Schreiber*, in: FS-Welzel, S. 941, 949.

und minderer Qualifikation behandelt, andererseits hat sie nicht genügend klar Bedeutung und Grenzen der Prinzipien von Mündlichkeit und Unmittelbarkeit im gegenwärtigen Verfahrenssystem herausgearbeitet.“

Vor diesem Hintergrund ist wahrscheinlich das Verhalten eines Berufsrichters zu erklären, der nach der Schilderung von *Schreiber* versucht habe, mit seinem Oberkörper den Laienrichtern die Sicht auf die Akten zu nehmen oder diese in den Hauptverhandlungspausen gar eingeschlossen haben soll.[628]

Anhand der einschlägigen Normen und Hauptkritikpunkte im Hinblick auf ein Akteneinsichtsrecht von Schöffen sollen die jeweils daraus abzuleitenden Pro- und Contraargumente untersucht werden. Mit dieser Untersuchung soll festgestellt werden, ob es unüberwindbare Argumente gegen ein Akteneinsichtsrecht von Schöffen gibt oder ob aus den Vorschriften, Prinzipien und Streitpunkten sogar die besseren Argumente für ein Akteneinsichtsrecht sprechen.

1. Gleichstellung, § 30 Abs. 1 GVG

Wie bereits festgestellt,[629] ist § 30 Abs. 1 GVG im Hinblick auf das Akteneinsichtsrecht ambivalent auslegbar.

a) Contra Akteneinsichtsrecht

Würden die Schöffen bei der Entscheidung über die Eröffnung des Hauptverfahrens mitwirken, spräche dies für eine Gleichstellung mit den Berufsrichtern über die Hauptverhandlung hinaus. Weiter würde eine Mitwirkung bei der Entscheidung im Zwischenverfahren eine Aktenkenntnis der Schöffen voraussetzen, da sie ansonsten nicht über die Eröffnungsfähigkeit des Verfahrens entscheiden könnten. Die Schöffen wirken jedoch in der Praxis nicht bei der Entscheidung über die Eröffnung des Hauptverfahrens mit, auch wenn der Wortlaut des § 199 Abs. 1 StPO dies zunächst nicht vermuten lässt:

> *„Das für die Hauptverhandlung zuständige Gericht entscheidet darüber, ob das Hauptverfahren zu eröffnen oder das Verfahren vorläufig einzustellen ist.“*

Das für die Hauptverhandlung zuständige Gericht kann durchaus mit Schöffen besetzt sein, sodass eine Mitwirkung der Schöffen auch auf Grund der sonstigen Regelungen in der StPO nicht ausgeschlossen scheint. Allerdings wird die Lesart eine andere, wenn man § 76 Abs. 1 S. 2, Abs. 6 S. 2 GVG in die Auslegung miteinbezieht. Nach §§ 76 Abs. 1 und 30 Abs. 2 GVG wirken Schöffen bei Entscheidungen

628 *Schreiber*, in: FS-Welzel, S. 941.
629 Vgl. D. II. 4.

außerhalb der Hauptverhandlung nicht mit. Die Hauptverhandlung beginnt erst mit dem Aufruf der Sache, § 243 Abs. 1 StPO.[630] Dies schließt die Mitwirkung der Schöffen in dem vor der Hauptverhandlung stattfindenden Zwischenverfahren aus. Daraus lässt sich ableiten, dass die Schöffen nach dem Willen des Gesetzgebers *erst ab dem Aufruf der Sache* als Mitglieder des zuständigen Gerichts bei der Entscheidungsfindung mitwirken sollen und nicht schon in einem früheren Stadium des Verfahrens.

Ginge man davon aus, dass die Akteneinsicht vor Beginn der Hauptverhandlung stattfinden müsse, dann spräche § 30 Abs. 1 GVG gegen ein Akteneinsichtsrecht der Schöffen.[631] Bereits der Wortlaut des § 30 GVG ließe diesen Schluss ebenfalls zu, da dort ausdrücklich geregelt wird, dass die Schöffen „*während der Hauptverhandlung*" den Berufsrichtern gleichgestellt sind. § 30 Abs. 2 GVG ist zu entnehmen, dass die Schöffen außerhalb der Hauptverhandlung nicht an den zu treffenden Entscheidungen beteiligt werden sollen und auch insoweit – also vor Beginn der Hauptverhandlung – so *Nowak*, „*keine Möglichkeit der Aktenkenntnis haben sollen.*"[632]

Auch *Börner* vertritt die Auffassung, dass § 30 Abs. 1 GVG unmissverständlich klarstelle, dass die Schöffen nur während der Hauptverhandlung an dem Strafverfahren beteiligt seien.[633] Das Aktenstudium diene der Vorbereitung der Hauptverhandlung, sodass die Schöffen – wenn überhaupt – schon vor Beginn der Hauptverhandlung in das Verfahren mit einbezogen werden müssten. Das entspreche aber gerade nicht der Regelung des § 30 Abs. 1 GVG.

Krüger führt in diesem Zusammenhang aus, dass das Gesetz den Vorsitzenden nicht mit den Laienrichtern gleichstelle.[634] Beispielsweise nehme der Vorsitzende während der Hauptverhandlung besondere Aufgaben wahr (§§ 240, 249 StPO), die von Laienrichtern nicht ausgefüllt werden könnten. Daraus ließe sich ableiten, dass die Formulierung in § 30 Abs. 1 GVG „*in gleichem Umfang*" vom Gesetzgeber nicht wörtlich zu verstehen sei.[635] Insofern könne ein Akteneinsichtsrecht für Schöffen auch während der Hauptverhandlung nicht unmittelbar

---

630 Löwe/Rosenberg-*Siolek*, 25. Aufl., § 30 GVG, Rn. 14 ff. und ihm nachfolgend Löwe/Rosenberg-*Gittermann*, 26. Aufl., § 30 GVG, Rn. 14 ff. zur historischen Auslegung des Begriffs der Hauptverhandlung.

631 Vgl. dazu mehr unter F.

632 Nach Beginn der Hauptverhandlung stellt sich die Situation nach *Nowak* anders dar, vgl. JR 2006, S. 459, 460.

633 *Börner*, ZStW 2010, Band 122, S. 157, 186.

634 *Krüger*, Unmittelbarkeit und materielles Recht, S. 190.

635 *Krüger*, Unmittelbarkeit und materielles Recht, S. 190 f.

aus § 30 Abs. 1 GVG abgeleitet werden. Dagegen ist jedoch einzuwenden, dass Richter am Amtsgericht durchaus nicht immer als Vorsitzende fungieren, vgl. § 29 Abs. 2 GVG.

Festzuhalten bleibt, dass § 30 Abs. 1 GVG den Schluss zulässt, dass die Schöffen erst mit dem Aufruf der Sache den Berufsrichtern gleichzustellen sind. § 30 Abs. 1 GVG kann allerdings nicht entnommen werden, dass die Kenntnisnahme des Akteninhalts den Schöffen untersagt ist.[636]

b) Pro Akteneinsichtsrecht

§ 30 GVG ist insbesondere aber auch für ein Akteneinsichtsrecht der Schöffen auslegbar.

Den Berufsrichtern stehen notwendigerweise während der Hauptverhandlung die Akten zur Verfügung. Daraus kann man den Schluss ziehen, dass auch den Schöffen auf Grund des Gleichbehandlungsgrundsatzes aus § 30 Abs. 1 GVG zumindest während der Hauptverhandlung Einsicht in die Akten gewährt werden müsste.[637] Ansonsten würden die Schöffen das Richteramt nicht „*in vollem Umfang*" ausüben.[638]

Bereits 1932 hat *Schäfer* ausgeführt, für den Fall, dass den Beisitzern Zugang zur Anklageschrift ermöglicht werde, müsse dies auch den Laienrichtern zustehen:

> „*[...] daß es im Hinblick auf die [...] Gleichbehandlung der Laienrichter mit den Berufsrichtern [...] keinen rechtlichen Bedenken unterliegt, auch den Laienrichtern* ***vor Beginn der Hauptverhandlung*** *Einblick in die Gerichtsakten zu gewähren oder – was auf dasselbe herauskommt, – bei Verhandlungsbeginn Aktenteile, als auch die Anklageschrift, in Abschrift auszuhändigen. [...] Keine Vorschrift in der StPO rechtfertigt es, hier einen Unterschied zu machen.*"[639]

Das Argument, die §§ 30, 82 RGVG gingen davon aus, dass die Schöffen und Geschworenen nur „*während*" der Hauptverhandlung den Berufsrichtern gleichgestellt sind, lässt er nicht gelten.[640] Es gehe vielmehr darum, ob die Laienrichter

---

636 *Nowak*, JR 2006, S. 459, 460.

637 So bspw. *Nowak*, JR 2006, S. 459, 460; *Atzler* für die Verwaltungsgerichtsbarkeit, DRiZ 1991, S. 205 f.; KK-*Barthe*, § 30 GVG, Rn. 2; *Kissel/Mayer*, § 30 GVG, Rn. 2 ff.; Löwe/Rosenberg-*Sander*, § 261 StPO, Rn. 31a.

638 *Nowak*, JR 2006, S. 459, 460.

639 *Schäfer*, JR 1932, S. 196, 200; Hervorhebungen nicht im Original.

640 *Schäfer*, JR 1932, S. 196, 200.

durch die Aktenkenntnis überhaupt voreingenommen sein könnten.[641] Diese Frage verneint er im Hinblick auf das in dem RGVG manifestierte Gleichbehandlungsgebot von Berufs- und Laienrichtern; gerade vor dem Hintergrund, dass die Schöffen durch die Presse ohnehin Inhalte aus den Akten erführen.[642] Die Gefahr, dass sich Laien durch eine unsachgemäße Presseberichterstattung beeinflussen lassen würden, sei um ein Vielfaches höher als die Gefahr der Beeinflussung durch die Anklageschrift.[643]

Auch *Nowak* vertritt die Auffassung, dass der Gesetzgeber mit § 30 GVG habe bewirken wollen, dass die Schöffen mit den Berufsrichtern „*auf Augenhöhe*" und mit gleichem Kenntnisstand urteilen. Dies sei nur bei „*vollständiger Aktenkenntnis*" der Schöffen gegeben.[644] Allerdings konstatiert *Nowak*, der Gesetzgeber lasse durchaus offen, auf welchem Wege den Schöffen diese Gleichberechtigung zuteilwerden solle, weil an keiner Stelle konkret formuliert werde, ob und auf welche Art und Weise die Schöffen von den Akten Kenntnis nehmen sollen. Jedenfalls stehe der Wortlaut des § 30 Abs. 2 GVG (die außerhalb der Hauptverhandlung erforderlichen Entscheidungen werden von dem Richter beim Amtsgericht erlassen) einem Recht der Schöffen auf Akteneinsicht nicht entgegen und lasse sich ohne Probleme damit „*in Einklang*" bringen.[645]

Ellbogen geht noch einen Schritt weiter und entnimmt dem Wortlaut des § 30 GVG, dass den Schöffen ein Akteneinsichtsrecht zustehen müsse.[646] Er führt zu Recht aus, § 30 GVG regele ausdrücklich, dass insoweit das Gesetz keine Ausnahmen bestimme, außer dass die Schöffen während der Hauptverhandlung das Richteramt in vollem Umfang und mit gleichem Stimmrecht wie die Berufsrichter ausüben würden. Gesetzliche Ausnahmen bestünden hinsichtlich eines etwaigen Akteneinsichtsrechts der Schöffen eben nicht.[647]

Auch *Meyer-Goßner* schließt sich dem an.[648] Die Laienrichter sollen den Berufsrichtern auch im Hinblick auf das Akteneinsichtsrecht gleichgestellt sein,

---

641 *Schäfer*, JR 1932, S. 196, 201.
642 *Schäfer*, JR 1932, S. 196, 201.
643 *Schäfer*, JR 1932, S. 196 ff., 201; so auch – wenn auch etwas abgeschwächt – Löwe/Rosenberg-*Sander*, § 261 StPO, Rn. 31a.
644 *Nowak*, JR 2006, S. 459, 460.
645 *Nowak*, JR 2006, S. 549, 460.
646 *Ellbogen*, DRiZ 2010, S. 136, 138.
647 *Ellbogen*, DRiZ 2010, S. 136, 138.
648 Meyer-Goßner/*Schmitt*, § 30 GVG, Rn. 2.

da sie mit den Berufsrichtern „*die Verantwortung für die richtige Entscheidung teilen.*“[649]

2. Richtlinie Nr. 126 RiStBV

a) Richtlinie Nr. 126 Abs. 2 RiStBV

Die Richtlinie Nr. 126 Abs. 2 RiStBV verhält sich zwar nicht ausdrücklich zum Akteneinsichtsrecht von Schöffen, stellt jedoch klar, dass die Berufsrichter gehalten sind, sich darum zu kümmern, dass die Schöffen der Hauptverhandlung folgen können. Die Schöffen müssen sich jedoch darauf verlassen, dass die Angaben des Berufsrichters korrekt und vollständig sind. Sie haben, so auch *Räffle*, ohne ein eigenes Akteneinsichtsrecht nicht die Möglichkeit, die Angaben der Berufsrichter zu kontrollieren.[650] Hinweise darauf, dass den Schöffen die Akten nicht zugänglich gemacht werden dürfen, können daraus jedoch nicht gezogen werden.

b) Richtlinie Nr. 126 Abs. 3 RiStBV

Wie bereits dargestellt[651] regelt Nr. 126 Abs. 3 RiStBV, dass den Schöffen in Verfahren mit einem umfangreichen oder schwierigen Sachverhalt für die Dauer der Hauptverhandlung eine Abschrift des Anklagesatzes nach dessen Verlesung überlassen werden darf.

Auf der einen Seite könnte man aus dieser Norm den Rückschluss ziehen, dass den Schöffen aus der Akte überhaupt nur der Anklagesatz zur Verfügung gestellt werden darf, da auf die übrigen Aktenteile kein Bezug genommen wird.

Auf der anderen Seite ist auch eine dahingehende Auslegung möglich, dass sich die Richtlinie explizit nur auf die Anklage bezieht und daher nur den Umgang mit der Anklage in Bezug auf eine etwaige Aushändigung dieser an die Schöffen regelt. Man könnte deshalb ebenso folgern, dass durch Nr. 126 Abs. 3 RiStBV ausdrücklich nicht festgelegt werden soll, ob die Schöffen auch Einsicht in die übrigen Aktenteile erhalten sollen.[652]

Außerdem kann diese Richtlinie auf Grund ihrer Ausgestaltung als Richtlinie ohnehin nur eine Handlungsempfehlung darstellen und entfaltet keine Bindungswirkung. Der Einführung zu dieser Richtlinie ist zu entnehmen:

---

649 Meyer-Goßner/*Schmitt*, § 30 GVG, Rn. 2.

650 *Räffle*, RohR 2006, S. 83, 87.

651 D. II. 3.

652 Ebenso *Nowak*, JR 2006, S. 459, 461.

„Die Richtlinien sind vornehmlich für den Staatsanwalt bestimmt. Einige Hinweise wenden sich aber auch an den Richter. Soweit diese Hinweise nicht die Art der Ausführung eines Amtsgeschäfts betreffen, ***bleibt es dem Richter überlassen, sie zu berücksichtigen****. Auch im übrigen enthalten die Richtlinien Grundsätze, die für den Richter von Bedeutung sein können.*

Die Richtlinien können wegen der Mannigfaltigkeit des Lebens ***nur Anleitung*** *für den Regelfall geben. Der Staatsanwalt hat daher in jeder Strafsache selbständig und verantwortungsbewusst zu prüfen, welche Maßnahmen geboten sind. Er kann wegen der Besonderheit des Einzelfalles* ***von den Richtlinien abweichen****. […].*“[653]

Der Richtlinie kann daher im Ergebnis nicht entnommen werden, dass den Schöffen während der Hauptverhandlung die Akten nicht zur Kenntnisnahme übergeben werden dürfen.

3. Unmittelbarkeits- und Mündlichkeitsgrundsatz, § 261 StPO

Die Grundsätze der Mündlichkeit und Unmittelbarkeit sind von jeher in der Hauptverhandlung von besonderer Bedeutung.[654] Sie sind jedoch im Hinblick auf die Frage eines möglichen Akteneinsichtsrechts für Schöffen immer vor dem historischen Hintergrund des Inquisitionsprozesses zu sehen, bei welchem das Gericht in einem schriftlichen Verfahren den Angeklagten nach Aktenlage verurteilte, ohne dass diesem ein tatsächlich wahrnehmbares Recht auf rechtliches Gehör eingeräumt wurde.

Wie im ersten Teil dieser Arbeit dargelegt,[655] wurde der Grundstein für die Bedeutung der Schöffen als Garanten der Öffentlichkeit und Unmittelbarkeit zu Beginn der Gesetzgebung des RGVG gelegt. Die Bevölkerung hegte Ende des 19. Jahrhunderts wegen der Abhängigkeit der Berufsrichter von der „staatlichen Obrigkeit“ großen Argwohn gegen diese.[656] Die Berufsrichter waren ihrem Landesherrn zur Treue verpflichtet und jederzeit austauschbar.[657] Vor diesem Hintergrund waren die Einführung der Grundsätze der Mündlichkeit und Öffentlichkeit im Strafverfahren von großer Bedeutung.[658] Sie sollten Transparenz gewährleisten und Kontrolle ermöglichen. Insbesondere auf Grund der Ereignisse nach dem Hambacher Fest wurden der Ruf des Volkes nach Mitbestimmung

653 Hervorhebungen nicht im Original.
654 Bspw. *Nowak*, JR 2006, S. 459, 461.
655 B. I. 1.
656 B. I. 1.
657 *H. Lilie*, in: FS-Rieß, S. 303, 305.
658 Amtliche Denkschrift über die Schöffengerichte, GA 21 (1873) S. 40, f.; Vgl. B. I. 1.

und der Zorn auf die Willkür in der Strafjustiz immer größer. Daher wurden ab 1850 bis zur Gründung des Deutschen Reiches in vielen deutschen Ländern nach und nach Schwur- und Schöffengerichte eingeführt.[659] Die Beteiligung der Laien an der Rechtsprechung sollte die damals neu gewonnenen Grundsätze der Unmittelbarkeit und Öffentlichkeit absichern.

Wenn auch in der Folgezeit viel über die Art und Weise der Beteiligung der Laienrichter am Strafverfahren diskutiert wurde und dieses Thema Anlass für diverse Reformen im Strafprozess war (und ist), so stand doch das „Ob" der Beteiligung der Laien nach 1848 nie wirklich in Frage.[660]

Bei der Prüfung eines möglichen Akteneinsichtsrechts für Laienrichter und einer damit einhergehenden potentiellen Verletzung der Grundsätze der Unmittelbarkeit und Mündlichkeit darf daher der historische Zusammenhang im Sinne der ursprünglichen Notwendigkeit einer Kontrolle einer abhängigen Justiz nicht aus den Augen verloren werden, um vor dem Hintergrund der heutigen Situation keine übereilten Schlussfolgerungen zu ziehen.

a) Grundsatz der Mündlichkeit im Strafverfahren

Das Mündlichkeitsprinzip ist in § 261 StPO verankert. Es soll sicherstellen, dass das Urteil allein auf den Erwägungen und Tatsachen beruht, die in der öffentlichen Hauptverhandlung mündlich vorgetragen und erörtert wurden. Daher rührt auch die Pflicht, Urkunden in der Hauptverhandlung zu verlesen bzw. Beweismittel in Augenschein zu nehmen, § 249 Abs. 1 StPO, mit Ausnahme der Regelung in § 249 Abs. 2 StPO. Das Mündlichkeitsprinzip soll sicherstellen, dass alle Verfahrensbeteiligten, insbesondere der Angeklagte, in die Lage versetzt werden, umfassend über den Prozessstoff informiert zu sein.

b) Grundsatz der Unmittelbarkeit im Strafverfahren

Der Grundsatz der Unmittelbarkeit spiegelt sich in den §§ 226, 250, 261 StPO wider. Das Gericht soll sich während der Hauptverhandlung mithilfe der Beweismittel und Aussagen einen unmittelbaren Eindruck vom Tatgeschehen verschaffen. Daher ist die ununterbrochene Gegenwart des Gerichts nach § 226 StPO und der anderen Prozessbeteiligten notwendig. Des Weitern leitet sich aus dem Unmittelbarkeitsprinzip die Verwendung des tatnächsten Beweismittels ab, §§ 250 ff. StPO. Beispielsweise ist die Vernehmung eines Zeugen der Verlesung

---

659 *Hadding*, Schwurgerichte in Deutschland, S. 37 m.w.N.; *Ebert*, Jura 1996, S. 242, 244; Vgl. B. I. 1.

660 Vgl. B.

des Vernehmungsprotokolls aus dem Vorverfahren vorzuziehen, da die Überzeugungsbildung anhand des unmittelbaren Beweises erfolgen soll.

Der Gesetzgeber hat allerdings Ausnahmen normiert, in denen das Unmittelbarkeitsprinzip hinter der Prozessökonomie oder aus anderen Gründen zurücktritt. Das gilt beispielsweise, wenn der Angeklagte aus der Hauptverhandlung entfernt wird oder unentschuldigt nicht erschienen ist, §§ 231 Abs. 2, 231 a-c, 232 StPO, oder wenn Zeugen besonders geschützt werden sollen, z.B. §§ 274a, 255a Abs. 2 StPO. Weitere Durchbrechungen des Unmittelbarkeitsgrundsatzes, beispielsweise bei der Einführung von Zeugenaussagen in den Prozess, regeln die §§ 251, 253, 254, 256 und 325 StPO. Diese genannten Verfahrensinteressen sind nach dem Willen des Gesetzgebers dem Unmittelbarkeitsgrundsatz übergeordnet.

Es ist daher festzustellen, dass der Unmittelbarkeitsgrundsatz nicht um jeden Preis oder *„als Selbstzweck"* eingehalten werden muss, sondern dass es durchaus Konstellationen gibt, in denen ein den Strafprozess betreffendes Interesse höher wiegt.[661]

c) Behandlung in der Rechtsprechung

In Bezug auf die Gewährung von Akteneinsicht für Schöffen hat der BGH mehrfach entschieden, dass diese Grundsätze verletzt sein können, soweit die Schöffen in der Hauptverhandlung vom wesentlichen Ergebnis der Ermittlungen oder der Anklage Kenntnis erlangen.[662] Die Schöffen könnten den – wie auch immer – wahrgenommenen Akteninhalt mit den in der Hauptverhandlung erörterten Informationen gleichsetzen und damit voreingenommen sein.[663] Sie könnten ihre Überzeugung nicht mehr allein aus dem Inbegriff der Hauptverhandlung bilden, sondern durch die Bewertung des Tatverdachts seitens der Staatsanwaltschaft beeinflusst werden.

Gleichzeitig ist der BGH jedoch in seiner Rechtsprechung immer weiter dazu übergegangen, eine Verletzung des Unmittelbarkeits- und des Mündlichkeitsprinzips zu verneinen, da die Schöffen durch das einmalige Verlesen oder das Lesen von Aktenbestandteilen noch nicht derart beeinflusst werden könnten, dass sie in ihrer Entscheidungsfindung beeinträchtigt seien.[664] Der BGH kommt gerade in seinen neueren Entscheidungen zu dem Ergebnis, dass sowohl der

661 So auch *Nowak*, JR 2006, S. 459, 461 f.

662 Ausführlich dargestellt unter D. III.

663 BGHSt 13, S. 73; *BGH,* Urt. v. 17. Juni 1996–5 StR 121/96 = NJW 1996, S. 3018 ff.

664 *BGH*, Urt. v. 27. August 1968–1 StR 381/68; *BGH*, Urt. v. 2. Dezember 1986–1 StR 433/86.

Grundsatz der Unmittelbarkeit als auch der Grundsatz der Mündlichkeit nicht verletzt seien, wenn Schöffen Kenntnis von Aktenteilen haben, auch wenn der BGH (noch) nicht entschieden hat, dass Schöffen Einsicht in die gesamten Ermittlungsakten nehmen können.[665] Dabei diskutiert die Rechtsprechung die Verletzung des Unmittelbarkeits- und des Mündlichkeitsprinzip immer im Hinblick auf die Voreingenommenheit, obwohl die Grundsätze primär das Beweisrecht und die Beweiswürdigung tangieren.[666]

d) *Meinungen in der Literatur*

Die Literaturmeinungen, die sich mit dem Unmittelbarkeits- und Mündlichkeitsgrundsatz im Hinblick auf ein Akteneinsichtsrecht für Schöffen beschäftigen, können in Pro- und Contraargumente eingeteilt werden.

aa) *Contra Akteneinsichtsrecht*

In der Literatur wird immer wieder argumentiert, die Schöffen seien Garanten für das Unmittelbarkeits- und Mündlichkeitsprinzip.[667] Der Berufsrichter sei durch die Vorbefassung mit der Akte voreingenommen und die Schöffen müssten als Garant der Unmittelbarkeit in der Hauptverhandlung dienen.[668] Wenn sie jedoch Zugang zu den Akten erhielten, könnten sie dieser Aufgabe nicht mehr nachkommen.[669] Die Schöffen würden ohne Aktenkenntnis ihrer Kontrollfunktion besser nachkommen, da sie im Gegensatz zu den Berufsrichtern die Entscheidung tatsächlich nur aus dem Inbegriff der bisherigen Hauptverhandlung treffen und dadurch gleichzeitig § 261 StPO gerecht werden könnten.[670]

Nach der Auffassung von *Schmidt* hätte eine Akteneinsicht zur Folge, dass die Schöffen die Informationen, welche sie aus den Akten erhalten, nicht mehr von denen unterscheiden könnten, die sie in der Hauptverhandlung gewinnen.[671] Daher sei das Mündlichkeitsprinzip schon dann verletzt, wenn nur die Gefahr bestehe,

---

665 *BGH*, Urt. v. 10. Dezember 1997–3 StR 205/97, NJW 1998, S. 1163 ff.; *BGH*, Beschl. v. 7. Juli 2004–5 StR 412/03, NStZ 2005, S. 160 f.

666 Das Thema der Voreingenommenheit wird daher separat im Folgenden diskutiert, vgl. D. VI. 12.

667 Bspw. KK-*Ott*, § 261 StPO, Rn. 8 m.w.N.

668 *Börner*, ZStW 2010, Band 122, S. 157, 189.

669 *Börner*, ZStW 2010, Band 122, S. 157, 158.

670 *Börner*, ZStW 2010, Band 122, S. 157, 193.

671 *Schmidt*, JR 1961, S. 31.

dass die Schöffen ihr Urteil nicht ausschließlich aus dem Inbegriff der Hauptverhandlung fällten.[672]

Auch *Lunnebach* spricht sich gegen ein Akteneinsichtsrecht für Schöffen aus, da dadurch der Grundsatz der Unmittelbarkeit ausgehöhlt werden würde.[673] Außerdem könne die Verteidigung nicht prüfen, ob und welche Teile der Akten die Schöffen zur Kenntnis genommen hätten.[674]

Dem stimmt *Imberger-Bayer* zu und stellt klar, dass den Schöffen vor allem das wesentliche Ergebnis der Ermittlungen nicht zur Verfügung gestellt werden dürfe, da der Schöffe durch die Verlesung des Anklagesatzes hinreichend über den Vorwurf informiert werde und gleich nach der „*Beendigung der Verlesung von seinem Fragerecht gem. § 240 Abs. 2 StPO Gebrauch machen*" könne.[675]

Nach *Börner* sprechen § 200 StPO i.V.m. § 243 Abs. 3 S. 1 StPO gegen eine vom Gesetzgeber gewollte Aktenkenntnis der Schöffen. Aus diesen Regelungen ergebe sich, dass es der Staatsanwaltschaft nicht erlaubt sei, aus der Anklageschrift mehr als den Anklagesatz zu verlesen. Das stärkste Argument für die Schöffen, so *Börner*, sei deren fehlende Aktenkenntnis.[676]

Auch wenn *Ott* die Auffassung vertritt, dass den Schöffen – entgegen der „*wohl hM*" – kein Akteneinsichtsrecht zustehe, stellt er dennoch fest, dass bei den Berufsrichtern zwar eine Aktenkenntnis vorausgesetzt werde, diese jedoch „*dem Ideal einer unmittelbar aus dem ‚Inbegriff der Verhandlung' geschöpften Überzeugung*" widerspreche und daher „*Gefahren einer Beeinflussung in sich*" bürge.[677]

Grundsätzlich argumentieren die Gegner eines Akteneinsichtsrecht für Schöffen damit, dass diese den Berufsrichtern als Korrektiv dienen würden, da die Schöffen die Berufsrichter auf Inhalte aufmerksam machen könnten, die die Berufsrichter aus der Akte kennen, die bisher jedoch noch nicht ausreichend zum Gegenstand der Hauptverhandlung geworden seien. Wie die Schöffen dazu allerdings in der Lage sein sollten, bleibt unklar. Jedenfalls müsste ein Laienrichter, um auf solche Fehler hinweisen zu können, der Verhandlung sehr aufmerksam folgen (1.), genau wissen, was bereits in der Vergangenheit in der Verhandlung diskutiert wurde sowie die etwaigen Fehler erkennen, die auf eine unvollständige Einführung der Beweismittel hindeuten (2.) und sich insbesondere trauen,

---

672 *Schmidt*, JR 1961, S. 31.

673 *Lunnebach*, StV 1997, S. 452 f.

674 *Lunnebach*, StV 1997, S. 452 f.

675 *Imberger-Bayer*, Anm. zu *BGH*, Urt. v. 26. März 1997–3 StR 421/96, JR 1999, S. 299, 301.

676 *Börner*, ZStW 2010, Band 122, S. 157, 198.

677 KK-*Ott*, § 261 StPO, Rn. 8.

einen Berufsrichter auf mögliche Unstimmigkeiten hinzuweisen (3). Für einen Schöffen wird es nicht einfach sein, diesen drei Anforderungen nachzukommen; vielmehr scheint diese Aufgabe erst mit Aktenkenntnis handhabbar.

bb) Pro Akteneinsichtsrecht

Gollwitzer und Sander vertreten die Auffassung, dass durch die Aushändigung der Anklageschrift an die Berufs- oder Laienrichter, ebenso wie durch die Presseberichterstattung, kein Verstoß gegen die Grundsätze der Unmittelbarkeit und Mündlichkeit gegeben sei.[678] In diesem Zusammenhang wird ausgeführt, dass Nr. 126 Abs. 2 S. 3 RiStBV (jetzt Abs. 3) die Berufsrichter ohnehin nicht binde.[679] *Gollwitzer* und *Sander* stellen mit Verweis auf die Kommentierung von *Siolek*[680] fest, dass Schöffen sogar ein „*Recht auf Akteneinsicht*" hätten.[681]

Dem stimmt auch *Ellbogen* zu. Die Gefahr, dass die Schöffen ihre Überzeugung nicht aus dem Inbegriff der Hauptverhandlung schöpfen, bestehe auch in anderen Verfahrenssituationen, beispielsweise bei vorverurteilender Medienberichterstattung.[682] Dieser seien darüber hinaus auch die Berufsrichter ausgesetzt und dem könnte im Rahmen einer „*gründlichen Urteilsberatung*" begegnet werden.[683]

Hier ist hinzuzufügen, dass den Berufsrichtern ganz selbstverständlich zugetraut wird, sich vom Inhalt der Akte freizumachen, obwohl sie dieselben Informationen aus den Akten erlangen, wie Laienrichter erlangen würden, wenn ihnen ein solches Recht zustünde.[684] Einige Wissenschaftler vertreten daher die Auffassung, dass Berufsrichter schwerlich aus dem Inbegriff der Hauptverhandlung urteilten, wenn sie zuvor die Akten gelesen hätten.[685] Gerade weil es für diese unterschiedliche Behandlung – wie bereits dargestellt[686] – keine empirisch

678 Löwe/Rosenberg-*Gollwitzer*, 25. Aufl., § 261 StPO, Rn. 31 und Rn. 31a; ihm nachfolgend Löwe/Rosenberg-*Sander*, 26. Aufl., § 261 StPO, Rn. 31 und Rn. 31a.

679 Dazu auch D. VI. 2.

680 Löwe/Rosenberg-*Siolek*, 25. Aufl., § 30 GVG, Rn. 4 ff; ihm nachfolgend auch Löwe/Rosenberg-*Gittermann*, 26. Aufl., § 30 GVG, Rn. 4 ff.

681 Löwe/Rosenberg-*Gollwitzer*, 25. Aufl., § 261 StPO, Rn. 31a; ihm nachfolgend, ebenfalls unter Bezugnahme auf *Siolek* Löwe/Rosenberg-*Sander*, 26. Aufl., § 261 StPO, Rn. 31a.

682 *Ellbogen*, DRiZ 2010, S. 136, 138.

683 *Ellbogen*, DRiZ 2010, S. 136, 138.

684 Ausführlich zu dieser konstruierten Trennung *Kemmer*, Befangenheit von Schöffen, S. 81 ff. m.w.N.; dafür noch RGSt 69, S. 120, 124 „*kraft ihrer Schulung und Erfahrung*".

685 Bspw. *Eisenberg*, Beweisrecht der StPO, Rn. 73; KK-*Ott*, § 261 StPO, Rn. 8.

686 Vgl. D. VI. 12.; dazu auch *Kemmer*, Befangenheit von Schöffen, S. 207 f.; *Haisch*, MschKrim 62 (1979), S. 157 ff.

nachgewiesenen Gründe gibt, wird im Rahmen der Gleichberechtigung von Berufs- und Laienrichtern auch ein Akteneinsichtsrecht für letztere verlangt.[687]

Spona geht davon aus, den Schöffen werde durch das fehlende Akteneinsichtsrecht die Möglichkeit, ihre Aufgaben wahrzunehmen, erschwert.[688] Eine etwaige Gefährdung des Unmittelbarkeitsgrundsatzes kann ihrer Ansicht zufolge durch eine ausreichende Aufklärung seitens des Berufsrichters verhindert werden.[689] Sie geht allerdings nicht darauf ein, wie eine solche Aufklärung ausgestaltet oder durchzuführen sein könnte, sondern stellt (lediglich) fest, dass der Gesetzgeber, wenn er denn ein „*besonderes Interesse an der Überwachung des Unmittelbarkeitsgrundsatzes durch die Schöffen*" hätte, dies hätte gesetzlich regeln können.[690] Weil dies bisher unterlassen worden sei, müsse davon ausgegangen werden, dass die Gleichberechtigung der Schöffen, welche durchaus – nämlich in § 30 GVG – geregelt sei, weiterhin ein „*wesentliches Merkmal der Schöffengerichte sein*" solle.[691]

Dem ist noch hinzuzufügen, dass die Gleichberechtigung der Schöffen und Berufsrichter – während der Hauptverhandlung – durchaus ein wesentliches Merkmal des Schöffenamtes ist. Allerdings geht *Spona* nicht darauf ein, wann den Schöffen im Rahmen der Gleichbehandlung, die nach dem Gesetzeswortlaut auf die Hauptverhandlung beschränkt ist, Akteneinsicht gewährt werden könnte.

e) Zwischenergebnis

Jedenfalls bleibt festzuhalten, dass das Unmittelbarkeits- und das Mündlichkeitsprinzip nicht per se verletzt sein müssen, wenn Schöffen ein Akteneinsichtsrecht eingeräumt werden würde. Auch werden die Prinzipien durch den Gesetzgeber selbst eingeschränkt, wenn beispielsweise ein den Strafprozess betreffendes Interesse höher wiegt.

---

687 *Eisenberg*, Beweisrecht der StPO, Rn. 75; Löwe/Rosenberg-*Siolek*, 25. Aufl., § 30 GVG, Rn. 8; ihm nachfolgend Löwe/Rosenberg-*Gittermann*, 26. Aufl., § 30 GVG, Rn. 8, beide mit dem Hinweis, dass die unterschiedliche Behandlung nicht plausibel sei.

688 *Spona*, Laienbeteiligung im Strafverfahren, S. 113.

689 *Spona*, Laienbeteiligung im Strafverfahren, S. 113.

690 *Spona*, Laienbeteiligung im Strafverfahren, S. 113.

691 *Spona*, Laienbeteiligung im Strafverfahren, S. 113.

4. Fragerecht, § 240 StPO

§ 240 StPO enthält – wie oben[692] bereits festgestellt – ebenso wie § 30 GVG keine Regelung zum Akteneinsichtsrecht von Schöffen. Das den Schöffen zustehende Fragerecht ist sowohl pro als auch contra Akteneinsichtsrecht auslegbar.

a) Contra Akteneinsichtsrecht

Ein Schöffe könnte, da er den Akteninhalt nicht kennt, Unvollständigkeiten in der Hauptverhandlung erkennen und bestimmte Sachverhalten und Geschehnisse auf Grund seines Fragerechts hinterfragen. Dies würde gegen eine Akteneinsicht der Schöffen sprechen.

Schöffen können durch die fehlende Aktenkenntnis bei ihrer Urteilsfällung nur auf die unmittelbare vom Zeugen in der Hauptverhandlung geschilderte Erinnerung abstellen und wissen nicht, was in vorhergehenden polizeilichen oder staatsanwaltschaftlichen Vernehmungen ausgesagt wurde.[693] Darin kann – auch im Hinblick auf die Einhaltung des Unmittelbarkeitsgrundsatzes – ein Vorteil bei der Ausübung des Fragerechts liegen.[694]

Einem Berufsrichter kann wegen seiner bereits vorhandenen Aktenkenntnis – er hat über die Eröffnung des Hauptverfahrens mit Hilfe der Akten entschieden – eine Ungereimtheit unter Umständen weniger schnell auffallen. Wenn die Schöffen die Akten kennen würden, so könnte die Gefahr bestehen, dass sie derartige Lücken zumindest in dieser Konstellation nicht mehr als Garant des Unmittelbarkeitsgrundsatzes bemerken und (im bestmöglichen Fall) durch ihre Fragen füllen. Leider nehmen die Schöffen in der Realität diese Rolle nur in den seltensten Fällen ein. Sie entspricht, wie bereits dargestellt, eher einem Idealtypus, der wenig mit der Verfahrenswirklichkeit zu tun hat.

Die zurückhaltende Fragekultur der Schöffen hängt sicher nicht nur mit einer etwaigen Unerfahrenheit oder Unsicherheit mancher Schöffen zusammen. Der Grund dafür findet sich auch in der Fragereihenfolge, da die Schöffen ihr Fragerecht regelmäßig nach den Berufsrichtern ausüben. Zwar ist die Reihenfolge der Fragenden in der StPO nicht ausdrücklich geregelt, dennoch bestimmt der Vorsitzende im Rahmen seiner Verhandlungsleitung (§ 238 Abs. 1 StPO) den Zeitpunkt der Ausübung des Fragerechts.[695] In der Regel wird daher der Vorsitzende

692 D. II. 4.

693 Ähnlich auch *Börner*, ZStW 2010, Band 122, S. 157, 192.

694 *Börner*, ZStW 2010, Band 122, S. 157, 192; *Imberger-Bayer*, Anm. zu *BGH*, Urt. v. 26. März 1997–3 StR 421/96, JR 1997, S. 299, 300.

695 *BGH*, NJW 1969, S. 437 f.; ebenso *Börner*, ZStW 2010, Band 122, S. 157, 192.

und im Anschluss etwaige Berichterstatter und Beisitzer den jeweiligen Zeugen, Sachverständigen oder Beschuldigten befragen. Erst, wenn die mit dem Fall bereits Vertrauten ihre Fragen gestellt haben, werden die Schöffen ihr Fragerecht ausüben können. Dass es sich bei diesen Fragen in den meisten Fällen nicht mehr um wesentliche Fragen handeln kann, liegt auf der Hand. Die Abfolge allein macht es den Schöffen fast unmöglich, auch nur im Ansatz so viele Fragen wie die Berufsrichter stellen zu können. Um einem Befangenheitsantrag vorzubeugen, müssen sich Schöffen in der Praxis ihre Fragen zudem oft durch den Vorsitzenden genehmigen lassen.

b) *Pro Akteneinsichtsrecht*

Gleichzeitig ist die Annahme vertretbar, das Fragerecht könne von den Schöffen überhaupt nur dann sinnvoll ausgeübt werden, wenn sie die Akten kennen,[696] denn im Hinblick auf im Ermittlungsverfahren getätigte Aussagen sei ein widersprüchliches Aussageverhalten häufig nur für einen Aktenkundigen zu erkennen.[697] Ein Aktenkundiger könne die Aussagen von Angeklagten, Sachverständigen oder Zeugen in der Akte mit denen vor Gericht vergleichen und dementsprechend sachgemäß von seinem Fragerecht Gebrauch machen.[698] Voraussetzung für eine effektive Wahrnehmung des Fragerechts sei daher das Recht der Schöffen auf Einsicht in die „*insoweit relevanten Aktenbestandteile*".[699]

H. Lilie geht sogar noch weiter und führt aus, dass die Beteiligung der Schöffen nur dann wirklich ernst zu nehmen sei, wenn man das „*Informationsgefälle*" aufheben würde.[700] Auch wenn die Akteneinsicht für Schöffen Schwierigkeiten bezüglich des Unmittelbarkeits- und Mündlichkeitsprinzips mit sich bringen würde,[701] so werde den Schöffen doch (ohne Aktenkenntnis) die Möglichkeit genommen, „*nachhaltig die Hauptverhandlung zu beeinflussen.*"[702]

Darüber hinaus ist anzumerken, dass die Schöffen allein wegen ihrer fehlenden Aktenkenntnis weniger Fragen als die Berufsrichter stellen können. Hätten sie Einblick in die Akten, könnten sie ihrem Fragerecht öfter nachkommen. Sie

---

696 *Hillenkamp*, in FS-Kaiser, S. 1437, 1439; *H. Lilie*, in: FS-Rieß, S. 303, 310; Löwe/Rosenberg-*Siolek*, 25. Aufl., § 30 GVG, Rn. 8; ihm nachfolgend Löwe/Rosenberg-*Gittermann*, 26. Aufl., § 30 GVG, Rn. 8.

697 *H. Lilie*, in: FS-Rieß, S. 303, 310; *Nowak*, JR 2006, S. 459, 461.

698 *Nowak*, JR 2006, S. 459, 461.

699 *Nowak*, JR 2006, S. 459, 461.

700 *H. Lilie*, in: FS-Rieß, S. 303, 310.

701 *H. Lilie*, in: FS-Rieß, S. 303, 310.

702 *H. Lilie*, in: FS-Rieß, S. 303, 310.

hätten dann vielleicht sogar die Möglichkeit, eine etwaige Voreingenommenheit der Berufsrichter aufzudecken.

5. Selbstleseverfahren, § 249 Abs. 2 StPO

Wie bereits oben dargestellt, kann auch die Regelung des Selbstleseverfahrens pro und contra ein Akteneinsichtsrecht ausgelegt werden. Gemäß § 249 Abs. 2 S. 1 StPO kann von dem Verlesen einer Urkunde abgesehen werden, wenn die Richter und Schöffen vom Wortlaut der Urkunde oder des Schriftstücks Kenntnis genommen haben und die übrigen Beteiligten hierzu Gelegenheit hatten.

a) Contra Akteneinsichtsrecht

Das Selbstleseverfahren ist die Gewährung der beschränkten Einsicht in die Akten und der Ersatz für das Verlesen der Urkunden in der Hauptverhandlung. Die Einsicht in die Akten beschränkt sich demgemäß auf Aktenteile, die ohnehin Gegenstand der Hauptverhandlung geworden wären und nur auf Grund der Selbstleseverfügung des Vorsitzenden nicht von den Verfahrensbeteiligten gemeinsam in der Hauptverhandlung zur Kenntnis genommen werden. Es kann daher argumentiert werden, dass das Selbstleseverfahren eher der Prozessökonomie und nur mittelbar der Stärkung der Position der Schöffen dient.

Ferner wird das Selbstleseverfahren durch den Vorsitzenden angeordnet, § 249 Abs. 2 S. 2 StPO. Die Schöffen können somit nicht selbst entscheiden, ob und wann sie Einsicht in die entsprechenden Aktenteile nehmen. Außerdem sind die Schöffen sogar dazu verpflichtet, die in der Verfügung genannten Schriftstücke zur Kenntnis zu nehmen. Die übrigen Beteiligten müssen gemäß § 249 Abs. 2 S. 1 nur die „*Gelegenheit*" gehabt haben, von den Beweismitteln Kenntnis zu nehmen. Das „Recht" auf Einsicht in die Akten wäre daher zum einen auf bestimmte Beweismittel beschränkt und zum anderen ein Ausfluss der Pflicht zur Kenntnisnahme der Unterlagen.

b) Pro Akteneinsichtsrecht

§ 249 Abs. 2 StPO verleitet dazu anzunehmen, den Schöffen würde eine eigenständige gesetzliche Möglichkeit gewährt, Einsicht in die Akten zu nehmen.[703] *Nowak* sieht diese gesetzlich gewährte Akteneinsicht als Hinweis des Gesetzgebers, dass ein

703 *Siolek* und *Gittermann* sehen § 249 Abs. 2 StPO zumindest als Argument für eine Gleichstellung der Laien- mit den Berufsrichtern im Hinblick auf ein Akteneinsichtsrecht, Löwe/Rosenberg-*Siolek*, 25. Aufl., § 30 GVG, Rn. 8; ihm nachfolgend Löwe/Rosenberg-*Gittermann*, 26. Aufl., § 30 GVG, Rn. 8.

„*umfassendes Verbot der Aktenkenntnis durch die Schöffen nicht gewollt*" sei. § 249 Abs. 2 StPO sei eine nähere Ausgestaltung des § 30 Abs. 1 GVG.[704] Vor allem seien die Schöffen sogar gesetzlich verpflichtet, Einsicht in die Akten zu nehmen, was die Anerkennung „*eines weitergehenden, andere Aktenbestandteile betreffenden Akteneinsichtsrechts*" nahelege.[705] Letzterem kann nicht widersprochen werden.

Historisch spricht noch eine Gesetzesänderung des § 249 StPO für ein Recht der Schöffen, Einsicht in die Akten zu nehmen – sogar vor Beginn der Hauptverhandlung. In § 249 Abs. 2 StPO ist ein Satz weggefallen, der es den Schöffen nicht gestattete, schon vor Hauptverhandlungsbeginn im Wege des Selbstleseverfahrens Einsicht in die Akten zu erhalten.[706] Der Vorsitzende ist nämlich nicht gezwungen, die Selbstleseverfügung erst in der Hauptverhandlung zu erlassen. Der frühere § 249 Abs. 2 S. 3 StPO lautete:

> „*Die Richter müssen vom Wortlaut Kenntnis genommen haben; Schöffen ist hierzu jedoch erst nach Verlesung des Anklagesatzes Gelegenheit zu geben.*"[707]

Die Formulierung von § 249 Abs. 2 StPO, die zum 1. April 1987 in Kraft trat, enthielt diese Einschränkung nicht mehr:

> „*Von der Verlesung kann, außer in den Fällen der §§ 251, 253, 254 und 256 abgesehen werden, wenn die Richter und Schöffen vom Wortlaut der Urkunde oder des Schriftstücks Kenntnis genommen haben und die übrigen Beteiligten hierzu Gelegenheit hatten.*"[708]

Diese Formulierung ist bis auf zwei Verweise mit dem heutigen Gesetzeswortlaut identisch.

Aus dieser Gesetzesänderung ist zumindest ableitbar, dass der Gesetzgeber aus prozessökonomischen Gründen die Einsicht der Schöffen in Teile der Verfahrensakten befürwortet. Im Ergebnis kann daher auch aus dieser gesetzlichen Regelung kein eindeutiger Wille des Gesetzgebers herausgelesen werden.[709]

6. Mitwirkung bei Entscheidungen

Schöffen sind Teil des Spruchkörpers, sodass sie verpflichtet sind, an Entscheidungen während der Hauptverhandlung mitzuwirken.

---

704 *Nowak*, JR 2006, S. 459, 461.
705 *Nowak*, JR 2006, S. 459, 461.
706 Löwe/Rosenberg-*Mosbacher*, § 249 StPO, Rn. 68.
707 http://lexetius.com/StPO/249, abgerufen am 21. April 2014.
708 http://lexetius.com/StPO/249, abgerufen am 21. April 2014.
709 Löwe/Rosenberg-*Sander*, § 261 StPO, Rn. 31a; *Börner*, ZStW 2010, Band 122, S. 157, 191 f.

a) *Contra Akteneinsichtsrecht*

Die Einhaltung des § 261 StPO soll grundsätzlich gegen eine Aktenkenntnis der Schöffen sprechen; die Vertreter dieser Auffassung argumentieren unter dem Aspekt der Mitwirkung bei Entscheidungen, dass die Schöffen ohne Aktenkenntnis ihrer Kontrollfunktion besser nachkommen könnten[710] und dass darin eine Stärke der Schöffen läge,[711] was an die Argumentation zum Unmittelbarkeits- und Mündlichkeitsgrundsatz erinnert.[712]

b) *Pro Akteneinsichtsrecht*

Nach *Nowak* setzt die Pflicht zur Mitwirkung voraus, dass die Schöffen den Inhalt der Akten kennen.[713] Die Schöffen seien ohne ein eigenes Akteneinsichtsrecht auf die Kenntnis der Berufsrichter (und der anderen Verfahrensbeteiligten, soweit diese Interesse an der Aufdeckung des Widerspruchs haben) angewiesen. Die Schöffen könnten nicht überprüfen, ob sich ein Zeuge zu recht auf sein Aussageverweigerungsrecht berufe, § 55 StPO,[714] oder ob ein Vereidigungsverbot bestehe, § 60 Nr. 2 StPO.[715] Das gleiche gelte hinsichtlich der Entscheidung, ob bestimmte Fragen im Sinne von § 242 StPO zulässig seien, ob ein Angeklagter während einer Vernehmung entfernt werden dürfe, § 247a StPO, ob ein Vereidigungsverbot nach § 60 Nr. 2 StPO vorliege oder ob jemand das Recht zur Auskunftsverweigerung nach § 55 StPO habe.[716] Ein eigenverantwortliches Handeln der Schöffen kann nach *Nowak* nur durch ein Akteneinsichtsrecht der Schöffen sichergestellt werden.[717]

---

710 *Börner*, ZStW 2010, Band 122, S. 157, 193.

711 *Imberger-Bayer*, Anm. zu *BGH*, Urt. v. 26. März 1997–3 StR 421/96, JR 1997, S. 299, 301 f.

712 D. VI. 3.

713 *Nowak*, JR 2006. S. 459, 462.

714 Die Entscheidung über die Verfolgungsgefahr trifft das Gericht, daher auch die Schöffen, sodass es sich um eine Verfahrensfrage handelt, die § 238 Abs. 2 StPO unterliegt, vgl. Meyer-Goßner/*Schmitt*, § 55 StPO, Rn. 10.

715 *Nowak*, JR 2006, S. 459, 462. Die Entscheidung über eine Vereidigung trifft das Gericht erst, wenn es einer der Prozessbeteiligten verlangt. Vorher trifft der Vorsitzende diese Entscheidung nach pflichtgemäßen Ermessen, Meyer-Goßner/*Schmitt*, § 60 StPO, Rn. 27.

716 Löwe/Rosenberg-*Siolek*, 25. Aufl., § 30 GVG, Rn. 8; ihm nachfolgend Löwe/Rosenberg-*Gittermann*, 26. Aufl., § 30 GVG, Rn. 8.

717 *Nowak*, JR 2006, S. 459, 462.

7. Untersuchungsgrundsatz, § 244 Abs. 2 StPO

Wie bereits dargestellt hat der BGH im Hinblick auf Schöffen aus § 244 Abs. 2 StPO abgeleitet, dass diese einen Minimalanspruch darauf haben, Informationen zu erhalten, die zum Begreifen des Prozessstoffes erforderlich sind.[718] Dem Prozess können Schöffen – gerade bei sehr umfangreichen Sachverhalten – nur folgen, wenn ihnen die dafür notwendigen Unterlagen zur Verfügung gestellt werden. Darin eingeschlossen sind ohnehin solche Dokumente, die in den Prozess als Beweismittel oder im Wege des Selbstleseverfahrens eingeführt wurden. Darüber hinaus können zum Verständnis des Prozessstoffes noch weitere Unterlagen notwendig sein.[719] Jedenfalls ist aus § 244 Abs. 2 StPO nicht ableitbar, dass den Schöffen kein Akteneinsichtsrecht ermöglicht werden sollte, eher das Gegenteil.

8. Verlesung des angefochtenen Urteils in der Berufungshauptverhandlung, § 324 Abs. 1 StPO

In der Berufungshauptverhandlung wird das Urteil des ersten Rechtszuges verlesen, soweit es für die Berufung von Bedeutung ist, § 324 Abs. 1 S. 2 erster HS StPO. Die Schöffen erfahren dadurch, was in der früheren Instanz geschehen ist. Auch wenn das Urteil von einem anderen Spruchkörper erlassen wurde – hier ist die Distanz eher herstellbar –, müssen sie ein bereits durch ein Gericht gesprochenes Urteil wieder ausblenden. Diese mögliche Beeinflussung kennt der Gesetzgeber und nimmt sie hin.

Die Rechtsprechung hat diese Regelung ebenfalls nicht beanstandet.[720] *Nowak* stimmt dem zu und kommt zu dem Schluss, dass Rechtsprechung und Gesetzgeber diese „*Beeinflussungsmöglichkeit*“ als nicht gegeben ansehen, sondern davon ausgehen, dass die Schöffen in der Lage sind, eine „*klare Unterscheidung*“ zwischen den für das Urteil relevanten und verwertbaren Umständen und solchen zu treffen, die es nicht sind.[721]

Der Gesetzgeber geht daher in einer solchen Konstellation davon aus, dass der Laienrichter in der Lage ist, sich von den vorgetragenen Informationen insoweit freizumachen, als er ein unbefangenes Urteil auf Grundlage der verwertbaren Beweise sprechen kann.

---

718 *BGH*, NJW 1987, S. 1209 f.

719 Dazu mehr unter D. VIII.

720 *BGH*, GA 1976, S. 368.

721 *Nowak*, JR 2006, S. 459, 463.

9. Europäische Charta der Ehrenamtlichen Richter

Die am 11. Mai 2012 von diversen ehrenamtlichen Richterinnen und Richtern unterschriebene Europäische Charta der Ehrenamtlichen Richter[722] regelt unter anderem, dass die ehrenamtlichen Richter und Schiedspersonen *„**gemeinsam und gleichberechtigt** mit Berufsrichtern (Schöffensystem) oder mit eigenem Entscheidungsbereich (Jury-System) streitentscheidend oder streitschlichtend“*[723] ihre Aufgaben wahrnehmen.

Diese Formulierung lässt ebenso wie die des § 30 GVG die Schlussfolgerung zu, dass den Schöffen, wie den Berufsrichtern, der Blick in die Verfahrensakten gewährt werden müsste.

Das wird auch im sechsten Absatz der Charta noch einmal herausgestellt:

> *„Alle Mitglieder eines Gerichts genießen in gleicher Weise die persönliche und sachliche Unabhängigkeit und haben die gleichen Rechte bei der Urteilsfindung. Sie sind den gleichen Verhaltens- und disziplinarischen Regeln unterworfen.“*[724]

10. Fehlendes Verständnis der Schöffen für die Verhandlung

Es wird darüber diskutiert, ob ein Akteneinsichtsrecht für Schöffen deren Verständnis für den Ablauf und die Inhalte der Hauptverhandlung verbessern könnte.

a) Contra Akteneinsichtsrecht

Allein das Recht der Schöffen, die Akten lesen zu dürfen, müsse bei einem juristischen Laien nicht unbedingt dazu führen, den Verfahrensablauf besser zu verstehen. Eine von *Rennig* durchgeführte allerding nicht repräsentative Studie[725] stützt diese These. In dieser gaben die meisten Laienrichter an, dem Verfahren folgen zu können.[726] Dies nahmen auch die sie beobachtenden Berufsrichter

---

722 http://www.schoeffen.de/assets/Download/pdf_Europa/Europ%C3%A4 ische%20 Charta_dt.pdf, abgerufen am 13. Februar 2015.

723 Hervorhebungen nicht im Original.

724 http://www.schoeffen.de/assets/Download/pdf_Europa/Europ%C3%A4 ische%20 Charta_dt.pdf, abgerufen am 13. Februar 2015.

725 *Rennig*, Die Entscheidungsfindung durch Schöffen und Berufsrichter in rechtlicher und psychologischer Sicht, S. 529 ff.

726 *Rennig*, Die Entscheidungsfindung durch Schöffen und Berufsrichter in rechtlicher und psychologischer Sicht, S. 529 f.

wahr.[727] Rund 90% der Schöffen beim Schöffengericht und 72% der Schöffen in der Großen Strafkammer konnten nach eigener Einschätzung der Verhandlung folgen, auch ohne vorher die Akten zu kennen.[728]

Überdies könnte argumentiert werden, dass ein Schöffe vor der Lektüre der Akten Hinweise benötigen würde, wie solche Akten zu lesen seien und welchem Dokument welche Bedeutung zukomme. So können Verfügungen der Staatsanwaltschaft, welche nur handschriftlich auf die Rückseite eines Dokumentes geschrieben wurden, von besonderer Bedeutung sein, wenn sich aus der Verfügung ergibt, wieso die Staatsanwaltschaft beispielsweise eine bestimmte Person als Zeugen laden möchte.

b) Pro Akteneinsichtsrecht

Allerdings kann daraus nicht abgeleitet werden, dass die Schöffen mithilfe einer angeleiteten Lektüre den Prozessverlauf nicht noch besser verstehen könnten. Auch wenn sich der Ablauf einer Hauptverhandlung nicht aus den Ermittlungsakten erkennen lässt, so sind doch der Gang der Ermittlungen und gegebenenfalls Ereignisse im Zwischenverfahren daraus ableitbar.

Spona vertritt die Ansicht, die fehlende Aktenkenntnis der Schöffen würde dazu führen, „*dass der Schöffe dem Verfahren nur schwer folgen kann.*“[729] Sie spricht sich für ein Akteneinsichtsrecht der Schöffen aus, da die Lektüre der Akten den Schöffen ein besseres „*Verständnis für den Verfahrensablauf und damit die aktive Teilnahme*“ ermögliche.[730]

Dem stimmt auch *Nowak* zu, wenn er sagt, dass die Schöffen Entscheidungen nach den §§ 55, 60 Nr. 2, 242 und 244 Abs. 5 StPO nur treffen könnten, wenn sie über eine den Berufsrichtern entsprechende Aktenkenntnis verfügten.[731] Diese müssten sie eigenständig einholen und eigenverantwortlich bewerten können.[732]

Außerdem ist anhand der Ermittlungsakten zwar nicht vorhersehbar, wie die Hauptverhandlung verlaufen wird, allerdings können der Umfang des Verfahrens und die gegebenenfalls notwendigen Zeugen analysiert werden. Abschlussverfügungen, Vermerke der Ermittlungsbeamten und Schriftsätze der

---

727 *Rennig*, Die Entscheidungsfindung durch Schöffen und Berufsrichter in rechtlicher und psychologischer Sicht, S. 529 f.

728 *Rennig*, Die Entscheidungsfindung durch Schöffen und Berufsrichter in rechtlicher und psychologischer Sicht, S. 529 f.

729 *Spona*, Laienbeteiligung im Strafverfahren, S. 112.

730 *Spona*, Laienbeteiligung im Strafverfahren, S. 112.

731 *Nowak*, JR 2006, S. 459, 462.

732 *Nowak*, JR 2006, S. 459, 462.

Verteidiger können darüber hinaus durchaus einen Eindruck davon vermitteln, was in der Hauptverhandlung zu erwarten ist. Dagegen mag man einwenden, dass sich den Schöffen diese Informationen nicht ohne weitere Hilfe erschließen. Dieser Einwand kann berechtigt sein, trotzdem wird es eine Möglichkeit geben, den Schöffen hier eine Hilfe an die Hand zu geben.[733]

11. Ungleichgewicht zwischen Schöffen und Berufsrichtern

Das „fehlende" Recht auf Akteneinsicht hat *Sponas* Ansicht zufolge noch weitere Konsequenzen. Ohne die Möglichkeit auf Einsicht in die Akten unterlägen die Schöffen einem „*Informationsdefizit*", welches möglicherweise ein „*Unterlegenheitsgefühl*" bei den Schöffen auslösen würde.[734]

Grundsätzlich kann nicht ausgeschlossen werden, dass bei den Schöffen die Möglichkeit besteht, sich im Verhältnis zu den Berufsrichtern unterlegen zu fühlen, weil sie von der Kenntnis des Inhaltes der Akten ausgeschlossen sind. *H. Lilie* führt in diesem Zusammenhang zutreffend an, die fehlende Akteneinsicht würde bereits zu Beginn der Hauptverhandlung zu einem Ungleichgewicht führen.[735] Die Laienrichter erhalten – nach der Vernehmung des Angeklagten zu seinen persönlichen Verhältnissen – die ersten Informationen in einer Hauptverhandlung durch das Verlesen der Anklage. Während die Berufsrichter die Darstellung des Sachverhaltes durch die Staatsanwaltschaft mit ihrer Aktenkenntnis „*neutralisieren könnten*",[736] ist diese Möglichkeit den Laienrichtern nicht gegeben.[737] Dieses Ungleichgewicht führe zu einer „*unfreiwilligen Voreingenommenheit*" der Laienrichter.[738]

Schreiber ist ebenfalls dieser Auffassung und fügt noch hinzu, dass die Laienrichter nur dann sinnvoll an der Hauptverhandlung mitwirken könnten, wenn man sie mit den gleichen Informationen ausstatte, die auch dem Berufsrichter zur Verfügung stünden – ihnen also Einsicht in die Akten gewähre.[739] Ansonsten würden sie – gerade in großen Verfahren – gegenüber den Berufsrichtern

733 Dazu mehr unter F.

734 *Spona*, Laienbeteiligung im Strafverfahren, S. 112.

735 *H. Lilie*, in: FS-Rieß, S. 303, 310.

736 *H. Lilie*, in: FS-Rieß, S. 303, 310.

737 Die Akten können auch entlastende Unterlagen, wie bspw. Verteidigerschriftsätze, enthalten und die Schöffen könnten sich mit der Auswertung einen eigenen Eindruck verschaffen.

738 *H. Lilie*, in: FS-Rieß, S. 303, 310.

739 *Schreiber*, in: FS-Welzel, S. 941, 952.

benachteiligt und „*zu bloßen Statisten bzw. einer Art von Solemnitätszeugen oder ‚demokratischem Feigenblatt*'" herabgestuft.[740]

Tatsächlich ist es besonders in umfangreichen Verfahren auffällig, dass Schöffen während der gesamten Verhandlungsdauer nicht eine Frage stellen oder sich sonst in der öffentlichen Hauptverhandlung beteiligen. Es ist durchaus möglich, dass Schöffen, die vorher ausführlicher als bisher von dem zu verhandelnden Prozessstoff in Kenntnis gesetzt werden, aktiver an der Hauptverhandlung teilnehmen könnten.

12. Voreingenommenheit

Schünemann hat Anfang der neunziger Jahre ein Experiment[741] zu der Wirkung der Aktenkenntnis und des Fragerechts auf Entscheidungen der Berufsrichter und Staatsanwälte durchgeführt. Er hat 58 Strafrichter und Staatsanwälte aus dem Bundesgebiet nach dem Zufallsprinzip ausgewählt. Ihnen wurde jeweils ein Fall vorgestellt, in dem sowohl eine Verurteilung als auch ein Freispruch vertretbar gewesen wäre. Gleichzeitig erhielten jedoch nur die Hälfte der Teilnehmer vor der Hauptverhandlung Einsicht in die Verfahrensakten. Die Ergebnisse dieser Studie sind interessant, wenn auch leider auf Grund der Auswahl und der Anzahl der Teilnehmer nicht repräsentativ und nur schwer verallgemeinerbar.

Die Untersuchung ergab, dass alle teilnehmenden Richter, denen vor der Hauptverhandlung Einsicht in die Verfahrensakten gewährt worden war, den Angeklagten verurteilten. Von den Richtern ohne Aktenkenntnis verurteilten acht Richter nicht, die übrigen achtzehn kamen zu einer Verurteilung.

Gleichzeitig spielte die Möglichkeit der Zeugenvernehmung eine Rolle, da in diesem Versuchsaufbau die Hälfte der Teilnehmer die Möglichkeit zu einer Zeugenvernehmung hatte. Die Teilnehmer, denen diese Möglichkeit nicht zur Verfügung stand und die lediglich die Akten kannten, verurteilten alle den Angeklagten. Wenn die Richter hingegen keine Aktenkenntnis hatten, aber dennoch die Möglichkeit der Zeugenvernehmung zur Verfügung hatten, kam es nur in drei von elf Fällen zu einer Verurteilung. Auf Grund dieses Ergebnisses zieht *Schünemann* die Schlussfolgerung, dass die Kenntnis der „*tendenziell belastenden Ermittlungsakte*" den Richter trotz einer ambivalenten Sach- und Rechtslage dazu

740 *Schreiber*, in: FS-Welzel, S. 941, 952.

741 *Schünemann*, in: Bierbrauer/Gottwald/Birnbreier-Stahlberger, Verfahrensgerechtigkeit: rechtspsychologische Forschungsbeiträge für die Justizpraxis, S. 215 ff.

führt, den Angeklagten zu verurteilen.[742] Die Berufsrichter, welche kein Akteneinsichtsrecht und aber ein eigenes Fragerecht hatten (Vergleichsgruppe), hätten die *„besten Ergebnisse im Bereich der Informationsverarbeitung vorzuweisen."*

Schünemann sah seine Theorie, dass die Kenntnis der Akten die Richter zum Nachteil des Angeklagten Beschuldigten beeinflusst, bestätigt. Dabei ist entscheidend, dass die Ermittlungsakten von der Anklagebehörde erstellt werden und daher – was in der Natur der Sache liegt – Belastungstendenzen aufweisen. Er kam auf Grund des Forschungsprojektes zu dem Ergebnis, dass sich bei der Lektüre der Ermittlungsakte beim Richter ein bestimmtes Bild des Täters und der Tat formt, welches er – zugespitzt formuliert – in der Hauptverhandlung zu bestätigen versucht. Diesen Effekt nennt *Schünemann „Perseveranzeffekt"*.[743] Dies habe bei den untersuchten Berufsrichtern zu einer selektiven Wahrnehmung und Fragepraxis in der Hauptverhandlung geführt, was *Schünemann* den *„Redundanzeffekt"* nennt.[744] Die Berufsrichter hätten in der Untersuchung auf die von der Staatsanwaltschaft getroffene Entscheidung, die Tat anzuklagen, vertraut. Dies sei der *„Schulterschlusseffekt"*.

Mit dem Forschungsprojekt sah *Schünemann* bestätigt, dass diese drei Effekte den Berufsrichter auf Grund der Lektüre der Ermittlungsakte zu einem tendenziösen Verhalten führten. Die in dem Experiment zusammengestellte Vergleichsgruppe werde im Strafprozess von den Schöffen wahrgenommen.[745] Daher kommt er zu dem Schluss, dass der

> *„neuerdings vordringenden Tendenz, den Schöffen entgegen der traditionellen Rechtsprechung ein Recht auf Einsicht in die Gerichtsakten zuzuerkennen, mit aller Entschiedenheit widersprochen werden [muss]: Man würde dadurch gerade den Hauptvorzug der Schöffenrolle zerstören, der in der Unempfindlichkeit gegenüber dem durch die Aktenkenntnis ausgelösten Perseveranzeffekt besteht."*[746]

Der von *Schünemann* gezogene Schluss ist jedoch bei genauerem Hinsehen ein wenig voreilig. Zunächst geht *Schünemann* davon aus, dass die Schöffen der in seinem Experiment gewählten Vergleichsgruppe entsprechen. Wie bereits dargestellt hat *Schünemann* für sein Experiment jedoch nur Berufsrichter und Staatsanwälte ausgewählt. Unabhängig von der nicht repräsentativen Auswahl

742 *Schünemann*, in: Bierbrauer/Gottwald/Birnbreier-Stahlberger, Verfahrensgerechtigkeit: rechtspsychologische Forschungsbeiträge für die Justizpraxis, S. 215 ff.

743 *Schünemann*, StV 2000, S. 159, 160.

744 *Schünemann*, StV 2000, S. 159, 161.

745 *Schünemann*, StV 2000, S. 159, 163.

746 *Schünemann*, StV 2000, S. 159, 164.

und Anzahl der Teilnehmer, kann man die Laienrichter – was deren Verhalten in der Hauptverhandlung betrifft – nicht ohne weiteres mit Berufsrichtern gleichsetzen. Berufsrichter und Laienrichter treten in einer Hauptverhandlung unterschiedlich auf und die Laienrichter nehmen insbesondere im Verhältnis zu dem Vorsitzenden unterschiedliche Aufgaben in der Hauptverhandlung war. Durch die Studie konnte *Schünemann* nicht nachweisen, dass sich Schöffen in einer vergleichbaren Situation genauso verhalten würden. Dies vermutet er, wenn er zu dem dargestellten Schluss kommt. Es kann lediglich festgehalten werden, dass die von ihm in das Experiment eingebundenen Personen ohne Akteneinsichtsrecht und mit der Möglichkeit, Fragen zu stellen, weniger oft zu einer Verurteilung gekommen sind. Andere Rückschlüsse können nicht gezogen werden.

Interessanterweise wird von den Gegnern des Akteneinsichtsrechts regelmäßig angeführt, dass die Akteneinsicht zu einer Voreingenommenheit der Schöffen führen würde. *H. Lilie* ist allerdings zuzustimmen, dass die Gefahr, dass eine Voreingenommenheit auf Seiten der Schöffen durch die „fehlende" Aktenkenntnis entsteht, mindestens eben so groß ist wie die Gefahr der Voreingenommenheit durch die Aktenkenntnis. *Vultejus* führt hierzu im Hinblick auf ein mögliches Akteneinsichtsrecht von Schöffen aus, dass zwar die Gefahr bestünde, dass die Schöffen auf Grund der Aktenlektüre an dem „*Akteninhalt kleben bleiben*", jedoch dieser Gefahr zum einen durchaus auch manche Berufsrichter erliegen würden und zum anderen – gerade in umfangreichen Strafverfahren – ein ausführlicher Aktenvortrag in der Hauptverhandlung „*unerlässlich*" sei.[747] Mit diesem Aktenvortrag könnten die Schöffen ihre Aufgabe in der Hauptverhandlung erst richtig wahrnehmen und sollten auf diesen „*bestehen*".[748]

Nowak geht noch einen Schritt weiter und vertritt die Auffassung, dass die Gefahr der Voreingenommenheit der Schöffen durch die Aktenkenntnis unbegründet sei.[749] Als Beispiel führt er an, dass Schöffen durchaus zugetraut werden könne, sich von Informationen zu befreien, die auf Grund eines Ereignisses in der Hauptverhandlung später einem Beweisverwertungsverbot unterliegen.[750] Es könne für Schöffen kein Unterschied zwischen dieser und der durch die Aktenlektüre entstandenen Kenntnis bestehen. *Schreiber* teilt diese Auffassung und meint, dass die Mehrzahl der Schöffen unterschätzt würde.[751] Schöffen seien sehr

747 *Vultejus*, Schöffen in der Hauptverhandlung und Beratung, S. 64; ein solcher ist bspw. in der Finanzgerichtsbarkeit üblich, vgl. § 92 Abs. 2 FGO.

748 *Vultejus*, Schöffen in der Hauptverhandlung und Beratung, S. 64.

749 *Nowak*, JR 2006, S. 459, 462.

750 *Nowak*, JR 2006, S. 459, 462 f.

751 *Schreiber*, in: FS-Welzel, S. 941, 953

wohl in der Lage, zwischen dem Wissen aus den Akten und dem aus der Hauptverhandlung gewonnenen Wissen zu unterscheiden.[752] *Hanack* stimmt dem zu, wenn er sagt, dass die Auffassung, Schöffen könnten durch die im Ermittlungsverfahren niedergelegten Beurteilungen beeinflusst werden, mit der Rechtsprechung zum „*formfreien Vorhalt*" als einem „*Vernehmungsbehelf*" unvereinbar sei.[753]

Rieß führt im Rahmen einer Anmerkung zu dem Urteil des BGH vom 2. Dezember 1986[754] aus, dass der BGH erstaunlich schnell davon ausgehe, dass Laienrichter durch Aktenkenntnis voreingenommen sein könnten, während er bei sonstigen Umständen, die die Laienrichter beeinflussen könnten, eher großzügig sei.[755] *Rieß* bezieht sich auf das oben[756] referierte Urteil des BGH, in welchem dieser feststellt:

> „*Von außen kommende Einwirkungen auf die Überzeugungsbildung des Gerichts können für sich genommen keinen Grund abgeben, der Mißtrauen gegen die Unparteilichkeit eines Richters rechtfertigt. Es ist vielmehr davon auszugehen, daß auch der Laienrichter seine Pflicht, solchen Einwirkungen keinen Einfluß zu gewähren und seine Überzeugungen ausschließlich auf Grund der Hauptverhandlungen zu gewinnen, kennt und beachtet. Erst wenn – etwa durch bekannt gewordene Äußerungen eines Richters – sichere Anhaltspunkte für eine abweichende Einstellung gegeben sind, kann hierin ein durchgreifender Grund für die Ablehnung wegen Befangenheit gefunden werden.*"[757]

Das führt zu folgender Erkenntnis: Das jetzt bestehende Ungleichgewicht zwischen Schöffen und Berufsrichtern – gerade vor dem Hintergrund der neuen BGH-Rechtsprechung – spricht eher für ein Akteneinsichtsrecht für Schöffen als gegen ein solches.

Empirische Belege dafür, dass Schöffen sich durch die Einsicht in die Akten beeinflussen lassen bzw. nicht beeinflussen lassen, liegen nicht vor. Festzuhalten bleibt allerdings, dass die Gefahr der Beeinflussung sowohl mit als auch ohne ein Akteneinsichtsrecht nicht von der Hand zu weisen ist. Schlussendlich muss abgewogen

752 *Schreiber*, in: FS-Welzel, S. 941, 953.

753 *Hanack*, JZ 1972, S. 313, 314 f.; *J. Schmidt* spricht sich in diesem Zusammenhang gänzlich gegen derartige Vorhalte aus, NZWiSt 2014, S. 121–126.

754 Vgl. III. 7.

755 *Rieß*, JR 1987, S. 389, 392 mit Verweis auf BGHSt 22, S. 289, 294, in diesem Urteil entschied der *BGH*, dass die Laienrichter nicht befangen gewesen seien, obwohl die Presse eine eingehende Darstellung des Tatgeschehens veröffentlicht hatte, die an der Täterschaft des Angeklagten keinen Zweifel ließ.

756 Vgl. D. III. 5.

757 BGHSt 22, S. 289, 294, NJW 1969, S. 703 ff.

werden, welche potentielle Beeinflussung der Schöffen in Kauf genommen wird, sodass ihnen eine aktive Mitwirkung am Strafverfahren ermöglicht wird.

13. Zusammenfassung

Die vorhergehende Auseinandersetzung mit den einzelnen gesetzlichen Normen und der immer wieder von den Gegnern vorgebrachten Argumente gegen ein Akteneinsichtsrecht für Schöffen hat Folgendes gezeigt:

1. Es existiert keine gesetzliche Regelung, die es den Schöffen verbietet, Einsicht in die Akten zu nehmen. Die Normen, welche sich zu einem Akteneinsichtsrecht verhalten, sind wenigstens ambivalent auslegbar, wenn sie nicht gar eher für ein Akteneinsichtsrecht für Schöffen sprechen.
2. Sämtliche an verschiedenen gesetzlichen Formulierungen und Merkmalen festgemachte Contraargumente lassen sich ebenso gut für ein Akteneinsichtsrecht der Schöffen geltend machen.
3. Bei der Analyse ist aufgefallen, dass ein Akteneinsichtsrecht für Schöffen in der Literatur überwiegend theoretisch diskutiert wird, ohne die Argumente in die Praxis zu transferieren. Dass Schöffen beispielsweise Garanten des Unmittelbarkeitsprinzips sein sollen, ist zwar anhand der dahinterstehenden strafprozessualen Überlegungen nachvollziehbar, allerdings wird dieses Ideal in der Verfahrenswirklichkeit nicht gelebt. Diese idealisierende Praxisferne trägt zusätzlich zu einer Abstraktion des Themas bei und führt nicht zu konstruktiven Lösungen.
4. Die aus der Historie abgeleitete Überwachungsfunktion der Schöffen ist in den letzten Jahrzehnten auf Grund des berechtigten Vertrauens der Bevölkerung in eine unabhängige Justiz in den Hintergrund getreten, da die Berufsrichter unabhängig von der „staatlichen Obrigkeit" tätig werden. Die Überwachung der Berufsrichter im Hinblick darauf, ob diese von sachgerechten Erwägungen geleitet werden, ist jedoch nach wie vor aktuell.

Die Untersuchung der verschiedenen Normen und Aspekte hat ergeben, dass vor dem Hintergrund der vom GVG und der dazugehörigen Rechtsprechung des BGH geforderten Gleichstellung der Schöffen mit den Berufsrichtern die gewichtigeren Argumente für ein Akteneinsichtsrecht der Schöffen sprechen.

Um zu überprüfen, ob den Schöffen ein Akteneinsichtsrecht eingeräumt werden kann, soll zunächst untersucht werden, ob dies vor dem Hintergrund der Regelungen zur Verständigung im Strafverfahren und der zunehmenden äußerst umfangreichen Wirtschaftsstrafverfahren sinnvoll ist, bevor darauf eingegangen werden soll, wie ein etwaiges Akteneinsichtsrecht praktisch umsetzbar wäre.

VII. Handhabungen in anderen Gerichtsbarkeiten

Bevor auf die praktischen Konsequenzen eines Akteneinsichtsrechts der Schöffen eingegangen werden soll, ist ein Blick auf die Handhabung in ausgewählten anderen Gerichtsbarkeiten zur Einordnung und gegebenenfalls Behebung zunächst etwaig entstehender Probleme hilfreich.

1. Verwaltungsgerichtsbarkeit

Bei den Verwaltungsgerichten wirken zwei ehrenamtliche Richter neben drei Berufsrichtern in einer Kammer mit, solange nicht der Einzelrichter entscheidet, § 6 Abs. 3 VwGO. Bei den Senaten der Oberverwaltungsgerichte können – soweit dies die Landesgesetzgebung vorsieht – die Senate in der Besetzung von fünf Richtern entscheiden, von denen zwei auch ehrenamtliche Richter sein können, § 9 Abs. 3 VwGO. Beim Bundesverwaltungsgericht wirken hingegen keine ehrenamtlichen Richter mit. Die VwGO regelt in den §§ 19–34 die Ausschließungs- und Ablehnungstatbestände sowie die Berufungsvoraussetzungen der ehrenamtlichen Richter. Diese entsprechen zum großen Teil denen, die für die Schöffen gelten. Die ehrenamtlichen Richter können Einblick in die Akten nehmen,[758] auch wenn den ehrenamtlichen Richtern Fahrtkosten zum Gericht, um die Akten zu lesen, nicht ersetzt werden.[759]

2. Finanzgerichtsbarkeit

Ehrenamtlichen Richtern in der Finanzgerichtsbarkeit ist es nicht verboten, Einsicht in die Akten zu nehmen. § 16 FGO regelt nur:

> *„Der ehrenamtliche Richter wirkt bei der mündlichen Verhandlung und der Urteilsfindung mit gleichen Rechten wie der Richter mit.“*

Der Berichterstatter trägt zu Beginn der Verhandlung den wesentlichen Inhalt der Akten vor, § 92 Abs. 2 FGO. Zudem ist es den ehrenamtlichen Richtern nicht

758 NK-*Danker*, § 19 VwGO, Rn. 5.

759 *OVG Münster*, Beschl. v. 27. September 1989–6 E 158/89, NVwZ-RR 1990, 381, es stellt weiter fest, dass anders als im Strafprozess, *„das Gericht im verwaltungsgerichtlichen Verfahren gem. § 108 Abs. 1 VwGO nach seiner freien, aus dem Gesamtergebnis des Verfahrens gewonnenen Überzeugung [urteilt]. Das rechtfertigt es, den Informationsstand der ehrenamtlichen Richter über die mündliche Verhandlung bzw. die Beratung hinaus etwa durch die Übersendung dem Verfahren entstammender schriftlicher Unterlagen anzureichern“*, allerdings stellt es auch klar, dass die Laienrichter keinen Anspruch auf die Einsichtnahme hätten.

verboten, Einsicht in die Akten zu nehmen, wenn auch nicht unbedingt vor Beginn der Verhandlung.[760] In der Regel sollen die ehrenamtlichen Richter ihre Informationen jedoch nicht über die Einsichtnahme in die Prozessakten, sondern durch den Sachvortrag in der mündlichen Verhandlung – gegebenenfalls verbunden mit Ergänzungen in einem Gespräch vor der Sitzung oder während der Beratung – erhalten.[761]

3. Handelsgerichtsbarkeit

Die Landesregierungen wurden durch § 93 Abs. 1 GVG ermächtigt, durch Rechtsverordnung bei den Landgerichten für deren Bezirke oder für örtlich abgegrenzte Teile davon, Kammern für Handelssachen zu bilden. § 95 GVG erläutert dabei, welche bürgerlichen Rechtsstreitigkeiten Handelssachen im Sinne des GVG sind. Die Kammern für Handelssachen entscheiden in der Besetzung mit einem Mitglied des Landgerichts als Vorsitzenden und zwei ehrenamtlichen Richtern, soweit nicht der Vorsitzende zu entscheiden hat, § 105 Abs. 1 GVG. Zum ehrenamtlichen Richter kann ernannt werden, wer Deutscher ist, das dreißigste Lebensjahr vollendet hat und als Kaufmann, Vorstandsmitglied oder Geschäftsführer einer juristischen Person oder als Prokurist in das Handelsregister oder das Genossenschaftsregister eingetragen ist oder eingetragen war oder als Vorstandsmitglied einer juristischen Person des öffentlichen Rechts auf Grund einer gesetzlichen Sonderregelung für diese juristische Person nicht eingetragen zu werden braucht, § 109 Abs. 1 GVG. Weitere Voraussetzungen (Wohnort etc.) und Ausschlussgründe regelt § 109 Abs. 2 und 3 GVG (mit Verweis auf die für die Schöffen geltenden §§). Ebenso wie die Schöffen haben die ehrenamtlichen Richter in der Handelsgerichtsbarkeit gemäß § 112 GVG während der Dauer ihres Amts alle Rechte und Pflichten eines Richters und daher unumstritten auch ein Recht auf Akteneinsicht.[762]

4. Sozialgerichtsbarkeit

In der Sozialgerichtsbarkeit wirken ehrenamtliche Richter sowohl beim Sozialgericht (§ 9 Abs. 1 SGG) als auch beim Landessozialgericht (§ 30 Abs. 1 SGG) sowie beim Bundessozialgericht (§ 38 Abs. 2 SGG) mit. Dabei ist dezidiert geregelt, welcher Berufsgruppe ein Laienrichter angehören muss, um bei den einzelnen Verfahren mitwirken zu können, §§ 12 Abs. 2 bis Abs. 5 SGG. Ansonsten müssen

760 *BFH*, Beschl. v. 27. Oktober 2003 – VII B 196/03 (NV), BeckRS 2003, 25002743.
761 *BFH*, Beschl. v. 27. Oktober 2003 – VII B 196/03 (NV), BeckRS 2003, 25002743.
762 *Schulz*, JuS 2005, S. 909, 911 m.w.N.

ehrenamtliche Richter das 25. Lebensjahr vollendet haben, § 16 Abs. 1 SGG, und je nach Verfahren bestimmte Voraussetzungen erfüllen, § 16 Abs. 3–6 SGG. Da die ehrenamtlichen Richter in der Sozialgerichtsbarkeit das Amt mit gleichen Rechten wie der Berufsrichter ausüben (§ 19 Abs. 1 SGG), haben sie auch das Recht, Einsicht in die Akten zu nehmen.[763]

5. Arbeitsgerichtsbarkeit

Die Kammer beim Arbeitsgericht, § 16 ArbGG, sowie die Kammer beim Landesarbeitsgericht, § 35 Abs. 2 ArbGG, besteht aus einem Vorsitzenden und zwei ehrenamtlichen Richtern. Die ehrenamtlichen Richter stammen je zur Hälfte aus den Kreisen der Arbeitnehmer und der Arbeitgeber. Die ehrenamtlichen Richter beim Arbeitsgericht müssen das 25. Lebensjahr, § 25 Abs. 1 ArbGG, und die Laienrichter beim Landesarbeitsgericht das 30. Lebensjahr vollendet haben, § 37 Abs. 1 ArbGG. Außerdem – und hierin liegt eine Besonderheit – sollen sie mindestens fünf Jahre ehrenamtliche Richter eines Gerichts für Arbeitssachen gewesen sein, § 37 Abs. 1 ArbGG. Die ehrenamtlichen Richter beim Bundesarbeitsgericht – die Senate sind mit einem Vorsitzenden und je zwei Berufs- und Laienrichtern besetzt – müssen nicht nur das fünfunddreißigste Lebensjahr vollendet haben, sondern darüber hinaus

> „*besondere Kenntnisse und Erfahrungen auf dem Gebiet des Arbeitsrechts und des Arbeitslebens besitzen und sollen mindestens fünf Jahre ehrenamtliche Richter eines Gerichts für Arbeitssachen gewesen sein*“, § 43 Abs. 2 ArbGG.[764]

Die Laienrichter in der Arbeitsgerichtsbarkeit haben neben der Eigenschaft als Arbeitgeber- bzw. Arbeitnehmervertreter und der in den komplexeren Verfahren notwendigen Erfahrung nach übereinstimmender Auffassung auch das Recht, Einsicht in die Gerichtsakten zu nehmen.[765]

---

763 So beispielsweise auch der Leitfaden für ehrenamtliche Richterinnen und Richter in der Sozialgerichtsbarkeit des Justizministeriums des Landes Baden-Württemberg, http://www.jum.baden-wuerttemberg.de/pb/site/ jum/get/documents/jum1/JuM/import/justizministerium%20baden-w%C3%BCrttemberg/pdf/in/Internetversion%20Richter%20in%20der%20Sozialgerichtsbarkeit%20-%202012%20-%20.pdf, abgerufen am 22. Dezember 2014.

764 Im Gegensatz dazu kann ein Laienrichter das erste Mal in seinem Leben als Schöffe in eine große Wirtschaftsstrafkammer berufen werden.

765 NK-*Wolmerath*, § 31 ArbGG, Rn. 7 f. und 35; *Hohmann*, Die ehrenamtlichen Richterinnen und Richter in der Arbeits- und Sozialgerichtsbarkeit, S. 94 ff., 128 ff.; *Prütting*/Germelmann/Matthes, § 6 ArbGG, Rn. 16.

Soweit ein Bedürfnis besteht, können durch Rechtsverordnung gemäß § 17 Abs. 2 ArbGG sogar sogenannte Fachkammern für die Streitigkeiten bestimmter Berufe und Gewerbe und bestimmter Gruppen von Arbeitnehmern gebildet werden. Diese sind ebenfalls mit Laienrichtern besetzt. Die Arbeitnehmer und Arbeitgeber sollen aus den Kreisen stammen, für die die Fachkammer gebildet wurde, § 30 ArbGG. Wenn also für eine Berufsgruppe eine Fachkammer gebildet wurde, soll diese auch mit den entsprechend ausgebildeten Laienrichtern besetzt sein.

Die Arbeitsgerichtsbarkeit hat daher der Strafgerichtsbarkeit dreierlei voraus:

1. Die Laienrichter haben das Recht, die Akten zu lesen.
2. Die Laien müssen bei umfangreicheren Verfahren Erfahrungen als Laienrichter im Arbeitsgerichtsprozess haben.
3. Für spezielle Fachkammern werden auch spezialisierte Laienrichter eingesetzt.

Überträgt man diese Handhabung auf den Strafprozess, könnte die Stellung der Schöffen dadurch erheblich gestärkt werden, wenn

1. den Schöffen ebenfalls das Recht zugestanden würde, Einsicht in die Akten zu nehmen;
2. Schöffen in Umfangsverfahren schon Erfahrungen in anderen Strafverfahren gesammelt hätten und
3. Schöffen in Verfahren nach § 74c GVG – in Umfangsverfahren – auch eine besondere Ausbildung hätten.

Es ist jedoch unrealistisch anzunehmen, dass über die Wirtschaftsstrafkammern hinaus weitere spezialisierte Kammern, wie beispielsweise Kammern für Bank- und Kapitalmarktstrafrecht, Kammern für Steuerstrafrecht oder Kammern für Korruptionsrecht, gebildet werden. Zum einen wären solche Kammern nicht ausgelastet und zum anderen wäre es schwierig, eine klare Zuständigkeitsabgrenzung zu formulieren. Dennoch ist erkennbar, dass die Tendenz beim Einsatz von Laienrichtern dahin geht, in schwierigen Rechtsfragen und Prozesskonstellationen, solche Laienrichter einzusetzen, die sich mit der zu verhandelnden Materie auskennen oder wenigstens eine gewisse Lebens- und Prozesserfahrung besitzen.

6. Zusammenfassung

Die ehrenamtlichen Richter haben in den anderen Gerichtsbarkeiten die unumstrittene Möglichkeit, die Akten zu lesen. Dabei spielt es keine Rolle, ob die Richter besondere Kenntnisse haben oder Laien sind. Wichtig ist festzustellen, dass in den anderen Gerichtsbarkeiten auch die Grundsätze der Unmittelbarkeit und Mündlichkeit gelten und diese dem Akteneinsichtsrecht der dort beteiligten Laienrichter nicht entgegenstehen.

VIII. Besonderheiten der Beteiligung der Schöffen bei Verständigungen im Strafverfahren

Durch die Einführung der Verständigung im Strafverfahren sollte die bereits lange geübte Praxis der „Deals" und die dazugehörige Rechtsprechung des BGH aus Gründen der Rechtssicherheit und Rechtseinheit normiert werden.[766] Sinn und Zweck der Verständigung soll die Abkürzung des Verfahrens sein, indem man sich auf das weitere Vorgehen, ein bestimmtes Verfahren oder einen zu erwartenden Strafrahmen verständigt.[767]

Für die Schöffen stellt sich in diesem Zusammenhang ein großes, bisher noch nicht ausreichend diskutiertes und nicht gelöstes Problem: Grundlage der Verständigungsgespräche sind regelmäßig die Verfahrensakten und nur in seltenen Fällen bereits in der Hauptverhandlung verhandelte Sachverhalte.[768] Das lehrt die Verfahrenspraxis nachhaltig.

Bei der Durchsicht sämtlicher amtlicher Dokumente[769] zu dem Gesetzgebungsprozess der Verständigung im Strafverfahren gewinnt man den Eindruck, dass die Rolle und die Aufgaben der Schöffen nicht berücksichtigt wurden. Sie

---

766 *BGH*, Großer Strafsenat, Beschl. v. 3. März 2005 – GrSSt 1/04 (*LG Lüneburg, LG Duisburg*), NJW 2005, S. 1440 ff.

767 Das *BVerfG* hat mit seiner Entscheidung v. 19. März 2013–2 BvR 2628/10, 2 BvR 2883/10, 2 BvR 2155/11 (BeckRS 2013, 48285) die Verfassungsmäßigkeit der gesetzlichen Regelung zur Verständigung im Strafprozess festgestellt, daher soll hier nicht weiter auf diese Diskussion eingegangen werden; weiterführende Literatur dazu: *Mosbacher*, NZWiSt 2013, S. 201 ff.; *König*, NJW 2012, S. 1915 ff.; *Moldenhaur/Wenske*, NStZ 2012, S. 184 ff.; *Theile*, NStZ 2012, S. 666 ff.; *Polomski*, DRiZ 2011, S. 315 f.

768 *Ignor*, SSW, § 257c StPO, Rn. 26.

769 BR-Drs. 65/09 (Gesetzentwurf), BT-Drs. 16/12310 (Gesetzentwurf der Bundesregierung v. 18. März 2009), BT-Drs. 16/11736 (Gesetzentwurf der Fraktionen der CDU/CSU und SPD v. 27. Januar 2009), S. 10; BT-Drs. 16/13095 (Beschlussempfehlung und Bericht), Plenum: 1. Durchgang: BR-PlPr. 856, S. 68D-73A, 1. Beratung: BT PlPr. 16/211, S. 22760C-22762D, 2. Beratung: BT-PlPr. 16/224, S. 24546B-24572A, 3. Beratung: BT-PlPr. 16/224, S. 24570D, 2. Durchgang: BR-PlPr. 860, S. 303 D-306C; Gesetz v. 29. Juli 2009-Bundesgesetzblatt Teil I 2009 Nr. 49, 3. August 2009, S. 2353.

sind überhaupt nur an zwei Stellen genannt. Zum einen wird erwähnt, dass sie bei Verständigungen im Rahmen von § 202a StPO nicht mitwirken:

> *„Die Besetzung des ‚Gerichtes' folgt den allgemeinen Regeln. Damit ist im Eröffnungsverfahren die Mitwirkung von Schöffen ausgeschlossen. Denn den Schöffen ist die Ausübung des Richteramtes – nur – während der Hauptverhandlung zugewiesen (§§ 30 Absatz 1, 77 Absatz 1 des Gerichtsverfassungsgesetzes – GVG).“*[770]

Zum anderen wird festgehalten, dass Schöffen bei der Regelung des § 257b StPO auch unter den Begriff des Gerichts zu subsumieren sind:

> *„Das ‚Gericht' im Sinne dieser Vorschrift bezeichnet – den allgemeinen Regelungen der Strafprozessordnung entsprechend – die Gesamtheit der Richter einschließlich der Schöffen.“*[771]

1. Mitwirkungsmöglichkeiten der Schöffen bei Verständigungen

Um darstellen zu können, an welchen Stellen die Schöffen durch den Gesetzgebungsprozess vernachlässigt wurden, ist es erforderlich, die Verständigung in den einzelnen Verfahrensabschnitten eines Strafprozesses kurz zu skizzieren.

a) Verständigung im Ermittlungsverfahren

Gemäß § 160b StPO kann die Staatsanwaltschaft im Ermittlungsverfahren den Stand des Verfahrens mit den Verfahrensbeteiligten erörtern. Der wesentliche Inhalt der Gespräche ist aktenkundig zu machen (auch wenn das in der Praxis erfahrungsgemäß selten umgesetzt wird). Bei der Erörterung des Verfahrensstandes im Ermittlungsverfahren sind vielfältige Möglichkeiten der Einigung vorstell- und umsetzbar.[772] Da aber hier die Mitwirkung der Schöffen ausgeschlossen ist, soll darauf nicht weiter eingegangen werden.

b) Verständigung im Zwischenverfahren

§ 202a StPO regelt die Erörterung des Verfahrens vor der Eröffnung des Hauptverfahrens. Besteht die Möglichkeit, dass das Gericht das Hauptverfahren eröffnet, kann es den Stand des Verfahrens mit den Verfahrensbeteiligten diskutieren,

---

770 BR-Drs. 65/09 (Gesetzentwurf), S. 14; BT-Drs. 16/12310 (Gesetzentwurf der Bundesregierung v. 18. März 2009), S. 12.

771 BR-Drs. 65/09 (Gesetzentwurf), S. 14; BT-Drs. 16/12310 (Gesetzentwurf der Bundesregierung v. 18. März 2009), S. 13.

772 Münchener Anwaltshandbuch, *Ignor/Matt/Wieder*, Teil C, § 13, Rn. 92 ff.; Wabnitz-Janovsky/*Krause*, Kapitel 26, B, Rn. 153 ff.

soweit dies geeignet erscheint, das Verfahren zu fördern, § 202a StPO. Diese letzte Prämisse gilt für alle Verständigungsgespräche, gleich in welchem Verfahrensstadium.

Alle Verständigungsvorschriften beziehen sich darauf, dass an der Verständigung nur die *„Verfahrensbeteiligten"* mitwirken können. Zu denen zählen im Zwischenverfahren noch keine Laienrichter, vgl. §§ 30 Abs. 1, 77 Abs. 1 GVG. Relevant wird die Aufgabe der Schöffen erst im Hauptverfahren, da Schöffen dem Berufsrichter gemäß § 30 Abs. 1 GVG *„während der Hauptverhandlung"* gleichgestellt sind.

c) Verständigung im Hauptverfahren

Ein anderes Bild ergibt sich jedoch für das Hauptverfahren. Hier dürfen die Laienrichter – allerdings nur in bestimmten Konstellationen – an den Verständigungsgesprächen teilnehmen.

aa) Nach Eröffnung des Hauptverfahrens, §§ 212, 202a StPO

Nach der Eröffnung des Hauptverfahrens – aber noch vor Beginn der Hauptverhandlung – gilt § 202a StPO gemäß § 212 StPO entsprechend. Das Gericht kann also auch noch nach der Zulassung der Anklage mit den Verfahrensbeteiligten den Verfahrensstand erörtern. § 30 GVG regelt, dass die Schöffen *„während der Hauptverhandlung"* das Richteramt in vollem Umfang und mit gleichem Stimmrecht wie die Richter beim Amtsgericht ausüben. Die außerhalb der Hauptverhandlung erforderlichen Entscheidungen werden von dem Richter beim Amtsgericht erlassen. Die Laienrichter dürfen mithin nur dann an den Verständigungsgesprächen teilnehmen, wenn diese *„während der Hauptverhandlung"* stattfinden. Das Gleiche gilt für Verfahren vor dem Landgericht. Auch hier entscheidet entweder der Vorsitzende allein oder nur die Berufsrichter, §§ 74 f Abs. 4 S. 2, 76 Abs. 1 S. 2, Abs. 6 S. 2 GVG:

> *„[…] Außerhalb der Hauptverhandlung wirken die Schöffen nicht mit / entscheidet der Vorsitzende allein."*

Die Mitwirkung der Schöffen ist daher auch in diesem Verfahrensstadium noch ausgeschlossen. Mit *„Gericht"* im Sinne der §§ 202a, 212 StPO sind entsprechend den §§ 30 Abs. 1, 77 Abs. 1 GVG nur die Berufsrichter gemeint.

bb) Während der Hauptverhandlung, §§ 257b, 257c StPO

Gemäß § 257b StPO kann das Gericht in der Hauptverhandlung den Stand des Verfahrens mit den Verfahrensbeteiligten erörtern. In dieser Konstellation wären die Schöffen erstmals an einer solchen Erörterung beteiligt. § 257c Abs. 1 StPO formuliert:

„Das Gericht kann sich in geeigneten Fällen mit den Verfahrensbeteiligten nach Maßgabe der folgenden Absätze über den weiteren Fortgang und das Ergebnis des Verfahrens verständigen. § 244 Absatz 2 bleibt unberührt.“

Während der Hauptverhandlung sind die Schöffen ein Teil des Gerichts im Sinne des § 257c StPO und nehmen als „*Gericht*“ an einer Urteilsabsprache teil.

In der Hauptverhandlung muss der Vorsitzende mitteilen, ob zuvor Erörterungen nach den §§ 202a, 212 StPO stattgefunden haben, wenn deren Gegenstand die Möglichkeit einer Verständigung (§ 257c StPO) gewesen ist, und wenn ja, deren wesentlichen Inhalt, § 243 Abs. 4 StPO. Das Hauptverhandlungsprotokoll muss den wesentlichen Ablauf, den Inhalt, das Ergebnis der Verständigung nach § 257c StPO sowie die vorgeschriebenen Mitteilungen und Belehrungen, § 273 Abs. 1a S. 2 und 3 StPO, wiedergeben. Hat eine Verständigung nicht stattgefunden, ist dies ebenfalls im Protokoll zu vermerken, § 273 Abs. 1a S. 3 StPO.[773]

cc) Außerhalb der Hauptverhandlung

Nach Beginn der Hauptverhandlung können weiterhin Verständigungsgespräche außerhalb der Hauptverhandlung – namentlich in den Hauptverhandlungspausen oder -unterbrechungen – stattfinden.[774] Grundsätzlich nehmen Schöffen an diesen Entscheidungen des Gerichts nicht teil, § 30 Abs. 2 GVG. Allerdings muss über diese Erörterungen in der Hauptverhandlung berichtet werden, § 243 Abs. 4 S. 2 StPO.

Es bleibt festzuhalten, dass Schöffen an Verständigungsgesprächen nur dann mitwirken können, wenn diese während der Hauptverhandlung stattfinden. Aber gerade in diesem Verfahrensstadium finden in der Praxis nur selten Verständigungen statt.[775]

d) Zwischenergebnis

Bei den im Ermittlungs-, Zwischen- und Hauptverfahren – hier vor und außerhalb der Hauptverhandlung – geführten Verständigungsgesprächen werden die Schöffen folglich nicht beteiligt. § 30 Abs. 1 GVG garantiert den Schöffen nur, dass diese während der Hauptverhandlung „*das Richteramt in vollem Umfang und mit gleichem Stimmrecht*“ wie die Berufsrichter ausüben.

---

773 Dazu auch *BGH*, Urt. v. 10. Juli 2013–2 StR 195/12, BeckRS 2013, 13639 m. Anm. *Lilie-Hutz*.

774 *Wenske*, DRiZ 2011, S. 393, 394; *J. Peters*, Urteilsabsprachen im Strafprozess, S. 243 f.; *Eschelbach*, BeckOK, Edition 27, § 257b StPO, Rn. 10.

775 So bspw. auch *Eschelbach*, BeckOK, Edition 27, § 257b StPO, Rn. 10.

2. Auswirkungen der eingeschränkten Mitwirkungsmöglichkeit

Die Gesetzesentwürfe zur Verständigung im Strafverfahren erwähnen nur die fehlende Mitwirkung der Schöffen vor dem Hauptverfahren,[776] und das auch nur mit einem Absatz; zu der Mitwirkung der ehrenamtlichen Richter im Hauptverfahren verhalten sie sich allenfalls am Rande. Die Problematik für die Schöffen manifestiert sich in deren fehlendem Wissen über den Inhalt der Verständigung. Die hieraus folgenden Konsequenzen werden im Folgenden dargestellt.

a) Keine Überprüfbarkeit des Geständnisses des Angeklagten durch die Schöffen

Legt der Angeklagte auf Grund eines vorangegangenen Verständigungsgespräches, an dem die Schöffen nicht teilgenommen haben, in der Hauptverhandlung ein Geständnis ab, so sind die Schöffen nicht in der Lage, den Wahrheitsgehalt, den Hintergrund und den Umfang dieses Geständnisses tatsächlich einzuschätzen.[777] Sie können ihn nicht mit dem Inhalt der Akten abgleichen, da sie keinen Einblick in die Akten haben. Auf Grund des fehlenden Aktenwissens können die Schöffen nicht beurteilen, ob das Geständnis lückenhaft ist oder gerade so weit geht, wie dem Täter die Tat anhand der Akten ohnehin hätte nachgewiesen werden können. Sie haben folglich keine Möglichkeit, selbst zu würdigen und zu entscheiden, ob und in welchem Maße das Geständnis strafmildernd berücksichtigt werden sollte. Sie müssen sich auf das Urteil der Berufsrichter – die die Akten kennen – verlassen und verlieren so einen Teil ihrer konstitutionellen Unabhängigkeit.

b) Rechtsprechung zur Überprüfbarkeit des Geständnisses

Das BVerfG und dem folgend der BGH haben vorgeschrieben, dass das im Rahmen einer Verständigung abgelegte Geständnis des Angeklagten im Strengbeweisverfahren überprüft werden soll.[778] Man könnte folglich annehmen, dass die Schöffen die für eine Urteilsfällung notwendigen Informationen erhalten, indem das im Rahmen der Verständigung abgelegte Geständnis durch eine

776 BT-Drs. 16/11736 (Gesetzentwurf der Fraktionen der CDU/CSU und SPD v. 27. Januar 2009), S. 10; BR-Drs. 65/09 (Gesetzentwurf), S. 14; BT-Drs. 16/12310 (Gesetzentwurf der Bundesregierung v. 18. März 2009), S. 12.

777 *Eschelbach*, BeckOK, Edition 27, § 257c StPO, Rn. 6.3.

778 *BGH*, Beschl. v. 5. November 2013–2 StR 265/13, NStZ 2014, S. 170 f. mit Verweis auf *BVerfG*, Urt. v. 19. März 2013–2 BvR 2628/10 m. Anm. *Mosbacher*, NZWiSt 2013, 201 ff.

Beweiserhebung in der Hauptverhandlung überprüft wird.[779] Diese Überprüfung soll auch der Öffentlichkeit möglich sein; das BVerfG misst der Kontrollfunktion der Öffentlichkeit[780] und damit auch den Schöffen, eine besondere Bedeutung bei.

Es habe sich herausgestellt, dass die Öffentlichkeit nur dann ihre Kontrollfunktion ausüben könne, wenn sie die Informationen erhalte, *„die zur Beurteilung der Angemessenheit einer etwaigen Verständigung erforderlich sind.*"[781] Weiter müssten die wesentlichen Inhalte *„alle[r] Erörterungen"* in der Hauptverhandlung mitgeteilt und protokolliert werden.[782] Der wesentliche Ablauf sowie das Ergebnis der Verständigung müssen gemäß § 273 Abs. 1a S. 1 StPO wiedergegeben und protokolliert werden, wobei die eigentliche Verständigung erst in der Hauptverhandlung stattfinden kann.[783]

In der Praxis und in der Literatur werden gegen diese Prämisse immer mehr Stimmen[784] laut. Es wird kritisiert, dass das BVerfG die Anwendung einer „Beweis(würdigungs)regel" (Überprüfung des Geständnisses durch Beweiserhebung in der Hauptverhandlung) verlange, dass also entgegen § 261 StPO der Tatrichter nicht allein auf Grund des Geständnisses zu einem Urteil kommen dürfe.[785] Dies laufe nicht nur dem Schutz der Zeugen, die gegebenenfalls Opfer seien, zuwider, sondern würde verfassungsrechtlichen Grundsätzen (Art. 20 Abs. 3 GG) freier Beweiswürdigung widersprechen,[786] zumal das BVerfG

---

779 *BVerfG*, Urt. v. 19. März 2013–2 BvR 2628/10 m. Anm. *Mosbacher*, NZWiSt 2013, 201 ff.; *BGH*, Beschl. v. 5. November 2013–2 StR 265/13, NStZ 2014, S. 170 f.

780 *BVerfG*, NJW 2013, S. 1058, 1064 f. Dem in § 169 GVG niedergelegten Grundsatz der Öffentlichkeit hat der Gesetzgeber durch die Mitteilungspflicht in § 243 Abs. 4 StPO Rechnung getragen; BT-Drs. 16/12310, S. 12; zuletzt durch Beschl. des *BVerfG* – 2 BvR 2055/14 – v. 15. Januar 2015 erneut bekräftigt.

781 *BVerfG*, NJW 2013, S. 1058, 1065.

782 *BVerfG*, NJW 2013, S. 1058, 1065.

783 *„Die Protokollierungspflicht hinsichtlich der Verständigung geht also über die Protokollierung der nach § 243 Abs. 4 StPO vorgeschriebenen Mitteilung hinaus.",* *BVerfG*, NJW 2013, S. 1058, 1065.

784 *Jahn*, Anm. zu *BGH*, Beschl. v. 5. November 2013–2 StR 265/13, NStZ 2014, S. 170 f. mit Verweis auf *Sander*, in: Referate und Diskussionen auf dem 4. Karlsruher Strafrechtsdialog 2013, S. 53, 57.

785 *Jahn*, Anm. zu *BGH*, Beschl. v. 5. November 2013–2 StR 265/13, NStZ 2014, S. 170 f. mit Verweis auf *Sander*, in: Referate und Diskussionen auf dem 4. Karlsruher Strafrechtsdialog 2013, S. 53, 57.

786 *Sander*, in: Referate und Diskussionen auf dem 4. Karlsruher Strafrechtsdialog 2013, S. 53, 57.

einfaches Recht auslege und gemäß § 31 BVerfGG der Entscheidung insoweit keine Bindungswirkung zukomme.[787]

Das BVerfG hält es allerdings zur Ausübung der Kontrollfunktion der Schöffen für ausreichend, dass relevante Teile der Ermittlungsakten als Vorhalte oder im Wege des Selbstleseverfahrens eingeführt werden.[788] Das läuft nach *Weigend* auf eine bloße Bestätigung der polizeilichen Ermittlungen heraus, ohne dass der Richter eigenständig ermittelnd tätig werde (gemeint sind Zeugenvernehmungen o.Ä.).[789] Dadurch würde die Forderung des BVerfG nach einer hinreichenden Sachaufklärung *„zur Hälfte zurück"* genommen.[790]

Diese dargestellten Aspekte belegen die Vorbehalte gegen eine Beschränkung der Öffentlichkeit, zeigen die Grenzen einer Kontrollmöglichkeit auf und damit auch die Beschränkung der Mitwirkungsmöglichkeit der Schöffen. Wenn die vom BVerfG zunächst geforderte Beweiserhebung durch die Einführung von Teilen der Ermittlungsakte im Wege des Selbstleseverfahren ersetzt wird, wird den Schöffen nur eine schriftliche Auswahl dessen zur Kenntnis gereicht, was von den Berufsrichtern als relevant eingestuft wurde. Die Laienrichter können sich nicht selbst ein Bild davon machen, ob die durch die Berufsrichter ausgewählten Aktenteile vollständig und ausreichend sind, da sie die Verfahrensakten nicht kennen. Sie müssen sich auf die Auswahl der Berufsrichter verlassen. Durch die Einschränkung des BVerfG, die relevanten Aktenteile auch im Wege des Selbstleseverfahrens in die Hauptverhandlung einzuführen, wird den Schöffen die Möglichkeit genommen, selbst zu entscheiden, welche Teile der Akten zur Überprüfbarkeit des Geständnisses des Angeklagten notwendig und damit für den Abschluss des Verfahrens entscheidend sind. Der Versuch des BVerfG, Absprachen nicht zuletzt auch für Schöffen transparenter werden zu lassen, ist folglich nicht geglückt.

c) Strafzumessungserwägungen nicht für Schöffen überprüfbar

Im Rahmen einer Verständigung außerhalb der Hauptverhandlung ist zwischen allen Verfahrensbeteiligten – außer den Schöffen – bereits darüber gesprochen worden, welche Rechtsfolgen für die dem Täter vorgeworfene Tat in Betracht

---

787 *Jahn*, Anm. zu *BGH*, Beschl. v. 5. November 2013–2 StR 265/13, NStZ 2014, S. 170 f. m.w.N.; *Niemöller*, Anm. zu *BVerfG*, Urt. v. 19. März 2012, StV 2013, S. 420, 421; *Jahn*, JuS 2013, S. 659, 661; a.A. *OLG Rostock*, Beschl. v. 5. August 2013–1 Ss 86/12, NStZ-RR 2013, S. 351, 352; *Beulke/Stoffer*, JZ 2013, S. 662, 671.

788 *BVerfG*, NJW 2013, S. 1058, 1063.

789 *Weigend*, Anm. zu *BVerfG*, Urt. v. 19. März 2013–2 BvR 2628/10, StV 2013, S. 424, 425.

790 *Weigend*, Anm. zu *BVerfG*, Urt. v. 19. März 2013–2 BvR 2628/10, StV 2013, S. 424, 425.

kommen und wie hoch die Strafober- und Untergrenze sein soll, § 257c Abs. 3 StPO. Faktisch wird bei den meisten Gesprächen jedoch ein ziemlich genaues Ergebnis im Gegenzug zu einem Geständnis ausgehandelt werden. Verständigungsgespräche finden in der Praxis grundsätzlich nicht in der öffentlichen Hauptverhandlung statt.[791] Den Schöffen fehlen dadurch wichtige Informationen. Außerdem werden Hauptverhandlungen, wenn in einem vorherigen Verfahrensstadium eine Verständigung zwischen den Verfahrensbeteiligten stattgefunden hat, in den seltensten Fällen wie eine „normale" Hauptverhandlung geführt, da eben durch die Verständigung das Verfahren verkürzt werden soll. Auch wenn das BVerfG eine strengbeweisliche Kontrolle des Geständnisses fordert,[792] so wird auch nach einer substantiierten Aussage des Beschuldigten keine volle Beweisaufnahme mehr erfolgen, sondern nur eine zur Prüfung des Geständnisses.[793] *König* kommt somit richtigerweise zu dem Ergebnis, dass das Votum der Schöffen – obwohl diese dasselbe Stimmgewicht wie die Berufsrichter haben – *„ohne substantielle Grundlage"* bleibt.[794] Viele sehen darin richtigerweise eine Verletzung von Art. 101 Abs. 1 S. 2 GG.[795]

Ohne eine „normale" Durchführung der Hauptverhandlung oder die Aktenkenntnis fehlen den Schöffen wichtige Informationen, die notwendig wären, um einen substantiellen Beitrag zu den Strafzumessungserwägungen leisten zu können. Das von Strafverteidigern gern zitierte „schlanke Geständnis"[796] des Angeklagten kann demzufolge zu einem „schlanken Urteil" für die Schöffen führen.

Ohne eine Beteiligung der Schöffen sei es ausgeschlossen, dass dem Angeklagten wirksam Strafgrenzen mit der Bindungswirkung des § 257c Abs. 4 StPO in Aussicht gestellt würden.[797] Diese an eine Verständigung gestellten Anforderungen sind gut und richtig. Allerdings zieht das BVerfG daraus nicht die notwendigen Schlüsse, worauf noch einzugehen ist.

---

791 *Eschelbach*, BeckOK, Edition 27, § 257b StPO, Rn. 10 *Malek*, Verteidigung in der Hauptverhandlung, Rn. 310.

792 *BVerfG*, NJW 2013, S. 1058, 1064 f.

793 *Eschelbach*, BeckOK, Edition 27, § 257b StPO, Rn. 11.

794 *König*, Die Beteiligung der Schöffen an der Rechtsprechung aus der Sicht eines Strafverteidigers, S. 623, 628.

795 *Dippel*, in: FS-Widmaier 2008, S. 105, 122 – allerdings noch zu der Handhabung bei Deals; so auch *Fischer*, StraFo 2009, S. 177, 183; *Löffler*, Absprachen im Strafprozess, S. 125 f.

796 Dazu *Malek*, Verteidigung in der Hauptverhandlung, Rn. 260 und *Eschelbach*, in: FS-Rissing-Van Saan, S. 132, 134.

797 *BVerfG*, NJW 2013, S. 1058, 1065.

d) Faktischer Ausschluss der Schöffen

Die vorgenannten Probleme und die Verständigungsmöglichkeiten der Prozessbeteiligten in den verschiedenen Verfahrensstadien zeigen zum einen, dass Schöffen nach der derzeitigen Gesetzeslage nur an Verständigungen, die während der Hauptverhandlung stattfinden, teilnehmen können. Zum anderen wird deutlich, dass sie selbst an diesen nicht effektiv mitwirken können, da ihnen die notwendigen Informationen aus vorhergehenden Verständigungsgesprächen und insbesondere die Informationen aus der Verfahrensakte fehlen.

Ob den Transparenz- und Dokumentationsvorschriften nach § 243 Abs. 4 StPO und § 273 Abs. 1a StPO immer ausreichend nachgekommen wird, können die Schöffen nicht überprüfen.[798] Die vorgeschriebenen Mitteilungen können außerdem das Informationsdefizit über den Inhalt der bereits geführten Gespräche in den vorangegangenen Verfahrensstadien nicht aufwiegen.[799]

Eschelbach mahnt zu Recht:[800]

> *„Was in §§ 257b, 257c an Offenheit demonstriert wird, verliert sich unbeschadet der Transparenzregel nach § 212 wieder in Heimlichkeit und Unklarheit über Beweis- und Strafzumessungsgründe sowie Subsumtionsdetails […].“*

Die faktisch fehlende Mitwirkungsmöglichkeit für Schöffen haben viele Wissenschaftler und Praktiker vor und nach dem Erlass des Gesetzes über die Verständigung im Strafverfahren angemahnt,[801] ohne dass diese mahnenden Worte durch den Gesetzgeber gehört worden wären. Der derzeitige Zustand ist jedenfalls auf Dauer so nicht haltbar.[802] *Eschelbach* formuliert das Problem drastisch:

> *„Die Aushandlung von Bedingungen für Strafmaßzusagen, die Herbeiführung eines mehr oder weniger inhaltsarmen Geständnisses und dessen Kontrolle anhand des Akteninhalts hinter den Kulissen und weitgehend ohne Mitwirkung der Schöffen […], sind mit den Grundsätzen des Strengbeweisverfahrens unvereinbar […]. Deshalb können sie nicht akzeptiert werden.“*[803]

Den Schöffen muss demzufolge die Möglichkeit gegeben werden, auch bei Verständigungen, die vor der Hauptverhandlung oder während der Unterbrechungen stattfinden aktiv mitzuwirken. Ansonsten läuft das Laienrichteramt bei dieser Art

798 *Eschelbach*, BeckOK, Edition 27, § 257c StPO, Rn. 6.3.

799 So auch *Eschelbach*, BeckOK, Edition 27, § 257b StPO, Rn. 10.

800 *Eschelbach*, BeckOK, Edition 27, § 257b StPO, Rn. 10.

801 Bspw. *Altenhain/Hagemeier/Haimerl*, NStZ 2007, S. 71, 75; *Fischer*, StraFo 2009, S. 177, 183; *Löffler*, Absprachen im Strafprozess, S. 125 f.; *Weigend*, in: FS-Maiwald, S. 829, 834 f., 843 f.; *Schünemann*, in: FS Geppert, S. 649, 651.

802 *Eschelbach*, BeckOK, Edition 27, § 257c StPO, Rn. 6.4.

803 *Eschelbach*, BeckOK, Edition 27, § 257c StPO, Rn. 6.4.

der Verständigung leer.[804] Eine entsprechende Möglichkeit der Mitwirkung haben sie aber nicht, wenn sie keine Aktenkenntnis besitzen.[805]

Außerdem setzt sich ein Schöffe, der sich an einer Verständigung beteiligt, die in der Hauptverhandlung und vor dem Beginn der Beweisaufnahme stattfindet, womöglich dem Vorwurf der Befangenheit aus, da er die Grundlage der Verständigung nicht kennt.[806] Denn eine Erörterung des Verfahrensstandes setzt voraus, dass sich das Gericht von dem gegen den Angeklagten erhobenen Vorwurf ein Bild gemacht hat. Hierfür reicht allein die Verlesung des Anklagesatzes nicht aus.[807] Die Grundlage eines Verständigungsvorschlages kann in diesem Verfahrensstadium nur der Inhalt der Akten sein.[808]

Auch *Velten* ist der Ansicht, dass die Laienrichter – um an einer Verständigung mitwirken zu können, Einblick in die Aktenkenntnis haben „*müssen*".[809]

Strate hat das Problem im Hinblick auf § 257c StPO treffend und prägnant zusammengefasst:

> *„So fällt es leicht, aus einer gut begründeten Verdachtshypothese – allein auf Grundlage der Akten und unter* ***faktischer Ausschaltung der Schöffen*** *– ein Urteil werden zu lassen."*[810]

Man muss feststellen, dass die Schöffen zu Statisten werden,[811] weil sie zur Entscheidungsfindung substantiell nichts beitragen können.[812] Die Position der Berufsrichter bei Verständigungen ist so stark, dass die Schöffen an den Rand

---

804 *Altenhain/Hagemeier/Haimerl*, NStZ 2007, S. 71, 75.

805 *Eschelbach* teilt diese Auffassung, soweit es für die Verständigung auf Akteninhalte ankommt; BeckOK, Edition 27, § 257c StPO, Rn. 6.3. *Moldenhauer/Wenske* schlagen hierzu vor, den Schöffen das wesentliche Ergebnis der Ermittlungen zu überlassen, KK-*Moldenhauer/Wenske* § 257c StPO Rn. 5b.

806 *Eschelbach*, BeckOK, Edition 27, § 257b StPO, Rn. 8; anders jedoch *BGH*, Urt. v. 14. April 2011–4 StR 571/10, NStZ 2011, S. 590, der die Auffassung vertritt, dass in dem Anklagesatz „*alle Taten konkret geschildert*" gewesen seien und die Schöffen sich daher in der Beratung „*eine eigene Meinung über die Angemessenheit der von den Berufsrichtern für sachgerecht erachteten Strafobergrenzen*" bilden konnten.

807 So auch *Eschelbach*, BeckOK, Edition 27, § 257b StPO, Rn. 8.

808 So auch SK-*Velten*, § 257c StPO, Rn. 19.

809 SK-*Velten*, § 257c StPO, Rn. 19; es würde den Anforderungen von „*Art. 97 Abs. 1, 101 Abs. 1, Satz 2 GG nicht genügen, wenn sie […] auf die Auskunft durch einen Berufsrichter angewiesen sein wären.*"

810 *Strate*, NStZ 2010, S. 362, 364 f., Hervorhebungen nicht im Original.

811 So schon *Schreiber*, in: FS-Welzel, S. 941, 952 in Bezug auf Schöffen in Umfangsverfahren und ohne Akteneinsicht und schon der *BGH* in Bezug auf die Aktenkenntnis von Schöffen im Urt. v. 10. Dezember 1997–3 StR 205/97, BGHSt 43, S. 360.

812 So auch *Altenhain/Hagemeier/Haimerl*, NStZ 2007, S. 71, 75; *Fischer*, StraFo 2009, S. 177, 183.

gedrängt werden.[813] Der zwischen den an der Verständigung Beteiligten verhandelte „*Kompromiss*" wird den Schöffen nur noch „*zum Abnicken präsentiert [...], die mangels Akten- und Sachverhaltskenntnis dazu auch gar keine begründete Stellungnahme abgeben können.*"[814]

3. Beteiligung der Schöffen an Verständigungsgesprächen während des Hauptverfahrens und Akteneinsicht

Der Weg der Verständigung wird insbesondere in Umfangsverfahren häufig gewählt, wenn nach einem langen Ermittlungsverfahren Anklage erhoben wurde und die Verteidigung ein weiteres Mal Stellung zu den in der Anklage erhobenen Vorwürfen genommen hat. In dieser Situation liegen dem Gericht alle Informationen vor, um über die Eröffnung des Hauptverfahrens zu entscheiden. Gerade in Wirtschaftsstrafverfahren, in denen das Ermittlungsverfahren bis zu diesem Zeitpunkt durchaus bereits mehrere Jahre andauert, sind Gericht sowie Staatsanwaltschaft und Verteidigung dazu geneigt, das Gespräch zu suchen.

Wenn in diesen Gesprächen auch nicht immer eine Diskussion entsteht, so macht das Gericht oftmals deutlich, welche Punkte der Anklage es für stärker und welche Punkte es für schwächer erachtet. Man kann sich also noch vor Zulassung der Anklage darauf einigen, dass einige Komplexe in der Hauptverhandlung eine nur untergeordnete Rolle spielen oder gar unter bestimmten Voraussetzungen nach den §§ 154 ff. StPO eingestellt werden. Unabhängig von den weiteren möglichen Konstellationen entscheiden diese Gespräche nicht selten über den Gang und das Mit- oder auch Gegeneinander in einer Hauptverhandlung.

Die Schöffen sind derzeit – wie eben dargestellt – gänzlich auf die Mitteilung des Gerichts in der Hauptverhandlung über die zuvor geführten Gespräche angewiesen. Dass dieser Mitteilungspflicht oft nur unzulänglich nachgekommen wird, zeigt die Vielzahl der Entscheidungen zu dieser Thematik.[815] *Beulke* und

---

813 *Weigend*, in: FS-Maiwald, S. 829, 834 f.

814 *Weigend*, in: FS-Maiwald, S. 829, 834 f., 843 f.

815 *BGH*, Beschl. v. 13. Januar 2010–3 StR 528/09, NStZ 2010, S. 348 ff. (Hinweis auf Verständigung in den Urteilsgründen); *BGH* 2 StR 195/12, NStZ 2013, S. 667 ff. (ganzheitliche Betrachtung bei der Verletzung von Hinweis- und Dokumentationspflichten in Bezug auf eine Verständigung); *BGH*, Beschl. v. 15. April 2014–3 StR 363/13, NStZ 2014, S. 418 f. (Verstoß gegen verständigungsspezifische Mitteilungs- und Dokumentationspflichten); *BGH*, Beschl. v. 23. Oktober 2013–5 StR 411/13, NStZ 2013, S. 722 ff. (Umfang der Mitteilungspflicht bei Verständigungsgesprächen im Zwischenverfahren); *BGH*, Beschl. v. 25. November 2013–5 StR 203/13, NStZ-RR 2014, S. 52 ff. (Mitteilungspflicht bei Verständigungsgesprächen im Zwischenverfahren); Rechtsprechungsübersicht dazu von *Burhoff*, StRR 2011, S. 248–254; *Jahn*, Entwicklungen

Stoffer haben das bereits in ihrer Anmerkung zu der Entscheidung des BVerfG vorhergesehen.[816]

Das BVerfG[817] hat in seiner Entscheidung über die Verfassungskonformität der Verständigung im Strafverfahren die Beteiligung der Schöffen deutlich betont:

> *„Da aus § 257c IV StPO folgt, dass der Gesetzgeber der Verständigung eine – wenn auch nur eingeschränkte – Bindungswirkung für das Gericht beigemessen hat, musste er zugleich* ***gewährleisten****, dass* ***die Schöffen in das zu einer Verständigung führende Geschehen, soweit es in der Hauptverhandlung stattfindet, unmittelbar eingebunden*** *und im Übrigen nach § 243 IV StPO* ***umfassend über dieses unterrichtet sind. Anderenfalls*** *wäre ihnen eine* ***verantwortbare Entscheidung*** *über die Verständigung – insbesondere die damit verbundene Zusage einer Strafobergrenze und Ankündigung einer Strafuntergrenze – und über den Inhalt des nach einer Verständigung oder nach dem Scheitern von Verständigungsbemühungen ergehenden Urteils* ***nicht möglich****. Dementsprechend ermöglicht § 257c StPO es* ***ausschließlich ‚dem Gericht' – nicht nur dem Vorsitzenden oder nur den Berufsrichtern –****, eine Verständigung mit den Verfahrensbeteiligten herbeizuführen. Damit ist es ausgeschlossen, dass ohne eine Beteiligung der Schöffen Strafgrenzen mit der Bindungswirkung des § 257c IV StPO in Aussicht gestellt werden.“*[818]

Das BVerfG hat damit klargestellt, dass die Schöffen umfassend unterrichtet sein und bei einer Verständigung während der Hauptverhandlung mitwirken müssen. Diese umfassende Unterrichtung ist notwendig, da sie ansonsten richtigerweise keine „*verantwortbare Entscheidung*“ treffen können.

Die Praxis wird dieser Anforderung in der Verfahrenswirklichkeit nicht gerecht. Soweit Verständigungsgespräche stattgefunden haben, wird die Hauptverhandlung in der Regel auf die wesentlichen Förmlichkeiten beschränkt. Es wird keine ausführliche Beweisaufnahme mehr durchgeführt, da die Abkürzung der Hauptverhandlung gerade Ziel der getroffenen Verständigung ist.[819] Die Hauptverhandlung werde dadurch vom „*gesamten Beweisstoff des Einzelfalls entleert*“.[820]

---

und Tendenzen zwei Jahre nach Inkrafttreten des Verständigungsgesetzes, StV 2011, S. 497–505.

816 *Beulke/Stoffer*, JZ 2013, S. 662, 668.

817 *BVerfG*, NJW 2013, S. 1058, 1066; die Anforderungen zusammenfassend *Spaniol*, StraFo 2014, S. 366 ff.

818 Hervorhebungen nicht im Original.

819 *Meyer-Goßner*/Schmitt, § 257c StPO, Rn. 1, weiter stellt er fest, dass die Verständigung eigentlich auch im Gesetz an der falschen Stelle verortet sei, da durch die Aufnahme der Regelungen nach der Beweisaufnahme suggeriert werde, dass eine Verständigung nach dieser und vor einer Urteilsverkündung erfolge, was aber nicht der Fall sei, da das Gericht nach einer Beweisaufnahme an einer Verständigung nicht mehr interessiert sei.

820 *Eschelbach*, BeckOK, Edition 27, § 257c StPO, Rn. 6.4.

Auch wenn das BVerfG vorgegeben hat, dass das Geständnis des Angeklagten im Rahmen einer Beweisaufnahme überprüft werden muss, so kann diese vorgeschriebene Beweisaufnahme und die Protokollierung der Ergebnisse der Verständigung in der Hauptverhandlung[821] nicht die fehlende Aktenkenntnis und die fehlende Teilnahme an den Verständigungsgesprächen ersetzen. Ob eine Beweisaufnahme überhaupt stattgefunden hat, wie vom BVerfG vorgeschrieben, kann nur in solchen Verfahren gerichtlich kontrolliert werden, in denen die Staatsanwaltschaft oder die Verteidigung mit der Verfahrensbeendigung nicht einverstanden sind. Diese Konstellationen gibt es zwar durchaus in der Praxis, sie zählen aber eher zu den Ausnahmen, da sich die Verfahrensbeteiligten zuvor verständigt haben. Außerdem wäre es an den Schöffen, sich über die fehlende Beweisaufnahme in Bezug auf die Überprüfung des Geständnisses des Angeklagten zu beschweren. Ihnen steht aber kein Rechtsmittel zu. Sie müssten schon in der Hauptverhandlung die Berufsrichter darauf hinweisen, dass sie für eine aktive Mitwirkung noch weitere Informationen, die im Wege der Beweisaufnahme in den Prozess eingebracht werden müssten, benötigen. Eine solche Intervention, wenn sich doch alle anderen Verfahrensbeteiligten einig sind, ist äußerst unwahrscheinlich. Den Schöffen könnte nicht nur entgegen gehalten werden, „*Spielverderber*“[822] zu sein, sondern darüber hinaus einen Prozess unnötig in die Läge zu ziehen und damit für alle eine Belastung darzustellen. Hinzu kommt, dass Schöffen auch wissen müssten, dass sie so vorgehen können und sollten.

Die fehlende Involvierung der Schöffen bei Verständigungen vor der Hauptverhandlung führt dazu, dass sich alle Verfahrensbeteiligten[823] schon vor der Durchführung der Beweisaufnahme über deren Ergebnis weitestgehend einig sind. *Marsch* schreibt mahnend, dass sich Absprachen ohne Schöffen weniger nur aus praktischen Gründen verbieten, als vielmehr dass damit auch der fehlende Respekt vor dem Amt der Schöffen zu Tage trete.[824] Die Schöffen seien in der Lage, die zwischen der Verteidigung, dem Berufsrichter bzw. den Berufsrichtern und der Staatsanwaltschaft getroffene Vereinbarung zu „*sprengen*“, da sie nicht nur eine Sperrminorität hätten, sondern beim Schöffengericht den Berufsrichter

821 So schon *Marsch*, ZRP 2007, S. 220, 221, auch wenn er sich auf die Absprachen auf Grundlage der alten Rechtsprechung des *BGH* bezieht.

822 *Marsch*, ZRP 2007, S. 220, 221.

823 Vielleicht bis auf eventuelle Nebenkläger, die jedoch in solchen Umfangsverfahren selten in Erscheinung treten.

824 *Marsch*, ZRP 2007, S. 220, 221, der Aufsatz bezieht sich noch auf eine Verständigung ohne die in 2009 umgesetzten Gesetzesänderungen.

sogar überstimmen könnten.[825] Weiter bemerkt er berechtigterweise: „*Welches Bild von der Justiz nehmen so behandelte Schöffen mit und welches vermitteln sie weiter?*“[826]

Schöffen, die sich gegen eine ausverhandelte Einigung stellen und auf der Durchführung einer Beweisaufnahme bestehen, brauchen sicher ein „breites Kreuz“. Die Situation, in der sich die Schöffen befinden, wenn einer Hauptverhandlung Verständigungsgespräche vorausgegangenen sind, lässt erkennen, dass die Laienrichter auf Grund der fehlenden Akteneinsicht und der fehlenden Beteiligung an Gesprächen vor der Hauptverhandlung und im Hauptverfahren in eine unmögliche Lage versetzt werden. Dieser Zustand kann so nicht aufrechterhalten bleiben oder die Schöffen werden überflüssig. Schöffen müssen an Gesprächen während des Hauptverfahrens, das heißt auch vor der Hauptverhandlung, beteiligt werden und benötigen die Möglichkeit zur Einsicht in die Verfahrensakten.[827]

4. Keine Befangenheit der Schöffen durch Teilnahme an Verständigungsgesprächen oder Akteneinsicht

Die Befangenheit von Schöffen wird – wie bereits dargestellt[828] – als eines der Hauptargumente gegen ein Akteneinsichtsrecht der Schöffen angeführt. Die Schöffen könnten mit den vorgeschlagenen Lösungswegen Informationen erhalten, die sie unsachgemäß beeinflussen würden und von denen sie sich wieder freimachen müssten. Diese Fähigkeit, bestimmte Sachverhalte wieder auszublenden, wird allerdings schon jetzt von ihnen in mehreren Verfahrenskonstellationen vorausgesetzt und abverlangt.

Im Einzelnen:

a) § 257c StPO

Das Problem der Befangenheit von Schöffen ist zuletzt im Gesetzgebungsprozess zu der Verständigung im Strafverfahren ausführlich diskutiert worden. Denn werden bei der Verständigung rechtlich oder tatsächlich bedeutsame Umstände übersehen oder haben sich neue ergeben und gelangt das Gericht deswegen zu der Überzeugung, dass der in Aussicht gestellte Strafrahmen nicht mehr tat- oder schuldangemessen ist, entfällt die grundsätzliche Bindung des Gerichtes an die

825 *Marsch*, ZRP 2007, S. 220, 221.
826 *Marsch*, ZRP 2007, S. 220, 221.
827 Zur praktischen Ausgestaltung vgl. F. und G. II.
828 Vgl. dazu die Stellungnahmen der verschiedenen Interessenvertretungen unter D. IV und die Entscheidungen des *BGH* unter III.

Verständigung, § 257c Abs. 4 S. 1 StPO. Das gilt auch, wenn das weitere Prozessverhalten des Angeklagten nicht dem Verhalten entspricht, das der Prognose des Gerichtes zugrunde gelegt worden ist, § 257c Abs. 4 S. 2 StPO. In dieser Konstellation darf das Geständnis des Angeklagten nicht verwertet werden, § 257c Abs. 4 S. 3 StPO.

Die Richter müssen den Angeklagten dann so behandeln, als habe er nicht angeboten, zur Verfahrensverkürzung ein Geständnis abzulegen oder als habe er dieses noch nicht abgelegt. Dass das psychologisch nur schwer möglich ist, ist unumstritten. Damit ist aber nicht gesagt, dass ein Richter zwangsläufig befangen ist. Der Richter wird „nur" in eine Lage versetzt, in der er sich auch in anderen Konstellationen des Strafprozesses befindet, denn dieses „*akrobatische Kunststück*"[829] wird Richtern beispielsweise abverlangt, wenn ein Beweisverwertungsverbot für ein Beweismittel greift, welches der Richter aus den Akten kennt. Das gilt auch dann für die Laienrichter, wenn es um ein bereits in der Hauptverhandlung eingebrachtes Beweismittel geht, dessen Unverwertbarkeit sich erst im Laufe der weiteren Hauptverhandlung offenbart.

Das Ausblenden wird daher schon immer de lege lata von Berufsrichtern und in der oben genannten Konstellation auch von Laienrichtern verlangt, was für eine vom Gesetzgeber angenommene Differenzierungsfähigkeit und damit für ein Akteneinsichtsrecht der Schöffen spricht.[830]

Der Bundesrat hatte sich im Gesetzgebungsverfahren gegen die Regelung in § 257c Abs. 4 S. 3 StPO gewandt, weil er die Auffassung vertrat, dass es „*denklogisch unmöglich*" sei, sich von dem einmal gehörten Geständnis wieder zu lösen.[831] Diesen Einwand kennend, hat sich der Gesetzgeber trotzdem für das Gesetz in der jetzt geltenden Fassung entschieden. In dieser Fassung besteht durchaus auch für die Schöffen die Aufgabe, sich von einem im Rahmen von § 257c StPO abgelegten Geständnis des Angeklagten gedanklich zu befreien. Trotzdem ist der Gesetzgeber nicht davon ausgegangen, dass die Schöffen damit befangen sind und ausgewechselt werden müssten. Das wäre ohnehin ein unverhältnismäßig hoher Aufwand, weil die gesamte Hauptverhandlung wiederholt werden müsste. Der Gesetzgeber setzt daher voraus, dass die Schöffen hier in der Lage sind, die Informationen, die sie einmal erhalten haben, wieder auszublenden.

---

829 *Weigend*, in: FS-Maiwald, S. 829, 843.

830 Löwe/Rosenberg-*Gollwitzer*, 25. Aufl., § 261 StPO, Rn. 31a; ihm nachfolgend Löwe/Rosenberg-*Sander*, 26. Aufl., § 261 StPO, Rn. 31a.

831 Erster Durchgang BR-PlPr. 865, S. 86C, 70C.

b) Vorlagebeschluss, § 209 Abs. 2 StPO

Gemäß § 209 Abs. 2 StPO kann das Gericht, bei dem die Anklage eingereicht ist, die Akten durch Vermittlung der Staatsanwaltschaft einem Gericht höherer Ordnung zur Entscheidung vorlegen, wenn es der Ansicht ist, dass dessen Zuständigkeit begründet ist. In diesem Fall ergeht ein Vorlagebeschluss, dessen Inhalt dem Anklagesatz entspricht, §§ 207, 270 II, 225a III StPO.[832] Dieser Beschluss darf in der Hauptverhandlung verlesen werden. Das hat der BGH[833] mit seinem obiter dictum bereits 1997 zum Ausdruck gebracht. Ein Verstoß gegen das Mündlichkeits- und das Öffentlichkeitsprinzip liegt danach nur in *besonderen Ausnahmefällen* vor. Erst wenn

> *„[...] zu befürchten ist, daß sich die Laienrichter bei der Urteilsfällung durch die Gründe des Vorlagebeschlusses beeinflussen lassen. Eine solche Gefahr bestand hier nicht. Dies ergibt sich zum einen aus dem Verfahrensgang, zum anderen aus der rechtlichen Stellung der Schöffen.“*[834]

Daraus muss man die Schlussfolgerung ziehen, dass der BGH der Auffassung ist, die Schöffen würden durch die Verlesung eines Vorlagebeschlusses nicht beeinflusst.[835] Der BGH geht sogar noch einen Schritt weiter, indem er feststellt, dass Schöffen

> *„sonstigen Einflußnahmen durch wertende Stellungnahmen der Verfahrensbeteiligten in der Hauptverhandlung und in wesentlich stärkerem Maße durch tendenziöse Berichterstattung der Medien ausgesetzt [sind], von denen sie sich ebenfalls freimachen müssen, um zu einem unbeeinflußten Urteil zu gelangen.“*[836]

Nach der Rechtsprechung werden Schöffen aufgrund der Kenntnisnahme von Aktenteilen nicht in ihrer Überzeugungsbildung unsachgemäß beeinflusst, auch nicht von solchen, die wertend sind. Hierbei stellt der BGH auf die notwendige Fähigkeit der Schöffen ab, sich beim Vorliegen eines Beweisverwertungsverbotes von dem Beweisergebnis innerlich freizumachen.[837] Der 3. Senat zieht – wie bereits festgestellt[838] – den bemerkenswerten Schluss,

---

832 *BGH*, Urt. v. 10. Dezember 1997–3 StR 205/97, BGHSt 43, S. 360; vgl. D. III. 10.

833 *BGH*, Urt. v. 10. Dezember 1997–3 StR 205/97, BGHSt 43, S. 360; vgl. D. III. 10.

834 *BGH*, NJW 1998, S. 1163, 1164.

835 Keine Befangenheit von Schöffen bei Verlesung des Vorlagebeschlusses auch KK-*Ott*, § 261 StPO, Rn. 14; KK-*Fischer*, Einleitung, Rn. 21; alle Autoren verweisen dabei auf die Rechtsprechung des *BGH*.

836 *BGH*, NJW 1998, S. 1163, 1164.

837 *BGH*, NJW 1998, S. 1163, 1164.

838 D. III. 10.

„eine entsprechende Kritikfähigkeit […] den Schöffen auch gegenüber dem Akteninhalt zuzubilligen.“[839]

Siolek und *Gittermann* sehen in der Möglichkeit der Verlesung des Vorlagebeschlusses in Anwesenheit der Schöffen ein Argument für die Gleichstellung der Schöffen mit den Berufsrichtern und damit auch ein Argument für ein Akteneinsichtsrecht der Schöffen.[840]

c) § 324 Abs. 1 S. 1 StPO

Für dieses Ergebnis spricht ebenfalls, dass der Gesetzgeber den Schöffen zutraut, den Bericht des Berichterstatters (§ 324 Abs. 1 S. 1 StPO) bzw. Ergebnisse eines in der Hauptverhandlung verlesenen Urteils aus der Vorinstanz (§ 324 Abs. 1 S. 2 StPO) auszublenden.[841]

Im Ergebnis ist daher festzustellen, dass die Laienrichter schon de lege lata als befähigt angesehen werden, sich von für den Angeklagten belastenden oder entlastenden Umständen gedanklich soweit zu lösen, dass sie in der Lage sind, ein unbefangenes Urteil auf Grundlage der verwertbaren Beweise zu sprechen. Eine den Schöffen zur Verfügung gestellte Akteneinsicht, macht die Schöffen nicht befangen, wenn man den hier dargestellten Prämissen des Gesetzgebers folgt.

5. Fazit

Die Schöffen sind ohne ein Akteneinsichtsrecht und ohne die Teilnahme an den Verständigungsgesprächen auf die Erläuterungen der Berufsrichter angewiesen. Aus dieser Abhängigkeit werden sich die Schöffen solange nicht befreien können, wie sie sich nicht selbst auf Grundlage der Akten ein Bild von dem bisherigen Verfahren und dem erhobenen Vorwurf machen können. Denn die Verständigung wurde zwischen den Verfahrensbeteiligten auf der Grundlage der Akten bereits vorab getroffen. In diese wird den Schöffen jedoch noch keine Einsicht gewährt. Damit ist das Dilemma vorherbestimmt. Die Schöffen sind nicht in der Lage, aus dem Inbegriff der Hauptverhandlung ein Urteil zu fällen, wie es

839 *BGH*, NJW 1998, S. 1163, 1164.

840 Löwe/Rosenberg-*Siolek*, 25. Aufl., § 30 GVG, Rn. 8; ihm nachfolgend Löwe/Rosenberg-*Gittermann*, 26. Aufl., § 30 GVG, Rn. 8.

841 Bspw. *BGH*, Urt. v. 23. März 1976–1 StR 9/ 76, D. III.; *Hillenkamp*, in: FS-Kaiser, S. 1437, 1452 f.; so auch Löwe/Rosenberg-*Siolek*, 25. Aufl., § 30 GVG, Rn. 8; ihm nachfolgend Löwe/Rosenberg-*Gittermann*, 26. Aufl., § 30 GVG, Rn. 8; vgl. dazu auch D. VI. 8.

§ 261 StPO eigentlich verlangt.[842] Die vom BVerfG[843] geforderte *„verantwortbare Entscheidung“* können sie nach der jetzigen Gesetzeslage nicht treffen.

Praktiker und Wissenschaftler sprechen sich deshalb zu Recht für eine effektive Einbindung der Schöffen in die Verständigungsgespräche während des Hauptverfahrens aus.[844] *Dippel* hat schon vor der Einführung der Regelungen über die Verständigung im Strafverfahren die Auffassung vertreten, dass die Institution des Laienrichters verletzt sei, wenn dieser an Absprachen nicht teilnehme.[845]

Schünemann, der in den Regelungen zur Verständigung die Gefahr zur Rückkehr des schriftlichen Inquisitionsprozesses sieht, weil die unmittelbare Beweisaufnahme durch eine Rückkehr zu einer Entscheidung auf Aktenlage ersetzt werde, vertritt ebenfalls die Auffassung, dass schon der faktische Ausschluss der Schöffen – Entscheidung auf Aktenlage – der Konstruktion das *„Genick bricht!“*[846]

Gerade durch eine Teilnahme an Verständigungsgesprächen, insbesondere an denen, die zu Beginn einer Hauptverhandlung geführt werden, könnten sich die Schöffen dem Vorwurf der Besorgnis der Befangenheit aussetzen, da Grundlage der Verständigung die Akten sind, die die Schöffen nicht kennen. Sie sind daher auf die Darstellung der Berufsrichter angewiesen, ohne dass ihnen eine Überprüfungsmöglichkeit zustünde.

Besonders gravierend wird diese Problematik in sogenannten Umfangsverfahren; diese soll im Folgenden dargestellt werden.[847]

IX. Schöffen in Umfangssachen, insbesondere in Wirtschaftsstrafverfahren

Auf dem „Tag der ehrenamtlichen Richterinnen und Richter“ im Jahr 2006 äußerte sich *Lemke*, ehemals Mitglied einer großen Strafkammer und Abteilungsleiter im Justizministerium in Brandenburg, zu der Diskussion um die Beteiligung von Laienrichtern im Strafverfahren.[848] Dabei sprach er sich grundsätzlich gegen die

---

842 *Weigend*, in: FS-Maiwald, S. 829, 835.

843 *BVerfG*, Urt. v. 19. März 2013, NJW 2013, S. 1058, 1066.

844 *Marsch*, ZRP 2007, S. 220, 221; *Dippel*, in: FS-Widmaier 2008, S. 105, 122, beide noch zu der Beteiligung der Schöffen bei Deals; *Eschelbach*, BeckOK, Edition 27, § 257c StPO, Rn. 6.3.

845 *Dippel*, in: FS-Widmaier 2008, S. 105, 122.

846 *Schünemann*, in: FS Geppert, S. 649, 651, der Beitrag von *Schünemann* wurde allerdings vor der Entscheidung des *BVerfG* v. 19. März 2013 – 2 BvR 2628/10 – veröffentlicht.

847 D. IX.

848 Abgedruckt in RohR 2006, S. 39 ff.

Überlegungen aus, die Schöffenbeteiligung einzuschränken, da sie einen wesentlichen Teil unserer Rechtskultur darstelle und gerade im Jugendstrafrecht unentbehrlich sei.[849] Allerdings überlegte *Lemke*, ob auf Schöffen in „*langwierigen Wirtschaftsstrafverfahren*" nicht verzichtet werden könne.

Gerade in Wirtschaftsstrafverfahren ist es jedoch besonders wichtig, dass das Verfahren nicht von Anfang an nur für auf Wirtschaftsstrafrecht Spezialisierte wie Staatsanwaltschaft, Richter oder Verteidigung verständlich ist. Wie sonst sollte ein Urteil „*Im Namen des Volkes*" gemäß § 268 Abs. 1 StPO ergehen können? Würde man Vertreter des Volkes aus dem Verfahren ausschließen wollen, weil sie den Inhalt des Vorwurfes nicht verstehen und dem Gang der Verhandlung nicht zu folgen vermögen, dann würden die Grundsätze der Mündlichkeit und Unmittelbarkeit untergraben. Nur der mündlich vorgetragene Prozessstoff, der auch von der Öffentlichkeit wahrgenommen werden kann, darf (bis auf wenige Ausnahmen, wie das Selbstleseverfahren) dem Urteil zugrunde gelegt werden.[850]

König setzt einer Argumentation – man könne auf die Schöffen im Wirtschaftsstrafverfahren verzichten, weil sie dieses nicht verstünden – etwas sarkastisch entgegen, dass man dann auch jede Laienbeteiligung an legislatorischen Befugnissen beseitigen könne, da „*qualifizierte Ministerialbürger*" diese Aufgabe ohnehin besser übernehmen würden.[851] Dem ist zuzustimmen, weswegen im Folgenden nach Lösungsansätzen für dieses Problem gesucht werden soll.

1. Prozessuale und materielle Besonderheiten

Mit Umfangs- und Wirtschaftsstrafverfahren sind hier insbesondere solche Verfahren gemeint, in denen mutmaßliche Straftaten verhandelt werden, die unter § 74c GVG zu subsumieren sind.[852] Neben diesem strafprozessual taktischen Definitionsansatz[853] kann man die Wirtschaftskriminalität bzw. das Wirtschaftsstrafrecht auch kriminologisch,[854] im Hinblick auf die Sozialschädlichkeit[855] oder nach dem Rechtsgutsgedanken[856] definieren. Das Gesetz selbst kennt keine

849 *Lemke*, RohR 2006, S. 39, 41.

850 *BGH*, NStZ 1990, S. 228, 229.

851 *König*, Die Beteiligung von Schöffen an der Rechtsprechung aus Sicht des Strafverteidigers, S. 623, 634.

852 Ausführlich zu den Begriffen der Wirtschaftskriminalität und des Wirtschaftsstrafrechts Wabnitz/Janovski-*Dannecker/Bülte*, Kapitel 1, B., Rn. 5 ff.

853 Wabnitz/Janovski-*Dannecker/Bülte*, Kapitel 1, B., Rn. 8.

854 Wabnitz/Janovski-*Dannecker/Bülte*, Kapitel 1, B., Rn. 6 f.

855 Wabnitz/Janovski-*Dannecker/Bülte*, Kapitel 1, B., Rn. 9

856 Wabnitz/Janovski-*Dannecker/Bülte*, Kapitel 1, B., Rn. 10 f.

Definition des Wirtschaftsstrafrechts. Wirtschaftsstrafrechtliche Taten unterscheiden sich von Taten des allgemeinen Strafrechts auch dadurch, dass die Begehung der (Wirtschafts-)Straftat im beruflichen Bereich unter Ausnutzung des Vertrauens, das dem Täter als scheinbar seriösem Berufsangehörigen entgegengebracht wird, erfolgt.

In Wirtschaftsstrafverfahren sind die Anklageschriften sehr umfangreich[857] und umfassen nicht selten mehrere hundert Seiten. Ein spezifisches Problem der Verfolgung und Verteidigung von Wirtschaftsstraftaten ist deren Komplexität. In tatsächlicher Hinsicht liegen die relevanten Fakten meist nicht offen zutage. Es müssen zum Verständnis des Sachverhalts umfangreiche Dokumente ausgewertet werden. Häufig geht es um komplizierte, internationale Firmengeflechte, gesellschaftsrechtlich komplexe Konstellationen usw.

In rechtlicher Hinsicht stellt sich oftmals die Herausforderung, einen Prozess mit mehreren Angeklagten zu führen. Das gilt nicht nur für das Gericht, sondern auch für die Verteidigung. Oft spielen außerstrafrechtliche Rechtsfragen, die als Voraussetzung einer Strafbarkeit originär wirtschaftliche Fragen betreffen, eine große Rolle. Diese Besonderheiten führen dazu, dass es sich um umfangreiche und lange Strafverfahren handelt, in denen interdisziplinär zusammengearbeitet wird und die auf allen Seiten einen hohen personellen wie zeitlichen Aufwand erfordern. Auf Grund dessen werden in diesen Umfangsverfahren überdurchschnittlich oft Verständigungen bzw. früher sogenannte Deals ausgehandelt.[858] Schon vor der Entscheidung des BGH zu den Deals[859] hat die StPO-Kommission des Deutschen Richterbundes in einer Stellungnahme erklärt:

> *„Es ist nicht zu verkennen, daß in Umfangsverfahren, insbesondere im Bereich der Wirtschaftskriminalität, ein Strafprozeß mit den vorhandenen verfahrensrechtlichen Instrumentarien nicht zu bewältigen ist.“*[860]

Die Problematik der Beteiligung der Schöffen in Wirtschaftsstrafverfahren ist nicht nur deren Umfang und Komplexität, sondern auch inhaltlicher Natur. Der ehemalige hessische Minister der Justiz, *Christean Wagner*, sieht die Mitwirkung der Schöffen in Wirtschafts- und Steuerstrafverfahren – allerdings nur in diesen –

---

857 Vgl. nur Wabnitz/Janovsky-*Dierlamm*, Kapitel 29, IV., Rn. 90.

858 Wabnitz/Janovsky-*Dannecker/Bülte*, Kapitel 1, C., Rn. 46 ff., 49.

859 Leitlinien des *BGH* veröffentlicht in BGHSt 50, S. 40 ff.

860 Stellungnahme der StPO-Kommission des DRB zum Thema „Verständigung im Strafverfahren“, DRiZ 1987, S. 244 f.; weitere Ausführungen zur Entwicklung der Absprachenpraxis und der empirischen Forschungen vor der Entscheidung des *BGH* zu den Leitlinien des Deals *Küpper/Bode*, Jura 1999, S. 315, 354.

als problematisch an.[861] Gerade in solchen Verfahren würden häufig komplexe Bilanzierungsfragen betreffende, steuerrechtliche und handelsrechtliche Probleme auftreten. Diese könne der *„Normalbürger nicht oder nur schwer durchschauen."*[862] In diesem Punkt ist *Wagner* ebenso wie der ehemaligen bayrischen Ministerin der Justiz - *Merk*[863] - zuzustimmen. Allerdings führt *Wagner* weiter aus, dass sich die ehrenamtlichen Richter bei Rechtsstreitigkeiten in Handelssachen beispielsweise durchaus dadurch einbringen könnten, indem sie *„Kenntnisse des Handelsverkehrs"* einsetzen.[864] *Wagner* stellt weiter fest, dass es sich in der Regel um *„gestandene Persönlichkeiten"* handele, die Handelsbräuche und sonstige Ursachen des Handelsrechts sehr gut kennen würden.[865] Auf Grund der Fachkenntnis dieser Schöffen würden in Handelssachen überproportional viele Verfahren mit einem Vergleich beendet; damit einher gehe auch eine hohe Akzeptanz der Urteile.[866] Weiter vergleicht er die in Handelssachen tätigen Schöffen mit den Laienrichtern, die an anderen Spezialspruchkörpern tätig seien, in denen es ebenfalls auf berufsspezifischen Sachverstand ankomme. Er zieht jedoch keinen Vergleich zum Wirtschaftsstrafrecht und geht nicht davon aus, dass auch in Wirtschaftsstrafverfahren besonders spezialisierte Laienrichter eingesetzt werden könnten, die ebenso dem Verfahren dienlich sein würden wie beispielsweise die Laienrichter in der Handelsgerichtsbarkeit. Geht man von der derzeitigen Gesetzeslage aus, muss *Wagner* insoweit zugestimmt werden, da aufgrund der Diversität der Delikte im Wirtschaftsstrafrecht eine Spezialisierung der Schöffen nicht möglich ist.[867]

2. Spezialisierung der Richter

Mit dem Gerichtsverfassungsgesetz in der Fassung vom 9. Mai 1975 (GVG 1975) wurden die Landesregierungen gemäß § 74c GVG 1975 ermächtigt, zur sachdienlichen Förderung oder schnelleren Erledigung der Verfahren (durch Rechtsverordnung) einem Landgericht für die Bezirke mehrerer Landgerichte ganz oder teilweise Strafsachen zuzuordnen, in denen die Beschuldigten wegen Straftaten verdächtigt wurden, die unter eine der in Nr. 1 bis Nr. 6 genannten

861 *Wagner*, DRiZ 2008, S. 118 ff.
862 *Wagner*, DRiZ 2008, S. 118, 119.
863 *Wagner*, DRiZ 2008, S. 118, 119 mit Verweis auf *Merk*, FOCUS v. 9. Februar 2004 *„Auf Schöffen verzichtet"*.
864 *Wagner*, DRiZ 2008, S. 118, 119.
865 *Wagner*, DRiZ 2008, S. 118, 119.
866 *Wagner*, DRiZ 2008, S. 118, 119.
867 Vgl. dazu ausführlich G. II. 4.

Delikte subsumiert werden konnten. Durch diese Änderungen begann die Bündelung von Wirtschaftsstrafverfahren bei bestimmten Landgerichten, ohne dass jedoch eigenständige Wirtschaftsstrafkammern gebildet worden wären.

Mit dem Strafverfahrensänderungsgesetz vom 5. Oktober 1978 wurde § 74c GVG erneut geändert. Mit der Neufassung des § 74c GVG wurde erstmals die Zuständigkeit einer großen Strafkammer als Wirtschaftsstrafkammer und damit ein *„echter Spezialkörper"*[868] begründet.

Die Zuständigkeit der Wirtschaftsstrafkammer ist heute gegeben, wenn der Täter einer Straftat nach dem Katalog des § 74c GVG verdächtig ist, § 74c Abs. 1 GVG.[869] § 74c Abs. 1 Nr. 6 GVG stellt in diesem Zusammenhang eine Besonderheit dar. Nr. 6 schildert Delikte, die zwar einen wirtschaftlichen Bezug haben, aber nicht schon auf Grund ihrer Ausgestaltung in das Wirtschaftsstrafrecht eingeordnet werden müssen. Für eine Begründung der Zuständigkeit der Wirtschaftsstrafkammer muss daher ein zusätzliches *„normatives Zuständigkeitsmerkmal"* vorliegen.[870] Das normative Zuständigkeitsmerkmal beschreibt die besonders komplexe wirtschaftsstrafrechtliche Ausrichtung. Eine solche ist anzunehmen, wenn das Verfahren wegen wirtschaftlicher Zusammenhänge, die außerhalb der allgemeinen Erfahrung liegen, ein besonderes Spezialwissen erfordert.[871] Dies ist der Fall, wenn durch den Missbrauch komplizierter und schwer zu durchschauender Mechanismen des modernen Wirtschaftslebens Straftaten begangen werden.[872]

Der BGH führt weiter aus, dass

> *„mit Hilfe der Spezialkenntnisse, die sich zumindest die Berufsrichter durch Zusatzschulungen oder ihre ständige Beschäftigung mit der Verfahrensweise des Wirtschaftslebens erworben haben, eine bessere Sachaufklärung zu erreichen"*[873] ist.

---

868 *Katholnigg*, NJW 1978, S. 2375 sowie Anm. zu *BGH*, Urt. v. 11. April 1978, NJW 1978, S. 1594, 1595.

869 Spezielle Regelungen und Sonderfälle nachzulesen bei Meyer-Goßner/*Schmitt*, § 74c GVG, Rn. 3 ff.

870 Meyer-Goßner/*Schmitt*, § 74c GVG, Rn. 5; KK-*Diemer*, § 74c GVG, Rn. 4; *Huber*, BeckOK, Edition 27, § 74c GVG, Rn. 5.

871 *OLG München*, JR 1980, S. 77, 79, m. Anm. *Rieß*.

872 *BGH*, NStZ 1985, 464; *OLG München*, JR 1980, S. 77, 79.

873 *OLG München*, JR 1980, S. 77, 79, m. Anm. *Rieß*.

Den Schöffen sollen daher in Wirtschaftsstrafverfahren besonders befähigte Berufsrichter zur Seite stehen.

3. Spezialisierung der Strafverfolgungsbehörden

Mit dem Strafverfahrensänderungsgesetz vom 5. Oktober 1978[874] wurde in § 143 GVG der Abs. 4 eingefügt. Dieser lautete:

> *„Den Beamten einer Staatsanwaltschaft kann für die Bezirke mehrerer Land- oder Oberlandesgerichte die Zuständigkeit für die Verfolgung bestimmter Arten von Strafsachen, die Strafvollstreckung in diesen Sachen sowie die Bearbeitung von Rechtshilfeersuchen von Stellen außerhalb des räumlichen Geltungsbereichs dieses Gesetzes zugewiesen werden, sofern dies für eine sachdienliche Förderung oder schnellere Erledigung der Verfahren zweckmäßig ist […].“*

Auf Grund dieses Absatzes wurden sogenannte Schwerpunktstaatsanwaltschaften gegründet.[875] Demzufolge sollten neben den Berufsrichtern auch die Staatsanwälte in wirtschaftsstrafrechtlichen Fällen besonders geschult sein.

4. Konsequenzen für die Schöffen

Die daraus resultierenden Folgen für die Laienrichter sind schwerwiegend, was im Folgenden dargestellt wird.

---

874 BGBl. I 1978 Nr. 57 v. 10. Oktober 1978, S. 1645, 1652.

875 Nordrhein-Westfalen hat als erstes Bundesland Schwerpunktstaatsanwaltschaften als „echte Anklagebehörden“ eingeführt; danach folgten Bayern, Niedersachsen und Schleswig-Holstein, ausführlich zu Schwerpunktstaatsanwaltschaften im Wirtschaftsstrafrecht und Wirtschaftsreferenten *Emrich-Katzin*, Schwerpunktstaatsanwaltschaften im Wirtschaftsstrafrecht und die Stellung der Wirtschaftsreferenten. Die Staatsanwälte in diesen Schwerpunktstaatsanwaltschaften sollen für Wirtschaftsstrafverfahren besonders qualifiziert sein. Die Schwerpunktstaatsanwaltschaften sollen es den Ermittlungsbehörden erleichtern, auf einer Ebene mit den Verteidigern in diesen Verfahren, die auf das Wirtschaftsstrafrecht spezialisiert sind, und den Richtern der Wirtschaftsstrafkammer arbeiten zu können. Sie arbeiten auch eng mit den finanzbehördlichen Strafverfolgungsorganen zusammen; Wabnitz/Janovsky-*Dannecker/Bülte/Möhrenschlager*, Kapitel 20, IV., Rn. 225 f. Die Ermittlungsbehörden bedienen sich in Wirtschaftsstrafverfahren gerne sogenannter Wirtschaftsreferenten, deren Rechtsstellung und Befugnisse umstritten sind; zur Rechtsstellung und zu den Befugnissen von Wirtschaftsreferenten im Strafverfahren ausführlich zu diesem Thema *Meding*, Der Wirtschaftsreferent bei der Staatsanwaltschaft, und auch *Emrich-Katzin*, Schwerpunktstaatsanwaltschaften im Wirtschaftsstrafrecht und die Stellung der Wirtschaftsreferenten; *Park*, Durchsuchung und Beschlagnahme, Rn. 245 m.w.N.

a) Informationsdefizit

Die Schöffen in solchen Umfangsverfahren sind die einzigen, die ohne jegliche Vorkenntnisse zu Verfahrensbeteiligten werden und damit – obwohl sie nach § 30 Abs. 1 GVG das gleiche Stimmrecht wie ein Richter besitzen – die dem Angeklagten vorgeworfene strafbare Handlung am wenigsten nachvollziehen oder beurteilen können. Die Schöffen sind daher vollkommen auf die Berufsrichter angewiesen. Ihnen muss der Sachverhalt auf eine Art und Weise erläutert werden, die sie in die Lage versetzt, das Geschehen nachvollziehen und begreifen zu können, wenn sie als „*Korrektiv zu einer rein fachbezogenen Betrachtungsweise*" dienen sollen.[876]

Wie dargestellt sind wirtschaftsstrafrechtliche Ermittlungsakten äußerst umfangreich. Zwar befinden sich in diesen Akten zum Großteil Beweismaterialien, diese müssen jedoch regelmäßig zum Verständnis des gesamten Sachverhalts und einer sachgerechten Bearbeitung vollständig durchgearbeitet werden. Das kann das Sichten von Bilanzen, das Verstehen von komplexen Abrechnungssystemen, Anlagemethoden, Anlagefirmen und gesellschaftsrechtlichen Konstrukten, deren Zusammenhänge etc. beinhalten.

In den Strafkammern werden in solchen Fällen die Akten in der Regel nicht von allen Kammermitgliedern gelesen und ausgewertet werden.[877] Diese Aufgabe übernimmt häufig der Berichterstatter. Die von ihm erstellte Ausarbeitung muss den Vorsitzenden und den Beisitzer in die Lage versetzen, den Vorwurf zu verstehen, über die Eröffnung des Verfahrens zu entscheiden und letztendlich auch die Hauptverhandlung zu leiten sowie die Beweisaufnahme durchzuführen. Damit ist nicht gemeint, dass weder der Vorsitzende, noch der Beisitzer die Akten lesen. Trotzdem wird der Berichterstatter derjenige sein, der die Akten am besten kennt. In Vorbereitung auf die Hauptverhandlung und auch zwischen den Hauptverhandlungstagen treffen sich die Berufsrichter zu Beratungen. Bei all diesen Gesprächen sind in der Regel die Schöffen nicht zugegen. Ihnen fehlen daher oft die Informationen, die die Berufsrichter nutzen, um die Hauptverhandlung vorzubereiten und zu führen. Dieses Informationsdefizit führt dazu, dass die Schöffen in Wirtschaftsstrafverfahren überfordert sind und nicht sinnvoll mitwirken können.

---

876 So bspw. *Steindorfner*, RohR 2006, S. 101.

877 Dass das nicht einmal beim *BGH* stattfindet, stellt die Diskussion zwischen *Fischer* und anderen BGH-Richtern anschaulich dar, NStZ 2013, S. 425 ff. und Erwiderung auf *Basdorf* u.a. durch *Fischer*, *Eschelbach* und *Krehl*, NStZ 2013, S. 564 ff.

b) *Fehlende Mitwirkungsmöglichkeit ohne Aktenkenntnis*

Auf Grund des Umfangs dieser Verfahren wählen die Verfahrensbeteiligten oft den Weg der Verständigung, um jahrelange Hauptverhandlungen abkürzen zu können.[878] Hier spitzt sich die Problematik zu: In den Verständigungsgesprächen, die zwischen der Staatsanwaltschaft, den Richtern und der Verteidigung geführt werden, sind die Schöffen derzeit nicht dabei. Sind sie bei Verhandlungen zugegen, haben sie von den Akten, über die gesprochen und auf deren Grundlage verhandelt wird, keine Kenntnis.[879] Sie wären darauf angewiesen, dass ein Berufsrichter sie zuvor über den Akteninhalt informiert, sodass sie an dem Gespräch teilnehmen und etwas dazu beitragen könnten. Tatsächlich werden die Schöffen dadurch bei dieser Art der „Verfahrensabwicklung" faktisch ausgeschlossen. Schöffen nehmen nur an der Hauptverhandlung teil und kennen die im Laufe der Ermittlungsverfahren erstellten Gutachten, Auswertungen und Berichte nicht. Sachverständigengutachten beispielsweise, die in Wirtschaftsstrafverfahren häufig eine Rolle spielen, werden von solchen Personen gefertigt, die auf ihrem Gebiet spezialisiert sind. Diese Gutachten sind oft äußerst umfangreich und anspruchsvoll, da es den schon auf das Wirtschaftsstrafrecht spezialisierten Berufsrichtern oder den anderen Verfahrensbeteiligten an eigener Sachkunde fehlt. Die Gutachten werden – wenn überhaupt – im Selbstleseverfahren eingeführt und der Sachverständige als solcher – oder als Zeuge – in der Hauptverhandlung gehört. Die Anhörung des Sachverständigen kann allerdings die Lektüre des Gutachtens nicht ersetzen. Die Vernehmung des Sachverständigen ist in der Praxis oft nur eine lästige Formalität, die eher schnell abgehandelt wird, da ohnehin schon alle Prozessbeteiligten – bis auf die Schöffen – das Gutachten aus den Akten kennen. Für den Fall, dass das Gutachten nicht im Wege des Selbstleseverfahrens oder „nur" durch die Vernehmung des Sachverständigen eingeführt wird, haben die Schöffen kaum eine Chance, den Sachverständigen sinnvoll zu seinem Gutachten zu befragen oder Verständnisfragen zu stellen.

Dies ist nur eine der vielen Konstellationen, in denen die Schöffen in einer Hauptverhandlung faktisch ohne eine effektive Mitwirkungsmöglichkeit sind.[880] Gerade in Wirtschaftsstrafverfahren ist auf Grund deren Komplexität die Ohnmacht der Schöffen besonders groß. Das belegen diese Konstellationen exemplarisch.

---

878 *Detter*, Einführung in die Praxis des Strafzumessungsrechts, S. 276.

879 Vgl. D. VIII.

880 Dahingehend auch *Volk*, in: FS-Dünnebier, S. 381.

E. Zusammenfassung und Ausblick

Bevor die Änderungsvorschläge für die Praxis hergeleitet werden können, soll ein Blick auf die Ergebnisse der vorangegangenen Überlegungen und Darstellungen geworfen werden.

I. Historische Entwicklung der Gesetzgebung zur Schöffenbeteiligung im Strafverfahren

Nach der Gründung des Deutschen Reiches 1871 sollten die divergierenden Regelungen zum Gerichtsverfassungsrecht vereinheitlicht werden.[881] Das preußische Justizministerium veröffentlichte neben Gesetzesentwürfen für ein GVG,[882] die „Amtliche Denkschrift über die Schöffengerichte".[883] Diese Denkschrift enthält einen Großteil der Motive zum Gesetzentwurf und verlangte eine Beteiligung der Laien im Strafprozess in Form des Schöffenwesens.[884] Nach Auffassung der Verfasser sei es der Wille des Volkes, sich an der Strafrechtspflege zu beteiligen.[885] In den darauffolgenden Jahren folgten viele Diskussionen über die Beteiligung der Schöffen am Strafverfahren. Am 7. Februar 1877 wurde erste GVG[886] trotz der vorausgegangenen Meinungsverschiedenheiten verkündet.

Das erste GVG räumte den Laienrichtern fast dieselben Rechte ein wie das heutige GVG. Auch die erste StPO beschrieb die Rolle eines Laienrichters in den gleichen Zügen wie das jetzige GVG, lässt man die unterschiedliche Aufgabenverteilung von Schöffen und Geschworenen außen vor.[887] Bis zum Ersten Weltkrieg gab es einige Reformbemühungen, insbesondere zur Abschaffung der Schwurgerichte.[888] Diese wurden jedoch nicht umgesetzt und durch den Beginn des Ersten Weltkrieges abgebrochen.[889]

---

881 *Hadding*, Schwurgerichte in Deutschland, S. 43.
882 *Hadding*, Schwurgerichte in Deutschland, S. 43.
883 Amtliche Denkschrift über die Schöffengerichte, GA 21 (1873) S. 40 ff.
884 Amtliche Denkschrift über die Schöffengerichte, GA 21 (1873) S. 40 ff.
885 Amtliche Denkschrift über die Schöffengerichte, GA 21 (1873) S. 40, 44.
886 *Eisenhardt*, Deutsche Rechtsgeschichte, Rn. 569.
887 B. II.
888 B. II. 3.
889 B. II. 3.

Die Gesetzgebung während des Ersten Weltkrieges war indes geprägt von eiligen und wenig demokratischen Entscheidungen, die insbesondere der Kosteneinsparung dienten.[890] Nach dem Ende des Ersten Weltkrieges und mit Beginn der Weimarer Republik wurden die Reformbemühungen bezüglich des Strafverfahrens und des Gerichtsverfassungsrechts wieder aufgenommen.[891] Änderungen wurden allerdings erst nach dem Erlass des zweiten „Ermächtigungsgesetzes" vom 8. Dezember 1923 umgesetzt. Dieses Gesetz sollte dem Parlament die Möglichkeit eröffnen, auf aktuelle Probleme schnell zu reagieren und Sparmaßnahmen zügig umzusetzen.[892] Die auf Grund des Ermächtigungsgesetzes erlassene „*Verordnung über die Gerichtsverfassung und Strafrechtspflege*" (sogenannte Emminger-VO) reformierte das Gerichtsverfassungsgesetz grundlegend.[893] Die Schwurgerichte wurden abgeschafft, was von den Anhängern des Schöffengerichts begrüßt wurde. Laienrichter wirkten nun nicht nur bei einem Großteil der erstinstanzlichen Entscheidungen, sondern auch bei Berufungsverhandlungen in der kleinen bzw. großen Strafkammer mit. Ein Fortschritt hin zu einem rechtsstaatlicheren Verfahren lag in der Begründungspflicht der Urteile des Schwurgerichts. So war es nach der Reform möglich, gegen diese Urteile Revision einzulegen, was gegen Urteile des ursprünglichen Schwurgerichts unzulässig gewesen war.[894]

Art. 48 WRV führte allerdings dazu, dass durch den Reichspräsidenten Sondergerichte bei Oberlandesgerichten errichtet wurden, deren Zuständigkeit von dem Bedürfnis der jeweils gegenwärtigen politischen Lage abhing. Von dieser Möglichkeit wurde gerade nach 1933 umfassend Gebrauch gemacht. Laienbeteiligung wurde während der Zeit des Regimes *Hitlers* soweit aus der Rechtsprechung verdrängt, dass letztendlich die Laienrichter ausschließlich durch sorgfältig ausgewählte Mitglieder oder Anhänger der NSDAP gestellt wurden.[895] Zunächst wurde diese Verdrängung schleichend in Form von Gesetzesänderungen mit der Begründung der Kostenersparnis vorgenommen. Die letzten Gesetzesänderungen ließen jedoch keinen Zweifel mehr daran, dass die Rechtsprechung den Nationalsozialisten ausschließlich dem Zweck der Ausschaltung von Gegnern und der Durchsetzung der Willkür dienen sollte.[896]

---

890 B. II. 4.

891 B. III, eine ausführliche Darstellung aller Gesetzesänderungen betreffend das RGVG und die RStPO bis 1923 bei *Kern*, Geschichte des Gerichtsverfassungsrechts, S. 153–160.

892 *Hadding*, Schwurgerichte in Deutschland, S. 79.

893 RGBl. I. 1924, S. 15; Vgl. *Hadding*, Schwurgerichte in Deutschland, S. 85.

894 Ausführlich dazu B. III.

895 Vgl. B. IV.

896 B. IV.

Nach dem Ende des Zweiten Weltkrieges wurde das Gerichtswesen bis zum Vereinheitlichungsgesetz im Jahr 1950 von den Militärregierungen der Besatzungszonen unterschiedlich ausgebildet.[897] Die Bestimmungen des GVG zur Besetzung der Gerichte entsprechen, bis auf die Vorschriften für das Schwurgericht, weitestgehend unserer gegenwärtigen Gesetzeslage.[898]

Die erste wirklich wichtige Änderung nach 1950 erfuhr die Gerichtsverfassung im Jahr 1974. Das „Erste Gesetz zur Reform des Strafverfahrens" vom 9. Dezember 1974 war gleichzeitig auch die letzte durchgreifende Änderung, die das Gerichtsverfassungsgesetz bis heute erhielt,[899] sodass die Aufgaben und Zuständigkeiten der Laienrichter weitestgehend denen entsprechen, die sie heute haben.

Ein Akteneinsichtsrecht von Laienrichtern war – gleich, ob von Schöffen oder von Geschworenen – gesetzlich nie geregelt. Die historische Grundidee der Beteiligung der Laienrichter an der Urteilsfindung war, den Angeklagten vor willkürlichen Verurteilungen und vor dem Einfluss der Obrigkeit auf die Rechtsprechung zu schützen.[900] Diese anfängliche Schutzfunktion hat jedoch aufgrund der politischen Entwicklung Deutschlands und dem Ablauf heutiger Hauptverhandlungen an Bedeutung verloren. Der historische Rückblick hat insbesondere gezeigt, dass die Gesetzgebung und die Rechtsprechung vor dem Hintergrund der historischen Ereignisse beurteilt werden müssen. Die Bewertung des Willens des Gesetzgebers darf bei der Frage eines Akteneinsichtsrechts für Laienrichter daher nicht ohne Berücksichtigung der jeweiligen politischen und gesellschaftlichen Ereignisse bleiben.

Anhand der historischen Entwicklung wird deutlich, wie eng die Rolle der Schöffen mit der der Geschworenen verbunden wurde. Im Hinblick auf ein Akteneinsichtsrecht für Schöffen darf dieser ursprüngliche Zusammenhang nicht vergessen werden. Die Entwicklung des Strafverfahrens spricht dafür, diesen Zusammenhang aufzulösen und den Schöffen als einen Verfahrensbeteiligten zu begreifen, der den Berufsrichter in Bezug auf die Entscheidungsfindung gleichgestellt ist. Dies muss dann auch Konsequenzen für das Akteneinsichtsrecht haben.

---

897 Vgl. B. VI, eine sehr detaillierte Abfolge der Einführung der verschiedenen die Strafgerichtsverfassung betreffenden Gesetzesänderungen bei *Kern*, Geschichte des Gerichtsverfassungsrechts, S. 288–291.

898 B. IV.

899 Vgl. B. VI. 5., BGBl. 1974 [Nr. 132 v. 11. Dezember 1974], S. 3393 ff. Die die Schöffen betreffenden Gesetzesänderungen befinden sich im Gerichtsverfassungsgesetz.

900 B. II.

II. Entwicklung der Rechtsprechung in Bezug auf die Möglichkeit von Laienrichtern, Einsicht in die Akten zu nehmen

Die ersten Entscheidungen des Reichsgerichts[901] sprechen sich gegen ein Akteneinsichtsrecht von Laienrichtern aus. Eine eventuell durch die Aktenkenntnis entstehende Voreingenommenheit, meistens zu Lasten des Angeklagten, sollte mit der Untersagung einer Akteneinsicht verhindert werden. Es wurde nur gestattet, dass Laienrichter die Anklage zum besseren Verständnis lesen durften, beziehungsweise, dass die Anklage verlesen werden durfte. Wertende Darstellungen, Berichte über Ermittlungsergebnisse sowie die Wiedergabe von Ermittlungsergebnissen aus dem Vorverfahren waren nicht gestattet.[902] Mittlerweile hat sich die Rechtsprechung zu dem Thema indes deutlich verändert und auch weiterentwickelt.

Änderungen gab es auch hinsichtlich der Frage, ob Berufsrichter durch Aktenkenntnis voreingenommen sein könnten. Vor dem Zweiten Weltkrieg durften die Berufsrichter, welche die Voruntersuchung geleitet hatten, nicht gleichzeitig Mitglied des erkennenden Gerichts sein, § 23 Abs. 2 RStPO und im Hauptverfahren vor der Strafkammer durften nicht mehr als zwei von denjenigen Berufsrichtern mitwirken, welche bei der Entscheidung über die Eröffnung des Hauptverfahrens bereits mitgewirkt hatten, § 23 Abs. 3 RStPO.[903] Der Grund, warum auch den erkennenden Berufsrichtern der Zugang zu den Akten verwehrt wurde, war der gleiche, mit dem auch den Laienrichtern die Akteneinsicht untersagt war: die Gefahr der Befangenheit.

Heute scheinen diese Bedenken hinsichtlich der Berufsrichter gänzlich ausgeräumt zu sein. Die über die Eröffnung des Verfahrens entscheidenden Berufsrichter sind in aller Regel auch die im Hauptverfahren erkennenden Richter. Eine Besorgnis der Befangenheit aufgrund von Aktenkenntnis ist für die Berufsrichter nach Auffassung des Gesetzgebers nicht mehr vorhanden.[904] Ein Akteneinsichtsrecht für Schöffen ist bis heute allerdings noch immer nicht gesetzlich geregelt. Trotzdem hat sich die Rechtsprechung seit dem Zweiten Weltkrieg

---

901 Vgl. B. VI.

902 Vgl. D. III.

903 Vgl. B. I. 2; auch die „Lex Emminger" behielt das insofern bei, als in § 21 Abs. 1 Emminger-VO weiterhin die Teilnahme von Richtern, die an dem Vorverfahren mitgewirkt hatten, für die Hauptverhandlung ausgeschlossen war.

904 Ausführlich zu dieser Fragestellung *Kemmer*, Befangenheit von Schöffen, S. 81 ff. m.w.N.

immer vehementer für eine Gleichbehandlung von Berufs- und Laienrichtern in der Hauptverhandlung ausgesprochen.

Die Rechtsprechung des BGH änderte sich mit dem obiter dictum des 1. Strafsenates aus dem Jahr 1960.[905] Zuvor waren Entscheidungen in Bezug auf die Möglichkeit für Laienrichter, Einsicht in die Akten nehmen zu können, einzelfallbezogen und nicht konsistent. Den Laienrichtern wurde jedoch im Laufe der Zeit immer öfter zugestanden, was heute bei den Berufsrichtern als Selbstverständlichkeit vorausgesetzt wird, nämlich, in der Lage zu sein, die ihnen anvertrauten Informationen objektiv zu beurteilen und sich durch Einflüsse außerhalb des eigentlichen Hauptverhandlungsgeschehens nicht leiten zu lassen.

Bemerkenswert sind zwei Entscheidungen des BGH aus dem Jahr 1997.[906] In der ersten Entscheidung wurden den Beteiligten umfangreiche Aufzeichnungen von fremdsprachigen Tonbandaufnahmen vorgelegt.[907] Auf die deswegen durchgeführte Revision entschied der BGH, dass es grundsätzlich nicht der gebotenen Gleichstellung von Berufs- und Laienrichtern entspreche, die Laienrichter von jeglicher unmittelbarer Kenntnisnahme der Akteninhalte auszuschließen.[908] Andernfalls bestünde die Gefahr, dass sie – insbesondere in komplizierten Verfahren – *„gegenüber den Berufsrichtern benachteiligt und zu bloßen Statisten werden.“*[909]

Wenige Monate später hatte der BGH darüber zu entscheiden, ob die Verlesung eines Vorlagebeschlusses, in dem die Tat auf Grund vorläufiger Ermittlungsergebnisse bewertet wurde, die Schöffen in ihrer Urteilsfindung negativ beeinflussen könne. Der BGH stellte in diesem Urteil fest, dass der Grundsatz der Unmittelbarkeit und Mündlichkeit nur dann verletzt sei, wenn wegen besonderer Umstände zu befürchten sei, dass sich die Laienrichter bei der Urteilsfällung durch die Gründe des Vorlagebeschlusses beeinflussen lassen. Eine solche Gefahr habe, auch aufgrund der rechtlichen Stellung der Schöffen, nicht bestanden.[910] Ferner könne den Schöffen *„eine entsprechende Kritikfähigkeit [...] auch gegenüber dem Akteninhalt“* zugebilligt werden.

Diese beiden Entscheidungen zeigen deutlich, dass der BGH den Laienrichtern durchaus ein hohes Maß an Objektivität zutraut. Seit der Entscheidung des

---

905 Vgl. D. III, 3, *BGH*, Urt. v. 23. Februar 1960.
906 *BGH*, NStZ 1997, S. 506 und *BGH*, NJW 1998, S. 1163 ff.
907 *BGH*, NStZ 1997, S. 506.
908 *BGH*, NStZ 1997, S. 506.
909 *BGH*, NStZ 1997, S. 506, 507 mit Verweis auf *Schreiber*, in: FS-Welzel, S. 941, 953.
910 *BGH*, NJW 1998, S. 1163, 1164.

EGMR aus dem Jahr 2008[911] und den wichtigen Urteilen des BGH – abgesehen von einem Beschluss im Jahr 2004[912] – sind keine ein etwaiges Akteneinsichtsrecht von Schöffen betreffenden Entscheidungen des BGH veröffentlicht worden. Allerdings könnte sich das aufgrund der Regelungen über die Verständigung im Strafverfahren nun ändern. Der BGH beschäftigt sich indes derzeit noch überwiegend mit der Frage, wie Verständigungen auszugestalten sind und wie die Öffentlichkeit über die Verständigungen zu unterrichten ist. Vielleicht ist es gerade vor dem Hintergrund der ausreichenden Information der Öffentlichkeit über die Verständigungsgespräche, die auch das BVerfG gefordert hat,[913] nur noch eine Frage der Zeit, bis sich der BGH zu der Frage, ob Schöffen Einsicht in Ermittlungsakten nehmen dürfen, verhalten muss.

Im Ergebnis hat die Rechtsprechung des BGH und des EGMR dazu beigetragen, dass die Laienrichter nicht (mehr) als „beeinflussbare Richter zweiter Klasse", sondern als eigenständig urteilende Richter wahrgenommen werden und billigt ihnen daher Einsicht in die Akten zu.

III. Funktion der Schöffen in der Hauptverhandlung

Die Mitwirkung des Volkes an der Rechtsprechung ist ein tragender Grundsatz jeder demokratischen Gesellschaft.[914] Sie ist eine elementare Säule der Demokratie, die legitimatorische Funktion für die Justiz[915] und trägt zur Erhöhung von Plausibilität und Verständlichkeit der Verfahren und Urteile bei.[916] Die Beteiligung der Schöffen am Strafverfahren kann vor Voreingenommenheit der Berufsrichter und Fehlurteilen schützen, indem Berufsrichter – soweit vorgeschrieben – ihre Entscheidungen in einem Kollegium treffen.[917] Die Beteiligung der Schöffen im Strafverfahren bindet den Gesetzgeber an seine Pflicht, Gesetze auch für Laien nachvollziehbar zu gestalten. Die Plausibilitätskontrolle, welche die Schöffen insbesondere früher ausüben sollten, um den unmittelbaren

911 *EGMR* Nr. 26771/03 – Urt. v. 12. Juni 2008–26771/01 (Elezi/Deutschland).

912 Vgl. D. III. 11, *BGH*, Beschl. v. 7. Juli 2004.

913 Siehe D. VIII. 3.

914 Siehe dazu C. VI.

915 *Machura*, Fairness und Legitimität im Strafverfahren, S. 40 f.

916 Vgl. Europäische Charta der ehrenamtlichen Richter, http://www.schoeffen.de/assets/Download/pdf_Europa/Europ%C3%A4ische%20Charta_dt.pdf; abgerufen am 3. August 2014.

917 *Benz*, Zur Rolle der Richter im Strafprozess, S. 97 ff.; *Börner*, StraFo 2012, S. 434, 438; zum „*local knowledge*", *Machura*, Fairness und Legitimität im Strafverfahren, S. 23 m.w.N.

Einfluss der staatlichen Gewalt auf die Rechtsprechung zu verhindern, werden sie zwar heute kaum noch wahrnehmen müssen.[918] Dies schließt durchaus nicht aus, an der grundsätzlichen Notwendigkeit einer Kontrolle der richterlichen Tätigkeit bezüglich des Einflusses von sachfremden Erwägungen festzuhalten. Die Laienrichter sind außerdem wichtig, da sie die Öffentlichkeit während der gesamten Verhandlung repräsentieren.[919] Ihre Anwesenheit kann darüber hinaus den Ablauf der Verhandlung dahingehend beeinflussen, dass diese für Laien nachvollziehbar gestaltet wird, sodass auch der Angeklagte in die Lage versetzt wird, der Verhandlung folgen zu können.[920]

IV. Gesetzliche Ausgestaltung der Informationserlangung von Laienrichtern

Prüft man die Normen, die sich zur Ausgestaltung der Informationserlangung im Strafverfahren verhalten, so ist festzustellen, dass die gesetzlichen Regelungen zumindest ambivalent auslegbar sind.[921] Kein Gesetz beinhaltet explizit ein Verbot für Schöffen, Einsicht in die Akten nehmen zu dürfen. Es finden sich sogar Anhaltspunkte dafür, dass der Gesetzgeber wohl eine Unvoreingenommenheit der Schöffen voraussetzt, wenn ihnen Aktenteile zur Verfügung gestellt werden, wie beispielsweise im Selbstleseverfahren, § 249 Abs. 2 S. 1 StPO. Besonders anschaulich wird das, wenn man sich die Regelung des § 324 Abs. 1 S. 2 StPO vergegenwärtigt. Zu Beginn der Berufungshauptverhandlung wird das gesamte Urteil der ersten Instanz verlesen; natürlich im Indikativ. Über einen langen Zeitraum verliest also der Vorsitzende die Feststellungen zur Tat und dem Täter sowie die auf dieser Grundlage ergangene Verurteilung bis hin zur Strafzumessung, wenn der Angeklagte nicht freigesprochen wurde. In beiden Fällen geht der Gesetzgeber aber davon aus, dass sich die Schöffen durch ein Urteil der Vorinstanz nicht unsachgemäß beeinflussen lassen, sodass sie – wie auch die anderen Prozessbeteiligten – während der Verlesung des erstinstanzlichen Urteils anwesend sind. Daher muss man im Umkehrschluss die Frage stellen, ob der Gesetzgeber wirklich annehmen kann, dass sich Laienrichter durch den Inhalt der Akten beeinflussen lassen, wenn sie schon nicht durch das die Ergebnisse der gesamten

918 So auch *König*, Die Beteiligung der Schöffen an der Rechtsprechung aus der Sicht eines Strafverteidigers, S. 623, 629.

919 Siehe dazu C. VI. 3.

920 *K. Peters*, Fehlerquellen im Strafprozess, Band 2, § 32 II S. 244.

921 Vgl. D. II. 9.

vorhergehenden Instanz zusammenfassende und bewertende Urteil des Gerichts beeinflusst werden können.

V. Stellungnahmen der Interessenvertretungen zu der Frage des Akteneinsichtsrechts für Schöffen

Die Stellungnahmen zu der Frage, ob den Schöffen ein Akteneinsichtsrecht eingeräumt werden sollte, führen die aus der Literatur und Rechtsprechung bekannten Argumente auf.[922] Bei der Bewertung der Stellungnahmen der verschiedenen Interessenvertretungen muss beachtet werden, dass diese natürlich von der jeweiligen Konsequenz eines Akteneinsichtsrechts für die Berufsgruppe gelenkt sind. Außerdem wurden sie vor der Einführung der Regelungen zur Verständigung im Strafverfahren abgegeben, sodass sie nur bedingt herangezogen werden können.

Eine grundsätzliche Einigkeit der verschiedenen Gruppen besteht jedoch in der Feststellung, dass die Stellung der Laienrichter gestärkt werden soll.[923] Wie diese Stärkung allerdings ausgestaltet werden soll, ist umstritten. Jedenfalls soll den Schöffen nicht vor der Hauptverhandlung die Möglichkeit eingeräumt werden, Einsicht in die Akten zu nehmen, was aus § 30 Abs. 1 GVG abgeleitet wird.[924] Wie eine Einsicht praktisch ausgestaltet werden kann, wird nicht dargelegt; es werden eher die Probleme aufgezeigt.

VI. Argumente Pro und Contra Akteneinsichtsrecht

Die Auseinandersetzung mit den wenigen gesetzlichen Regelungen und der von den Gegnern eines Akteneinsichtsrechts für Schöffen dargelegten Gründe hat gezeigt, dass keine gesetzliche Regelung existiert, die es den Laienrichtern untersagt, Einsicht in die Ermittlungsakten zu nehmen.[925] Vielmehr sind die relevanten Normen entweder ambivalent auslegbar oder es lassen sich sogar Argumente für ein Akteneinsichtsrecht herleiten. Der überwiegende Teil der Literatur spricht sich nicht mehr gegen ein Akteneinsichtsrecht für Laienrichter aus, auch wenn die Ausgestaltung ganz überwiegend ausschließlich theoretisch diskutiert wird.[926] Diese Praxisferne führt zu einer Abstraktion des Themas und behindert

---

922 Vgl. dazu D. IV.

923 Vgl. D. IV. 1. – 5.

924 Dazu D. IV. 2. – 5.; die BRAK (1.) nimmt zu einem etwaigen Zeitpunkt der Akteneinsicht nicht Stellung.

925 Ausführlich dazu D. VI.

926 Vgl. D. VI. und VIII.

das Finden von konstruktiven Lösungsvorschlägen, was im Folgenden[927] nachgeholt werden soll.

VII. Handhabungen in anderen Gerichtsbarkeiten

Bevor die Änderungsvorschläge für die Praxis dargestellt werden, soll daran erinnert werden, dass die ehrenamtlichen Richter in den anderen Gerichtsbarkeiten die unumstrittene Möglichkeit haben, Einsicht in die Akten zu nehmen. Wichtig ist, herauszustellen, dass der Gesetzgeber die auch in den anderen Gerichtsbarkeiten geltenden Grundsätze der Unmittelbarkeit und Mündlichkeit als nicht verletzt ansieht, wenn den Laienrichtern dort ein Akteneinsichtsrecht eingeräumt wird. Deswegen stellt sich die Frage, ob der Gesetzgeber vor diesem Hintergrund bei den Laienrichtern im Strafverfahren annehmen kann oder sogar muss, dass diese durch den Akteninhalt nicht unsachgemäß beeinflusst werden können.

VIII. Besonderheiten der Beteiligung von Schöffen bei Verständigungen im Strafverfahren

Die Schöffen werden solange noch auf die Berufsrichter angewiesen sein, wie sie nicht mit einem Akteneinsichtsrecht ausgestattet sind und noch nicht an den Verständigungsgesprächen teilnehmen dürfen. Von dieser Abhängigkeit können sie sich erst dann trennen, wie sie sich mit Hilfe der Akten selbst ein Bild des Verfahrens und des gegen den Angeklagten erhobenen Vorwurfes machen können. Die vom BVerfG[928] geforderte „*verantwortbare Entscheidung*“ können sie nach der jetzigen Gesetzeslage nicht treffen.

Daher verlangen Praktiker und Wissenschaftler eine effektivere Einbindung der Schöffen in die Verständigungsgespräche.[929] Die Institution des Laienrichters sei verletzt, wenn dieser an Absprachen nicht teilnehme.[930] Wenn die unmittelbare Beweisaufnahme mit einer Entscheidung auf Aktenlage ersetzt werde, würde der faktische Ausschluss der Schöffen der Konstruktion (der Verständigung) das

927 Vgl. F. und G.

928 *BVerfG*, Urt. v. 19. März 2013, NJW 2013, S. 1058, 1066.

929 Insb. *Eschelbach*, BeckOK, Edition 27, § 257c StPO, Rn. 6.3.; *Marsch*, ZRP 2007, S. 220, 221; *Dippel*, in: FS-Widmaier 2008, S. 105, 122, beide noch zu der Beteiligung der Schöffen bei Deals.

930 *Dippel*, in: FS-Widmaier 2008, S. 105, 122.

Genick brechen.[931] *König* stellt richtigerweise fest: „*Wir treffen Absprachen über das Ergebnis der Hauptverhandlung noch bevor überhaupt abzusehen ist, welche Schöffen an ihr teilnehmen werden.*“[932]

Schöffen müssen an den Verständigungsgesprächen während des gesamten Hauptverfahrens teilnehmen dürfen,[933] um in die Lage versetzt zu werden, dem Kommunikationsprozess einer Verständigung sinnvoll zu folgen und auch eine Entscheidung treffen zu können. Ansonsten werden sie zu Statisten,[934] die die Ergebnisse weder einordnen noch bewerten können.[935] Insbesondere in Umfangsverfahren wird dieses Problem besonders deutlich.

IX. Probleme für Schöffen in Umfangssachen, insbesondere bei Verständigungen

Bevor untersucht wird, welche Änderungen der Gesetzgeber zur Stärkung der Rolle der Schöffen initiieren kann, sollen die Folgen des fehlenden Akteneinsichtsrechts für die Schöffen in Umfangsverfahren in Erinnerung gerufen werden.

Schöffen haben in Umfangsverfahren ein erhebliches Informationsdefizit. Sie sind die einzigen, die die Akten nicht kennen, obwohl sie nach § 30 Abs. 1 GVG das gleiche Stimmrecht besitzen wie ein Richter. Die Schöffen sind daher darauf angewiesen, dass ihnen von den Berufsrichtern der oft sehr komplexe Sachverhalt erklärt wird. Wirtschaftsstrafrechtliche Ermittlungsakten sind umfangreich. Die Schöffen gehen weitestgehend unvorbereitet in die Hauptverhandlung. Das Informationsdefizit führt dazu, dass die Schöffen in Wirtschaftsstrafverfahren überfordert sind und nicht sinnvoll mitwirken können.

Das zeigt sich insbesondere bei der fehlenden Mitwirkungsmöglichkeit bei Verständigungen, welche in Umfangssachen zur Abkürzung der Hauptverhandlung oft stattfinden.[936] Wie bereits dargelegt, werden die Verständigungsgespräche auf

931 *Schünemann*, in: FS Geppert, S. 649, 651, der Beitrag von *Schünemann* wurde allerdings vor der Entscheidung des *BVerfG* v. 19. März 2013 – 2 BvR 2628/10 – veröffentlicht.

932 *König*, Die Beteiligung von Schöffen an der Rechtsprechung aus Sicht des Strafverteidigers, S. 623.

933 So auch *Löffler*, Absprachen im Strafprozess, S. 126; dagegen *Ioakimidis*, die eine Absprache als einen Vertrag und daher das Gericht als Vertragspartner einordnet, Die Rechtsnatur der Absprache im Strafverfahren, S. 128.

934 *Schreiber*, in: FS-Welzel, S. 941, 952.

935 Ebenso *Löffler*, Absprachen im Strafprozess, S. 126.

936 *Detter*, Einführung in die Praxis des Strafzumessungsrechts, S. 276.

Grundlage der Akten geführt, die die Schöffen nicht kennen.[937] Außerdem finden diese Gespräche regelmäßig zu einem Zeitpunkt statt, zu dem die Laienrichter nicht anwesend sind, das heißt, vor der Hauptverhandlung oder zwischen einzelnen Hauptverhandlungstagen. Die Schöffen sind daher bei der derzeit praktizierten Verhandlungsführung außen vor und können ihrer in § 30 Abs. 1 GVG vorgegebenen Bestimmung nicht nachkommen.

X. Zusammenfassung

Die aufgeführten Ergebnisse der einzelnen Teile der Arbeit haben gezeigt, dass den Schöffen – vorausgesetzt es soll nicht auf sie verzichtet werden, weil sie unter veränderten Voraussetzungen ihre Funktion weiter ausüben können, wovon hier ausgegangen wird, – deutlich mehr Informationen zur Verfügung gestellt werden müssen, damit sie überhaupt in die Lage versetzt werden, das von ihnen ebenso wie von den Berufsrichtern zu fällende Urteil tatsächlich auch inhaltlich zu verantworten. Die derzeitige Situation der Schöffen ist desolat. Die Schöffen sollen den Angeklagten verurteilen oder freisprechen. Ihre Stimme zählt ebenso viel wie die eines Berufsrichters. Sie beeinflussen damit direkt die Zukunft von Menschen, ohne jedoch eine ausreichende Grundlage dafür zu haben. Dieser großen Verantwortung können die Schöffen nur dann angemessen nachkommen, wenn sie zu informierten Schöffen werden.

Ob das mit Hilfe eines Akteneinsichtsrechts erreicht werden kann, lässt sich nicht sicher vorhersagen. Die sinnvolle Umsetzung einer Akteneinsicht wäre für die Schöffen und für die Berufsrichter eine nicht unerhebliche Herausforderung, die durchaus auch auf Wiederstand stoßen würde. Die Herausforderung jedoch nicht zu wagen und den Status quo schlicht beizubehalten, würde auch zu keiner Änderung der jetzigen Situation führen. Diese ist jedoch – wie aufgezeigt – nicht hinnehmbar.

Daher wird im Folgenden dargestellt, wie die praktische Ausgestaltung der Akteneinsicht umgesetzt werden kann.

937 Vgl. D. VIII.

F. Vorschläge zur praktischen Ausgestaltung eines Akteneinsichtsrechts

An das Ergebnis, dass den Schöffen tatsächlich die Akten zur Kenntnisnahme überlassen werden sollten, knüpft jedoch die Frage an, wie diese Überlassung realistisch umgesetzt werden kann. Dass ein solches Vorgehen mit erheblichen organisatorischen Schwierigkeiten verknüpft ist – da momentan weder gesetzlich noch von der Rechtsprechung vorgesehen –, steht außer Frage. Ob die den Schöffen zu gewährende Akteneinsicht die erhoffe Wirkung haben wird, kann natürlich nicht sicher vorhergesagt werden. Aufgrund dieser Unsicherheiten allerdings nichts an dem bestehenden Zustand zu ändern, ist auch keine sinnvolle Lösung. Im Folgenden sollen daher, soweit dies in diesem Rahmen möglich ist, Wege aufgezeigt werden, wie den Schöffen die Akten überlassen werden könnten.

I. Zugang zu den Originalakten

Zunächst müsste den Schöffen überhaupt Zugang zu den Akten gewährt und ihnen sodann eine angemessene Zeit für das Aktenstudium eingeräumt werden.[938] Dabei stellt sich die Frage, wie dieser Zugang zu gestalten wäre.

Es ist zu überlegen, ob die Schöffen die Ermittlungsakten im Original erhalten können. Der Verteidigung, als unabhängigem Organ der Rechtspflege (§ 1 BRAO), werden die Akten im Original in die Kanzlei geschickt, § 147 Abs. 4 S. 1 StPO. Die Schöffen sind zwar während der Hauptverhandlung Teil des Gerichts, nehmen aber nur in diesem Rahmen die Rechte und Pflichten der Berufsrichter, zum Teil eingeschränkt (Fragerecht etc.), wahr. Daraus lässt sich daher noch nicht ableiten, dass man ihnen – ebenso wie den Berufsrichtern oder der Verteidigung – die Akten im Original übergeben kann, da der Richter das Aktenstudium üblicherweise vor der Hauptverhandlung durchführt und ihm die Akten dann fehlen könnten. Es müsste außerdem ein Weg gefunden werden, der es dem Gericht ermöglicht, den Schöffen die Akten zu überlassen, ohne dass die Gefahr besteht, dass Aktenteile, wenn auch unabsichtlich, verloren gehen könnten.

938 *Börner*, ZStW 2010, Band 122, S. 157, 181 ff.

1. Mitgabe der Originalakten nach Hause

Die Mitgabe der Originalakten zu den Schöffen nach Hause ist aus mehreren Gründen nicht sinnvoll. Das Original wäre für diesen Zeitraum für das Gericht oder die anderen Verfahrensbeteiligten nicht greifbar. Das Gericht müsste nicht nur beiden Schöffen, sondern gegebenenfalls den Ergänzungsschöffen die gleiche Einarbeitungszeit in die Akten einräumen. Darüber hinaus würde der Postweg der Akten eine zügige Bearbeitung verhindern.

2. Anfertigung von Aktenduplikaten, ggf. digital

Den Schöffen könnte eine Kopie der Akten mitgegeben werden. Allerdings stellt sich die Frage, wer diese Kopien anfertigt. Diese sollten jedenfalls wegen des Zeitaufwandes und der damit einhergehenden höheren Entschädigung der Schöffen nicht durch diese selbst hergestellt werden. Es bestünde die Möglichkeit, dass die jeweils zuständige Geschäftsstelle die Kopien für die Schöffen anfertigt.

Schöffen – wie andere Verfahrensbeteiligte auch – dürfen keine Akteninhalte und damit erst Recht keine Kopien von Aktenteilen an unberechtigte Dritte herausgeben (§ 353d StGB). Sollte den Schöffen jedoch eine Kopie der Akte nach Hause mitgegeben werden, so ist die Gefahr der Kenntnisnahme von Aktenteilen durch unbeteiligte Dritte jedenfalls erhöht. Gegen eine Anfertigung von Kopien spricht außerdem, dass die Erstellung je nach Aktenumfang viel Zeit in Anspruch nehmen und dadurch den Geschäftsablauf der Geschäftsstelle – gerade in Umfangsverfahren – erheblich stören könnte. Einige in der Akte befindliche Dokumente, wie beispielsweise Lichtbilder, sind im Original außerdem besser erkennbar. Darüber hinaus müsste beachtet werden, dass die Kosten für die Kopien der Akten – insbesondere, wenn jeder Schöffe eine Kopie erhalten soll – mit in die Erwägungen einbezogen werden müssen.

In Umfangsverfahren sind die Staatsanwaltschaften allerdings dazu übergegangen, der Verteidigung regelmäßig nicht mehr die Papierakten, sondern Datenträger mit den Akten zur Verfügung zu stellen. Damit würden zwar die Kopierkosten wegfallen, jedoch setzt dieser Weg voraus, dass die Akten ohnehin für die anderen Verfahrensbeteiligten digitalisiert werden. Dann wäre es ein Leichtes, den Schöffen die Akten zur Verfügung zu stellen. Allerdings müsste – wie auch bei der Weitergabe der Akten an andere Verfahrensbeteiligte – mittels Passwörtern oder Ähnlichem sichergestellt sein, dass die auf dem Datenträger befindlichen Daten dem Zugriff Dritter verschlossen sind.

3. Zugang zu einem Server

Weiter bestünde die Möglichkeit, den Schöffen Zugriff auf eine eingescannte Version der Ermittlungsakten zu geben, welche sich dann auf einem gesicherten Server befindet. Jeder Schöffe müsste einen (passwortgeschützten) Zugang zu dem Server erhalten. Da aber – wie eben ausgeführt – derzeit noch nicht alle Ermittlungsakten digitalisiert werden, könnte die hiermit verbundene Mehrarbeit für die Geschäftsstellen die Umsetzung einer solchen Einsichtnahme verhindern, da oftmals nur eine Geschäftsstelle für die Digitalisierung von Akten zuständig ist. Allerdings wäre spätestens im Rahmen der Einführung der elektronischen Akte im Strafverfahren das Zurverfügungstellen der eingescannten Akte für die Schöffen auf einer Plattform der möglicherweise organisatorisch einfachste Weg.

4. Lösungsvorschlag

Der beste Weg derzeit wird sein, den Schöffen die Originalakten im Gericht zur Kenntnisnahme zur Verfügung zu stellen. Die Akten bleiben so in der Sphäre des Gerichtes, sodass bei Bedarf der Zugriff auf sie jederzeit möglich ist, wenn beispielsweise Anträge der Verteidigung zu bearbeiten sind. Das Gericht könnte außerdem weiter an den Akten in Vorbereitung auf die Hauptverhandlung arbeiten. Sollte es sich um nur wenige Aktenbände handeln, wird die Sichtung durch die Schöffen nicht viel Zeit in Anspruch nehmen. Wenn es sich um sehr umfangreiche Akten handelt, müssten sich die Berufs- und die Laienrichter absprechen, welche Akten den Schöffen derzeit zur Durchsicht zur Verfügung stehen und welche gegenwärtig für die Vorbereitung der Hauptverhandlung benötigt werden. Dabei müsste berücksichtigt werden, dass die Schöffen dadurch nicht schlechter gestellt werden, als die Berufsrichter. Außerdem müsste das Gericht unmittelbar vor der Hauptverhandlung immer über die Akten verfügen können. Auch dieser Zeitraum müsste wegen des sehr unterschiedlichen Umfangs der Akten mit dem Vorsitzenden abgesprochen werden.

Dieser Weg würde die Gefahr des Verlustes oder Verbreitung von Aktenteilen erheblich verringern, da die Akten im Gerichtsgebäude blieben. Es würden ferner keine weitere Zeit und keine Kosten für die Erstellung von Kopien anfallen. Die Schöffen könnten ebenso wie die anderen Verfahrensbeteiligten die Originalakten einsehen. In Umfangsverfahren müssen die Akten ohnehin in einem Raum lagern, in dem auch die Einsicht durch die Schöffen erfolgen könnte. Handelt es sich um wenige Akten, sollte sich eine Räumlichkeit zur Einsichtnahme finden lassen. Im Ergebnis spricht daher gegenwärtig vieles dafür, den Schöffen die Originalakte zur Verfügung zu stellen.

II. Zeitpunkt und Zeitraum der Einarbeitung

Sowohl der Zeitpunkt als auch der Zeitraum der Einarbeitung ist für die Schöffen von großer Bedeutung. Die Schöffen werden vom Gericht erst dann geladen, wenn der Beschluss über die Eröffnung des Hauptverfahrens ergangen ist und die Hauptverhandlungstermine bestimmt werden, auch wenn die Zuordnung der Schöffen zu den Verhandlungen prinzipiell bereits feststeht (Art. 101 Abs. 2 S. 2 GG). Sie können daher erst nach Beendigung des Zwischenverfahrens, das heißt im Hauptverfahren, Einsicht in die Akten nehmen. Der Zeitpunkt müsste im Hauptverfahren so gewählt werden, dass die Schöffen sämtliche für die Verhandlung notwendigen Unterlagen in den Akten vorfinden können. Gleichzeitig muss der Zeitraum der Einarbeitung derart bemessen sein, dass den Schöffen eine ausreichende Zeit zur Einarbeitung zur Verfügung steht. Folgende Zeitpunkte kämen für die Einsichtnahme in Frage:

1. Nach dem Aufruf der Sache

Ein Aktenstudium der Schöffen ist nach *Börner* momentan nur zwischen dem Aufruf der Sache und dem Beginn der Vernehmung des Angeklagten zur Sache während einer in § 234 StPO zu regelnden Unterbrechung möglich.[939] Für diese Ansicht spricht, dass die Schöffen nach § 30 GVG zeitlich nur während der Hauptverhandlung – und nicht während des Hauptverfahrens – den Richtern gleichgestellt sind und auch nur während der Hauptverhandlung an dem Strafverfahren teilnehmen. Würde man den Schöffen also Zugang zu den Akten verschaffen wollen, so müsste man ihnen die Akten, wenn man sich an den Wortlaut des § 30 GVG halten würde, nach der Eröffnung der Hauptverhandlung und vor Beginn der Beweisaufnahme zur Verfügung stellen, um nicht über die Formulierung des § 30 GVG hinauszugehen. Trotzdem sichert § 30 GVG dem Laienrichter eine Gleichstellung mit dem Berufsrichter zu, die aber nicht gegeben ist, wenn die Schöffen erst nach dem Aufruf der Sache Einsicht in die Akten erhalten. Daher ist der § 30 GVG im Hinblick auf den Zeitpunkt der Einarbeitung nicht eindeutig auslegbar.

2. Während der Hauptverhandlung

Während der Hauptverhandlung müssen sich die Schöffen auf die aktuellen Geschehnisse konzentrieren und können nicht die Akten studieren. Gerade bei umfangreichen Verfahren mit vielen Akten ist ein solches Vorgehen völlig

939 *Börner*, ZStW 2010, Band 122, S. 157, 187.

ausgeschlossen. Insbesondere könnte in dem Lesen der Akten während der Hauptverhandlung ein Revisionsgrund liegen, da die Schöffen von der Verhandlung abgelenkt wären.[940]

3. Zwischen zwei Hauptverhandlungsterminen

Dass den Schöffen die Akten erst zwischen zwei Hauptverhandlungsterminen zur Kenntnisnahme überreicht werden, ist ausgeschlossen. Diese Regelung würde voraussetzen, dass überhaupt mehr als ein Hauptverhandlungstag zur Beendigung des Verfahrens notwendig ist. Weiter würden die Schöffen am ersten Tag die Akten – im Gegensatz zu Berufsrichtern, der Staatsanwaltschaft und der Verteidigung – nicht kennen, was wiederum eine Ungleichbehandlung zur Folge hätte, die eigentlich durch die Akteneinsicht beseitigt werden sollte.[941]

4. Lösungsvorschlag

Den Schöffen müssen daher während des Hauptverfahrens und vor Beginn der Hauptverhandlung (de lege ferenda[942]) die Akten zur Verfügung gestellt werden. Das setzt jedoch voraus, dass die Schöffen so rechtzeitig bestimmt und geladen werden, dass eine Lektüre der Akten noch möglich ist. Dies hat unter Umständen zur Folge, dass das Verfahren in die Länge gezogen wird, wenn die Laien- und die Berufsrichter die Akten nicht gleichzeitig sichten können. Diese Zeit muss aber investiert werden, will man den Schöffen eine mündigere Stellung im Strafprozess einräumen. Wie lang der Einarbeitungszeitraum ist, hängt ganz wesentlich von dem Umfang der Akten und der Sache ab, wenn beispielsweise der Angeklagte in Haft ist. Der Zeitraum sollte daher im Einzelfall zwischen den Berufs- und Laienrichtern abgestimmt werden.

III. Umfang

Geht man davon aus, dass die Schöffen Kenntnis von den Verfahrensakten erhalten sollen, so muss überlegt werden, in welchem Umfang das geschehen kann.[943] Wenn man den Standpunkt vertritt, dass § 30 Abs. 1 GVG eine Gleichstellung der Schöffen mit den Berufsrichtern fordert und eine solche im Hinblick auf das Akteneinsichtsrecht notwendig ist, so muss den Schöffen auch die gesamte

940 Löwe/Rosenberg-*Sander*, § 261 StPO, Rn. 33.

941 So auch *Börner*, ZStW 2010, Band 122, S. 157, 187.

942 Vgl. dazu im Folgenden G. II.

943 Was zu einer Akte im Sinne der StPO gehört, vgl. D. I. 1.

Akte zur Verfügung gestellt werden, weil jede andere Lösung wieder eine Einschränkung der Gleichbehandlung bedeuten würde.

Ein Mittelweg zwischen der gänzlichen Gleichstellung und dem Versagen der Aktenkenntnis kann nicht darin liegen, den Schöffen Aktenteile zur Einsicht zu überlassen. Eine Grenzziehung ist faktisch ausgeschlossen. Um der Argumentation, die Schöffen würden durch die Aktensichtung voreingenommen sein, zu begegnen, könnte man zwar erwägen, zwischen dem Material, welches die Schöffen in unzulässiger Weise beeinflussen könnte und solchem, welches eher neutral ist, zu unterscheiden. Allerdings wird es kaum möglich sein, hier eine trennscharfe Grenze zu ziehen. Unabhängig von der Problematik, wer eine solche Trennung der Akten – insbesondere in Umfangsverfahren – vornehmen soll, wird es schlechterdings unmöglich sein, eine sinnvolle Regel für die vielfältigen in einer Ermittlungsakte vorkommenden Dokumente zu schaffen.

Katholnigg hat Bedenken dagegen, Schöffen polizeiliche Vernehmungsniederschriften zugänglich zu machen.[944] Tatsächlich besteht erfahrungsgemäß grundsätzlich die Gefahr, dass dort die Aussagen nicht so festgehalten werden, wie sie die Zeugen oder die Beschuldigten im Ermittlungsverfahren getätigt haben. Allerdings ist das ein grundsätzliches Problem und kann nicht allein gegen ein Akteneinsichtsrecht von Schöffen sprechen. Außerdem könnten Schulungen vor der Akteneinsicht die Schöffen auf diese und das Verständnis einzelner Aktenteile vorbereiten.[945]

Zuletzt krankt eine Teilakteneinsicht erst recht daran, dass dieser Mittelweg davon ausgeht, dass die Schöffen doch durch Teile der Akte beeinflusst werden können. Wenn man allerdings davon ausgeht, dass die Unabhängigkeit der Schöffen Voraussetzung für die Zurverfügungstellung der Akten ist, ist eine Teilakteneinsicht ausgeschlossen. Wenn überhaupt, wird den Schöffen nur die ganze Akte zur Kenntnisnahme zur Verfügung gestellt werden können.

IV. Pflicht oder Recht

Der Aufwand, den die Schöffen im Hinblick auf die Vorbereitung der Verhandlung betreiben, liegt nach *Atzler* zwar in ihrem Ermessen; das Ermessen sei jedoch insoweit gebunden, als es zu den Pflichten der ehrenamtlichen Richter gehöre, *„nach bestem Wissen und Gewissen zu urteilen und nur der Wahrheit und*

944 *Katholnigg*, Anm. zu *BGH*, NJW 1997, S. 506, 907.
945 Dazu ausführlicher unter G. II. 1.

Gerechtigkeit zu dienen",[946] will heißen, auch der Schöffe sollte die Akten mit der gleichen Intensität lesen wie die Berufsrichter. Die Berufsrichter haben alle, auch die Beisitzer in der Kammer, Zugang zu den Akten. Üblicherweise kennen der Vorsitzende und der Berichterstatter die Akten. Abgesehen von der Handhabung des 2. Senates des BGH,[947] in dem alle fünf Richter die Akten lesen, besteht derzeit keine Pflicht für die Berufsrichter, die Akten zu lesen. Eine gesetzliche Pflicht besteht ohnehin nicht. Der Vorsitzende muss allerdings die Akten insoweit kennen, dass er die Prozessbeteiligten zur Hauptverhandlung laden und seine Leitungsfunktion ausüben kann. Der Berufsrichter wird dagegen nicht kontrolliert, ob er die Akten vollständig, aufmerksam und sorgfältig gelesen hat. Für die Schöffen kann hier nichts anderes gelten, wenn sie im Hinblick auf das Akteneinsichtsrecht gleichgestellt werden sollen.[948] Aus dem Recht, die Akten zu lesen, erfolgt also keine Pflicht zur Aktenkenntnis.[949]

Wenn Schöffen Einsicht in die Akten erhalten, dann könnten sie auch verpflichtet sein, diese gänzlich zu lesen.[950] Wenn es aber nur ein Recht gibt und keine Pflicht gibt, kann es schlechterdings auch keine Kontrolle der richtigen Kenntnisnahme geben.

Gerade aus Verteidigersicht wird dennoch überlegt, ob die Aktenkenntnis nicht verpflichtend sein müsse und dann zu überprüfen sei, ob die Schöffen die Akten tatsächlich vollständig gelesen haben oder die zuweilen langen Verteidigerschriftsätze und Sachverständigengutachten ausgelassen haben.[951] Würden sie dies tun, könnte daraus abgeleitet werden, dass sie entweder arbeitsunwillig sind

---

946 *Atzler*, ehemaliger Richter am *OVG Lüneburg*, Das Recht des ehrenamtlichen Richters, die Verfahrensakten einzusehen, DRiZ 1991, S. 207 f.

947 *Fischer*, NStZ 2013, S. 425 ff. und Erwiderung auf *Basdorf* u.a. durch *Fischer*, *Eschelbach* und *Krehl*, NStZ 2013, S. 564 ff.

948 So auch *Ellbogen*, DRiZ 2010, S. 136, 139.

949 Vgl. *Rennig*, Die Entscheidungsfindung durch Schöffen und Berufsrichter in rechtlicher und psychologischer Sicht, S. 154 und 180 ff.; *Börner* diskutiert in diesem Zusammenhang, welches Rechtsmittel den Schöffen nach den bisherigen Regelungen in der StPO zustünde, wenn ihnen, wie derzeit gehandhabt, die Akten nicht zugänglich gemacht werden. Ihnen bliebe seiner Ansicht nach lediglich die Weigerung, an der Verhandlung teilzunehmen, was zu einem Ordnungsgeld nach § 56 Abs. 2 S. 3 StPO führen würde, gegen das sie sich mit einer Beschwerde wehren und hier die fehlende Aktenkenntnis vorbringen könnten, ZStW 2010, Band 122, S. 157, 184 f.

950 *Lunnebach*, StV 1997, S 452 f.; bspw. auch DRB, vgl. D. IV. 2., http://www.drb.de/cms/index.php?id=382; abgerufen am 25. Mai 2014.

951 *Börner*, ZStW 2010, Band 122, S. 157, 184.

oder sich aus einem anderem Grund schon ein Urteil gebildet haben, was zu einer Ablehnung der Schöffen nach den §§ 24 Abs. 2, 30 StPO führen könnte.[952]

Die Überprüfung der Kenntnisnahme, insbesondere einer „richtigen" Kenntnisnahme, einer Auswertung oder einer Sichtung wird allerdings nicht möglich sein, auch wenn diese ohnehin praktisch ausgeschlossen ist. Zum einen kann eine Erinnerung an sämtliche Akteninhalte durch niemanden gewährleistet werden. Eine Reduzierung auf die „wichtigsten" Akteninhalte ist ausgeschlossen, da bei den Prozessbeteiligten sicher keine Einigkeit darüber besteht, welche Aktenteile am wichtigsten sind, sieht man von den prozessual notwendigen Inhalten, wie beispielsweise der Anklage, ab. Zum anderen ist nicht nur die Wahrnehmung eines Geschehens, sondern auch die Wahrnehmung einer Akte subjektiv. Jeder Mensch wird andere Aktenteile als besonders relevant oder wichtig wahrnehmen und memorisieren, sodass eine Kontrolle auch unter diesem Aspekt ausgeschlossen ist. Eine wie auch immer geartete Überprüfung ist daher weder sinnvoll noch tatsächlich durchführbar.

In der Literatur[953] wird darüber hinaus die Auffassung vertreten, dass sich der Vorsitzende – anders als bei der Verteidigung – nicht mit Kontrollfragen vergewissern muss, dass die Schöffen tatsächlich vom Inhalt der in der Selbstleseverfügung genannten Unterlagen Kenntnis genommen haben. Auch das spricht gegen eine Kontrolle der Kenntnisnahme der Akten.

V. Unterstützung beim Aktenverständnis

Die Zurverfügungstellung der Akte leitet zu dem nächsten Problem über. Die Verteidigung, die Staatsanwaltschaft und die Berufsrichter haben im Rahmen ihrer Ausbildung und in der Praxis gelernt, die Verfahrensakten zu lesen. Dazu gehört auch, wichtige von weniger wichtigen Schriftstücken zu unterscheiden und zu erkennen, worauf es beispielsweise beim Lesen eines Protokolls und ggf. der dazugehörigen Anlagen einer Beschuldigten- oder Zeugenvernehmung, einer Durchsuchung oder einer staatsanwaltschaftlichen oder richterlichen Verfügung ankommt. Diese Liste ließe sich noch beliebig länger fortführen.

Das „richtige" Verständnis der Akte stellt sicher eines der größten Probleme bei der praktischen Umsetzung des Akteneinsichtsrechts dar. Wenn man nun zu dem Schluss käme, den Schöffen ein Akteneinsichtsrecht zu gewähren, so müsste man ihnen eine Orientierung mitgeben, anhand derer sie verstehen, wie eine

---

952 *Börner*, ZStW 2010, Band 122, S. 157, 184.

953 KK-*Diemer*, § 249 StPO, Rn. 39; Löwe/Rosenberg-*Mosbacher*, § 249 StPO, Rn. 85.

Akte zu lesen ist und nicht allem „*blind*" zu vertrauen, was in den Akten steht.[954] Eine Orientierungshilfe für die Schöffen könnte eine Musterakte sein. Anhand dieser könnten die Schöffen die wichtigsten und üblichen Aktenbestandteile vor ihrer ersten Akteneinsicht kennenlernen. Diese sollte im Rahmen einer Schulung oder eines Einführungskurses erläutert werden. In diesem Kurs sollte dargestellt werden, aus welchen Teilen eine Ermittlungsakte bestehen kann und wie bestimmte Aktenteile aufgrund ihrer Verfasser und Herkunft einzuordnen sind. Die Schöffen hätten im Rahmen einer solchen Schulung die Möglichkeit, Rückfragen zu stellen, sodass die in der jeweiligen Verhandlung zuständigen Berufsrichter entlastet würden. Die Einarbeitung mit der Musterakte müsste nur einmalig vor der ersten Akteneinsicht geschehen und stellt daher einen überschaubaren Aufwand dar.

Die Berufsrichter sollen dazu beitragen, dass die Laienrichter ihre Aufgaben in der Verhandlung wahrnehmen können, Nr. 126 Abs. 2 S. 1 RiStBV. Dazu gehört auch, dass Förmlichkeiten und Fachausdrücke, die den Laienrichtern nicht verständlich sind, erläutert werden müssen, Nr. 126 Abs. 2 S. 1 RiStBV. Daraus – auch wenn es sich nur um eine Richtlinie handelt – kann eine Fürsorgepflicht der Berufsrichter für die Schöffen abgeleitet werden. Diese Fürsorgepflicht nehmen die Berufsrichter aber nicht erst in der Hauptverhandlung wahr. Vielmehr sprechen sie in der Regel vorher mit den Schöffen und führen diese kurz in das Verfahren ein, sodass gegebenenfalls bestehende Unfähigkeits-, Ausschließungs- oder Ablehnungsgründe (Nr. 126 Abs. 2 S. 1 RiStBV) geprüft werden können. Daraus allein kann jedoch noch nicht abgeleitet werden, dass nur die Berufsrichter dafür zuständig sind, den Schöffen bei Problemen mit den Ermittlungsakten zu helfen. Grundsätzlich müssten sie jedoch bei Rückfragen die Ansprechpartner sein. Außerdem könnte der Vorsitzende auf wichtige Aktenteile hinweisen[955] – wenn es sich um sehr umfangreiche Akten handelt – und vor Beginn der Hauptverhandlung für Fragen zur Verfügung stehen. Die Auskünfte würden innerhalb eines Spruchkörpers erteilt. Eine etwaige Beeinflussung der Schöffen durch die Berufsrichter wäre nicht größer als bisher, vielmehr ist die Gefahr der Beeinflussung ohne Aktenkenntnis um ein Vielfaches höher. Mit der Aktenkenntnis wäre den Schöffen eine eigene Kontrolle und eine eigene Kenntnisnahme des sich aus den Akten ergebenden Sachverhaltes möglich. Daher würde die Gefahr der Beeinflussung durch eine solche Besprechung nicht erhöht. Im Ergebnis müsste jedoch eine über Nr. 126 Abs. 2 RiStBV hinausgehende Erläuterung für

954 *Machura*, Fairness und Legitimität im Strafverfahren, S. 37.
955 Dazu mehr unter F. VII.

die Schöffen gewährleistet sein. Dies könnte in einem gemeinsamen Termin vor Beginn der Hauptverhandlung stattfinden, indem die Schöffen die Möglichkeit hätten, konkrete Rückfragen zu Aktenteilen zu stellen. In diesem Termin könnten die Schöffen außerdem über etwaige Vorgespräche im Zwischenverfahren unterrichtet werden.

Auch die für die Schöffenberufung zuständigen Organe sollen solche Personen auswählen, die für das Schöffenamt geeignet sind. Dazu kann auch die Fähigkeit gehören, komplizierte Sachverhalte – wie sie in Ermittlungsakten vorkommen – richtig einzuordnen und ebenso, diese Inhalte von denen in der Hauptverhandlung zu unterscheiden.[956]

VI. Rückgabe

Eine Rückgabe der Akten ist nicht erforderlich, wenn die Schöffen die Akten im Gericht sichten würden. Sollte den Schöffen eine digitale Kopie der Akten zur Verfügung gestellt worden sein, muss sichergestellt werden, dass diese Kopie nach dem Ende des Verfahrens unkopiert wieder an das Gericht ausgehändigt wird.

VII. Entschädigung

Im Anschluss an diese Überlegungen muss erwogen werden, ob die bisherige Entschädigung der Schöffen für ihre Tätigkeit unter diesen Umständen noch ausreichend wäre.[957] Derzeit erhalten die ehrenamtlichen Richter neben dem Ersatz von Fahrtkosten, Entschädigung für Aufwand, Ersatz für sonstige Aufwendungen (Anfertigungen von Kopien etc.) sowie eine Entschädigung für Zeitversäumnis von fünf Euro die Stunde, §§ 15 Abs. 1, 16 JVEG. Wenn der ehrenamtliche Richter nicht in einem Angestelltenverhältnis tätig ist, erhält er entweder eine Entschädigung für Nachteile bei der Haushaltsführung (zwölf Euro die Stunde) oder eine Entschädigung für den Verdienstausfall (abhängig vom Bruttoverdienst, höchstens zwanzig Euro die Stunde, Ausnahme § 18 S. 2 JVEG), §§ 15 Abs. 1, 17, 18 JVEG. Wenn die Schöffen Akten von einem Umfang von mehreren tausend Seiten durcharbeiten (müssen), wird die bisherige Entschädigung kaum ausreichen und neu zu überdenken sein. Die Kenntnisnahme der Akten durch die Schöffen wird dazu führen, dass die Freistellung durch den Arbeitgeber noch weniger gern erfolgen wird, weil das Aktenstudium Zeit in

956 *Zwiehoff*, Laienrichter in Japan, Deutschland und Europa, S. 44.
957 So auch *Börner*, ZStW 2010, Band 122, S. 157, 181 ff.

Anspruch nehmen wird. Das gleiche wird für die Beliebtheit des Schöffenamtes an sich gelten, da es mit wesentlich mehr Arbeit für die ehrenamtlichen Richter verbunden wäre.

Ellbogen schlägt in diesem Zusammenhang vor, eine neue Ziffer in das JVEG aufzunehmen.[958] Problematisch ist dabei jedoch, dass er die Möglichkeit der Auszahlung einer Entschädigung einschränken möchte. Diese solle nur gewährt werden, wenn sie vom Vorsitzenden angeordnet wurde. Die Anordnung solle nur erfolgen, wenn der Schöffe darum bitte und es *„angesichts des Verfahrens geboten"* erscheine.[959] Dieser Vorschlag birgt allerdings einige erhebliche Schwierigkeiten in sich. Bei einer Entschädigung der Schöffen müsste geregelt werden, ob dies zu den gleichen Sätzen geschehen soll wie bei deren Teilnahme an den Verhandlungen. Weiter müsste – wenn überhaupt – allen Schöffen, die sich auf eine Hauptverhandlung vorbereiten, gleich wie umfangreich die Ermittlungsakte ist, wegen Art. 3 GG eine Entschädigung gewährt werden. Eine Ungleichbehandlung wäre nicht zu rechtfertigen. Darüber hinaus sollte eine Entschädigung nicht von einer Anordnung des Vorsitzenden abhängig sein. Für den Fall, dass ein Vorsitzender gerne mit „uninformierten" Schöffen arbeitet, darf die Entschädigung für die Aktensichtung nicht von dem Belieben des Vorsitzenden abhängen. Im Ergebnis ist daher der Vorschlag von *Ellbogen* abzulehnen. Eine etwaige gesetzliche Regelung müsste differenzierter durchdacht werden.

Sicher ist jedoch, dass die Aktensichtung der Schöffen vergütet werden müsste, da die Schöffen wohl ansonsten auf die Aktensichtung verzichten müssten, weil es für sie finanziell noch weniger lukrativ (wenn nicht gar verlustbringend) wäre, mehr als es eine Tätigkeit als Laienrichter ohnehin schon ist.

VIII. Zusammenfassung

Den Schöffen sollten die vollständigen Originalakten während des Hauptverfahrens und vor Beginn der Hauptverhandlung (de lege ferenda[960]) im Gericht zur Kenntnisnahme zur Verfügung gestellt werden. Dafür müssten die Schöffen so rechtzeitig bestimmt und geladen werden, dass eine Sichtung der Akten angemessen möglich ist, was vom Einzelfall abhängt. Jeder Schöffe müsste vor der ersten Akteneinsicht an einer obligatorischen Fortbildung teilnehmen, in welcher Aktenaufbau und Akteninhalt erläutert werden. Zur weiteren Orientierungshilfe sollte den Schöffen eine Musterakte an die Hand gegeben werden. Eine Kontrolle

958 *Ellbogen*, DRiZ 2010, S. 136, 139.
959 *Ellbogen*, DRiZ 2010, S. 136, 139.
960 Vgl. dazu im Folgenden G. II.

der vollständigen Einsicht der Schöffen in die Akten kann es nicht geben, da diese Kontrolle praktisch nicht umsetzbar ist. Außerdem handelt es sich um ein Recht zur Kenntnisnahme und nicht um eine Pflicht. Diese Mehrarbeit der Schöffen müsste ebenso wie ihre Tätigkeit während der Hauptverhandlung entschädigt werden.

G. Gesetzlicher Rahmen und erforderliche Änderungen

Die Schöffen abzuschaffen, weil der Gesetzgeber sie – absichtlich oder nicht – bei Verständigungsgesprächen nicht bedacht und sie dadurch zu Statisten degradiert hat, ist kein hinzunehmender Lösungsweg. Im Folgenden sollen daher verschiedene Modelle zur Reintegration der Schöffen in das Strafverfahren dargestellt werden.

I. De lege lata

Das Gesetz sieht derzeit keine Regelungen vor, die dem Informationsdefizit und der damit einhergehenden fehlenden Mitwirkungsmöglichkeit der Schöffen ausreichend abhelfen könnten. Trotzdem soll der Vollständigkeit halber erneut kurz auf Nr. 126 Abs. 2 RiStBV eingegangen werden. Danach sollen die Berufsrichter

> *„[...] dazu beitragen, dass die Schöffen die ihnen vom Gesetz zugewiesene Aufgabe erfüllen können. Die Verhandlung ist so zu führen, dass die Schöffen ihr folgen können; Förmlichkeiten und Fachausdrücke, die ihnen nicht verständlich sind, müssen erläutert werden."*

Diesen Satz könnte man, wenn man ihn großzügig verstanden wissen will, dahingehend auslegen, dass Berufsrichter ohnehin gehalten sind, den Schöffen bei Verständnisproblemen jeglicher Art zu helfen. Allerdings ist die RiStBV – wie ihr Name schon sagt – nur eine Richtlinie, die die Berufsrichter nicht bindet. Der Einführung zur RiStBV ist dazu zu entnehmen:

> *„[...] Einige Hinweise wenden sich aber auch an den Richter. Soweit diese Hinweise nicht die Art der Ausübung eines Amtsgeschäfts betreffen, bleibt es* ***dem Richter überlassen****, sie zu berücksichtigen [...]."*[961]

Diese im ersten Absatz festgehaltene Empfehlung für die Berufsrichter (man ist versucht, „Bitte" zu schreiben) weiter dahingehend auszulegen, dass die Berufsrichter verpflichtet sein sollen, den Laienrichtern den Inhalt der Verständigungsgespräche zu erläutern, ginge zu weit. Berufsrichter kommen erfahrungsgemäß dieser Richtlinie nicht immer angemessen nach. Ferner ist es unrealistisch anzunehmen, die Berufsrichter, die sich derzeit an diese Richtlinie halten, sind seit der Einführung der Verständigungsvorschriften davon ausgegangen, dass die Vorschrift nun weiter ausgelegt und die Laienrichter über Verständigungsgespräche

961 Hervorhebungen nicht im Original.

aufgeklärt werden müssen. Es besteht zwar die grundsätzliche Möglichkeit, Nr. 126 Abs. 2 RiStBV so zu verstehen, allerdings wird es voraussichtlich auf Grund des Charakters als Richtlinie an der Umsetzung scheitern. Es müsste eine tatsächliche Verpflichtung der Berufsrichter zur „Aufklärung" bestehen, um ihre Motivation für die zusätzliche Arbeit sicherzustellen. Im Ergebnis kann Nr. 126 Abs. 2 RiStBV daher nicht herangezogen werden, um dem Informationsdefizit und der fehlenden Mitwirkungsmöglichkeit der Schöffen abhelfen zu können.

Aus § 30 GVG könnte außerdem abgeleitet werden, dass die Schöffen, um ihr Richteramt – insbesondere vor dem Hintergrund von Verständigungen – im vollen Umfang wahrnehmen zu können, sich ebenso wie die Berufsrichter auf die Hauptverhandlung vorbereiten können müssen.[962] Das würde allerdings voraussetzen, dass ihnen Einsicht in die Akten gewährt wird. Freilich beinhaltet auch dieser Weg ein ähnliches Problem, wie die eben erwogene erweiterte Auslegung der Nr. 126 Abs. 2 RiStBV: es ist äußerst unwahrscheinlich, dass allein eine weitere Auslegung zu einem Akteneinsichtsrecht für Schöffen führt. Verständlicherweise möchten und müssen Berufsrichter allein aufgrund der hohen Arbeitsbelastung die Verfahren möglichst zügig bearbeiten und auch beenden. Eine freiwillige Mehrarbeit ist daher fast ausgeschlossen.

In der Strafprozessordnung oder dem Gerichtsverfassungsgesetz sind keine anderen Vorschriften vorhanden, die in ähnlicher Art das Verhältnis zwischen Laien- und Berufsrichtern regeln und von denen eine andere Handhabung der Informierung der Schöffen abgeleitet werden könnte. Wenn der Gesetzgeber die beschriebene Problematik tatsächlich ernst nimmt, wird eine Lösung de lege ferenda nicht zu umgehen sein.

II. De lege ferenda

Es müssen daher Änderungen vorgenommen werden, die über die derzeitige Gesetzeslage und Rechtsprechung hinausgehen, um den Schöffen die Möglichkeit zu geben, ihre Aufgabe sinnvoll wahrzunehmen. § 30 GVG muss beibehalten und vor dem Hintergrund der Vorschriften über die Verständigung des Strafverfahrens ausgelegt werden. Die Gleichstellung der Schöffen setzt informierte Schöffen voraus. Sie müssen daher an allen Verständigungsgesprächen während des Hauptverfahrens und nicht nur während der Hauptverhandlung beteiligt werden.

962 Dazu D. VI. 1.

1. Schaffung eines Rechts auf Akteneinsicht

Wie ausführlich dargestellt,[963] sollte den Schöffen zur Gleichstellung mit den Berufsrichtern und um ihnen eine tatsächliche Mitwirkungsmöglichkeit im Strafprozess zu eröffnen, die Möglichkeit gegeben werden, die Ermittlungsakten zu sichten.[964] Diese Einsichtnahme muss so ausgestaltet sein, dass die Laienrichter dadurch in die Lage versetzt werden, die Inhalte der Akte zu erfassen. Dabei sollten die Berufsrichter den Schöffen Hinweise auf wichtige Aktenteile geben und entsprechend Nr. 126 Abs. 2 RiStBV dafür sorgen, dass sich die Laienrichter angemessen auf die Hauptverhandlung vorbereiten können. Gleichzeitig könnten alle Schöffen an einer entsprechenden Fortbildung teilnehmen. Die Akteneinsicht muss außerdem vor dem Beginn der Hauptverhandlung und auch vor einem Verständigungsgespräch zwischen den Verfahrensbeteiligten erfolgen, wenn ein solches angedacht ist.[965] Dabei muss den Schöffen eine angemessene Zeit zur Einarbeitung eingeräumt werden. Die Schöffen müssen daher nach der Entscheidung über die Eröffnung des Verfahrens von ihrer Beteiligung am Prozess unterrichtet werden, sodass sie sich rechtzeitig vor der Hauptverhandlung mit den Akten vertraut machen können. Eine Einsicht in die beim Gericht befindlichen Originalakten ist die einfachste Lösung, solange die elektronische Akte noch nicht eingeführt ist. Eine Pflicht zum Lesen der Akten besteht indes nicht und die Erfassung des Akteninhaltes kann auch nicht kontrolliert werden. Eine solche Kontrolle findet bei den gleichgestellten Berufsrichtern ebenfalls nicht statt. Für den Mehraufwand müssten die Schöffen entsprechend entschädigt werden.[966]

Wie bereits dargestellt,[967] sollten Schöffen vor der ersten Sichtung der Akten an einer Schulung teilnehmen. Außerdem sollte Ihnen eine Orientierungshilfe in Form einer Musterakte zur Verfügung gestellt werden.

2. Beteiligung an Verständigungsgesprächen

Im Hinblick auf die Verständigungen in Strafverfahren müssen – wie bereits dargestellt[968] – einige Besonderheiten berücksichtigt werden, da die Schöffen ansonsten bei der Mitwirkung faktisch ausgeschlossen sind.

963 D. VI., VIII. und IX.
964 Zur praktischen Ausgestaltung mehr unter F.
965 Ausführungen dazu unter D. VIII. und IX., und nachfolgend unter 2.
966 Ausführungen zur praktischen Ausgestaltung unter F.
967 Vgl. F. V.
968 D. VIII.

In Anlehnung an § 30 GVG müssen die Schöffen an sämtlichen Gesprächen während des Hauptverfahrens beteiligt werden.[969] Diese Beteiligung ist aufgrund der Vorschriften zur Verständigung im Strafverfahren für eine Gleichstellung der Schöffen unumgänglich. Gerade die Verständigungsgespräche, die noch vor der Hauptverhandlung geführt werden, sind für den weiteren Gang des Verfahrens oft entscheidend.[970]

a) Während des Hauptverfahrens

Wie dargestellt[971] müssten die Schöffen, um sich ein sachgerechtes und vollständiges Bild des zu verhandelnden Sachverhalts und der Umstände der Verständigungsgespräche machen zu können, an den Gesprächen während des Hauptverfahrens, das heißt, auch an Gesprächen vor der Hauptverhandlung und während Hauptverhandlungspausen oder -unterbrechungen teilnehmen. Diese Gespräche müssten so terminiert werden, dass auch die Schöffen in die Lage versetzt werden, an den Terminen teilzunehmen. Hierfür müssten die Schöffen – die ohnehin in diesem Verfahrensabschnitt zu laden sind – zu Beginn des Hauptverfahrens geladen werden, um sicherzustellen, dass sie an Gesprächen vor der Hauptverhandlung teilnehmen können. Ebenso sollten die Schöffen bei Gesprächen in den Hauptverhandlungspausen und während Unterbrechungen hinzugezogen werden. So formuliert z.B. *Marsch*:

> *„Keiner der Beteiligten darf einer Absprache zustimmen, die seiner bis dahin gewonnenen festen Überzeugung zuwiderläuft. Das setzt einmal voraus, dass überhaupt Stoff für eine Überzeugungsbildung vorhanden ist.“*[972]

Eine Beteiligung der Schöffen während des Hauptverfahrens und nicht erst während der Hauptverhandlung geht über die wörtliche Formulierung des § 30 Abs. 1 GVG hinaus. Allerdings können die Schöffen, wie beschrieben,[973] ihrer eigentlichen Aufgabe nur dann nachkommen, wenn sie bei den Verständigungsgesprächen während des Verfahrensabschnittes teilnehmen, bei dem sie zu dem erkennenden Gericht gehören. Wie bereits erläutert, finden die entscheidenden Gespräche

---

969 Schöffen bereits im Zwischenverfahren an Verständigungsgesprächen teilnehmen zu lassen, wird jedoch – wie unter F. II. dargestellt – nicht umsetzbar sein.

970 Vgl. dazu D. VIII. 3.

971 D. VIII. 3.

972 *Marsch*, ZRP 2007, S. 220, 221.

973 D. VIII. 3.

oftmals vor der Hauptverhandlung statt,[974] sodass eine andere Handhabung die durch § 30 GVG beabsichtigte Gleichberechtigung wieder einschränken würde.

Die Schöffen sind ohne eine Beteiligung auch an den auch außerhalb der Hauptverhandlung stattfindenden Verständigungsgesprächen – insbesondere ohne Aktenkenntnis – nicht in der Lage, einer Verständigung zuzustimmen. Würde man die Schöffen nur an Gesprächen nach dem Beginn der Hauptverhandlung aber zumindest auch während den Hauptverhandlungspausen beteiligen, bestünde die Gefahr, dass die Verständigungsgespräche vor diesen Zeitraum gelegt werden, um die Schöffen auf diesem Wege wieder auszuschließen.

Die Schöffen sollten in Vorbereitung auf ein vor der Hauptverhandlung stattfindendes Verständigungsgesprächs die Möglichkeit gehabt haben, die Akten vollständig zu sichten, auch wenn das durchaus zu erheblichen Verfahrensverzögerungen führen kann.

b) Unterrichtung der Laienrichter über den Inhalt von Verständigungsgesprächen

Da die Schöffen nicht zu den Gesprächen im Zwischenverfahren hinzugezogen werden, sollten sie im Hauptverfahren durch die Berufsrichter ausführlich hierüber unterrichtet werden. Auch wenn der Inhalt der Verständigungsgespräche aktenkundig zu machen ist, vgl. die §§ 160b, 202a StPO, und der Vorsitzende vor dem Beginn der Beweisaufnahme mitteilt, ob Erörterungen nach den §§ 202a, 212 StPO stattgefunden haben, und wenn ja, deren wesentlichen Inhalt, § 243 Abs. 4 StPO, so ist das – wie bereits dargestellt[975] – für eine effektive Mitwirkung nicht ausreichend. Daher sollten die Schöffen darüber hinaus über den Inhalt der Gespräche informiert werden, wenn sie an diesen nicht unmittelbar teilgenommen haben. Dies kann, wie ebenfalls erläutert,[976] in einem Gespräch mit dem Vorsitzenden vor der Hauptverhandlung stattfinden.

3. Einbindung der Schöffen in umfangreichen Prozessen

Darüber hinaus sollte erwogen werden, ob der – meistens bei großen Prozessen vor den Strafkammern und Schwurgerichten – durch den Berichterstatter erstellte Bericht, auch den Schöffen zugänglich gemacht wird.

---

974 Vgl. D. VIII. 3.

975 D. VIII. 4.

976 Vgl. F. V.

a) Einbindung in die Berichterstattung in Verfahren vor Strafkammern und Schwurgerichten

Von dem Berichterstatter wird in Umfangsverfahren häufig ein Bericht erstellt. Anhand dieses Berichtes soll die gesamte Kammer in die Lage versetzt werden, zum einen darüber zu entscheiden, ob die Anklage zugelassen und das Hauptverfahren eröffnet werden soll. Dieser Bericht wird zum anderen meistens vor der Hauptverhandlung mit dem Vorsitzenden und den Beisitzern besprochen, um den Verhandlungsablauf vorzubereiten.

An diesem Termin könnten die Schöffen ebenfalls beteiligt werden.[977] In dieser Diskussion könnten sie Fragen stellen und ggf. auf wichtige Aktenteile hingewiesen werden, deren Lektüre ihnen weiterhelfen könnte. Gerade in den umfangreichen Verfahren, wie sie vor den (Wirtschafts-)Strafkammern und Schwurgerichten stattfinden, wäre die Hinzuziehung der Schöffen zu einem solchen Termin zum Verständnis des zu verhandelnden Sachverhalts und auch der bestehenden rechtlichen Probleme für die Schöffen sehr hilfreich und auch effektiv. Diese Berichte sind zwar nicht selten umfangreich, aber eher dazu geeignet, den Schöffen als mögliche Grundlage für die aktive Teilnahme an Verständigungsgesprächen und der Hauptverhandlung zu dienen und einen Zugang zu den Akten zu finden.

Da solche Beratungen jedoch nicht die Regel sind und kaum verpflichtend gestaltet werden können, kann auch die Teilnahme der Schöffen an solchen Gesprächen nicht gesetzlich verankert werden. Wie sich eine Kammer auf eine Verhandlung vorbereitet, bleibt allein ihr in ihrer richterlichen Unabhängigkeit überlassen. Allenfalls könnten die Berufsrichter die Schöffen nach einer Vorabberatung zu einem in Vorbereitung auf die Hauptverhandlung stattfindenden Termin einladen. Dieser könnte hingegen verpflichtend ausgestaltet werden und wäre für die Laienrichter sehr hilfreich.

b) Einbindung in Verfahren vor Schöffengerichten

Da es beim Schöffengericht keinen Berichterstatter wie bei der Strafkammer gibt, könnten hier die Lektüre der Ermittlungsakten und ein Gespräch mit dem Vorsitzenden ausreichen. Verfahren vor dem Schöffengericht sind in der Regel nicht so umfangreich wie solche vor den Strafkammern und daher einfacher zu erfassen.

977 Dies würde über die in § 30 GVG gewährte Gleichstellung hinausgehen.

4. Hinzuziehung besonders ausgebildeter Schöffen

Ehrenamtliche Richter in Wirtschaftsprüfersachen, in arbeits- und sozialgerichtlichen Verfahren und in familienrechtlichen Streitigkeiten entscheiden auf Grund ihrer Fachkenntnisse und beruflichen Erfahrungen gemeinsam mit Berufsrichtern. Daher könnte überlegt werden, auch in Wirtschaftsstrafverfahren besonders ausgebildete Schöffen hinzuzuziehen. *König* schlägt vor, dass für jede Strafkammer mit besonderer Zuständigkeit eine eigene Schöffenliste erstellt werden solle.[978] Gerade in komplizierten Wirtschaftsstrafverfahren würden an die Schöffen besondere Anforderungen gestellt werden, weswegen *„qualifizierte Vorkenntnisse“* von Nöten seien. Das gelte insbesondere auch für Verfahren vor dem Schwurgericht, bei denen eine besondere Menschenkenntnis gefragt sei.[979]

Im Wirtschaftsstrafrecht gibt es jedoch eine Vielzahl von verschiedenen Fachrichtungen, die sich je nach Sachverhalt auch überschneiden: Bank- und Kapitalmarktstrafrecht, Insolvenzstrafrecht, Steuerstrafrecht, Korruptionsstrafrecht usw. Es wird kaum möglich sein, Schöffen zu finden, die auf all diesen Rechtsgebieten spezialisiert sind. Außerdem stellt sich die Frage, welche berufliche Qualifikation für die jeweilige Fachrichtung die richtige wäre. In Verfahren auf Grund der §§ 369 ff. AO (Steuerstraftaten) könnte vermeintlich naheliegen, Mitarbeiter des Zollamts als Schöffen zu berufen. Derartige sachverständige Laienrichter können durchaus nicht unbefangen an ein Verfahren herantreten. Wie der Name „Zollfahndung“ schon zeigt, handelt es sich bei diesen Mitarbeitern um im weiteren Sinne Mitglieder der Ermittlungsbehörden, sodass diese auf Grund des Gewaltenteilungsprinzips nicht an der Rechtsprechung teilnehmen dürften und eine Voreingenommenheit naheliegt.

Eine Spezialisierung der Schöffen im Hinblick auf eine fachliche Ausrichtung ist insbesondere wegen der Vielgestaltigkeit der Sachverhalte im Wirtschaftsstrafrecht in der Praxis nicht möglich. Das Wissen, das für bank- und kapitalmarktstrafrechtliche Fälle notwendig ist, unterscheidet sich erheblich von dem Wissen, das Schöffen im Korruptionsstrafrecht benötigen würden.

Allerdings könnte überlegt werden, ob Schöffen, die beim Landgericht tätig werden, nicht schon Erfahrungen in Strafsachen vor den Amtsgerichten gesammelt haben sollten, ähnlich wie in der Arbeitsgerichtsbarkeit.[980]

---

978 *König*, Die Beteiligung von Schöffen an der Rechtsprechung aus Sicht des Strafverteidigers, S. 623, 634.

979 *König*, Die Beteiligung von Schöffen an der Rechtsprechung aus Sicht des Strafverteidigers, S. 623, 634.

980 D. IX. 5.

5. Systematische Verortung im Gesetz

Auch, wenn das Gesetz bisher keine entgegenstehenden Vorschriften enthält, so wäre es doch zur Klarstellung erforderlich, die Akteneinsicht für Schöffen gesetzlich zu verankern. In der Strafprozessordnung sollten die Schöffen vor Beginn der öffentlichen Hauptverhandlung und nach dem Erlass des Eröffnungsbeschlusses – wie bereits dargelegt[981] – Einsicht in die Ermittlungsakten erhalten. Die Ausgestaltung der Akteneinsicht könnte in diesem Paragraphen konkret beschrieben werden. Ein entsprechendes Gesetz wäre daher auch im zweiten Buch „*Verfahren im ersten Rechtszug*" und dort im fünften Abschnitt der Strafprozessordnung „*Vorbereitung der Hauptverhandlung*" unterzubringen, das heißt, in den §§ 212 ff. StPO. Ergänzende Ausführungen zur praktischen Umsetzung könnten in der RiStBV aufgenommen werden.

Die Möglichkeit für Schöffen, an Verständigungsgesprächen vor der Hauptverhandlung teilzunehmen, müsste ebenfalls in die StPO aufgenommen werden. Hierbei müsste § 212 StPO mit einer Formulierung ergänzt werden, aus der hervorgeht, dass die Schöffen bei allen Verständigungsgesprächen während des Hauptverfahrens – nicht nur während der Hauptverhandlung – beteiligt werden müssen. Gleichzeitig sollte das Gesetz vorschreiben, dass die Schöffen über Verständigungsgespräche während des Zwischenverfahrens zu informieren sind. Ergänzungen bei §§ 257b und 257c StPO wären nicht notwendig, da bereits § 212 StPO die Beteiligung der Schöffen während des gesamten Hauptverfahrens vorschreiben würde.

Konkrete Gesetzesvorschläge müssten in Zusammenarbeit mit Berufsrichtern entworfen werden, da diese die sich aus den praktischen Konsequenzen ergebenden Probleme kennen und durch das Gesetz am meisten betroffen wären.

6. Ergebnis

Den Schöffen sollte die Möglichkeit eingeräumt werden, die Akten noch vor der Hauptverhandlung zu sichten. Sie sollten an den Verständigungsgesprächen während des gesamten Hauptverfahrens beteiligt werden. Das beinhaltet daher eine Beteiligung an Gesprächen nach Zulassung der Anklage und vor Beginn der Hauptverhandlung sowie eine Beteiligung an Gesprächen während der Unterbrechung der Hauptverhandlung.

---

981 F. II.

Die Schöffen sollten außerdem über die Inhalte und das Zustandekommen der im Zwischenverfahren geführten Verständigungsgespräche über die Mitteilungspflicht des § 243 Abs. 4 StPO hinaus unterrichtet werden.

Soweit ein Bericht vor der Eröffnung der Hauptverhandlung durch den Berichterstatter erstellt wird, sollte dieser den Schöffen, ebenso wie die Ermittlungsakte, zugänglich gemacht werden.

Diese Forderungen gehen über die in § 30 Abs. 1 GVG Gleichstellung der Schöffen hinaus. Daher ist eine Gesetzesänderung notwendig.

H. Fazit

Die Untersuchung hat gezeigt, dass sich die Rolle der Laienrichter seit der Schaffung des ersten gesamtdeutschen GVG von 1877 erheblich geändert hat. Die Laienrichter dienten zunächst dem Schutz des Angeklagten vor einer etwaigen Willkür des Rechtssystems, insbesondere der Berufsrichter. Sie galten als unmittelbare und notwendige Repräsentanz des Volkes bei der Rechtsprechung. Diese Rolle hat sich im Laufe des letzten Jahrhunderts entscheidend geändert, da das Strafverfahren dem Beschuldigten weitreichende Rechte einräumt, um ihn vor Übergriffen der Obrigkeit zu schützen.

Die Laienrichter repräsentieren die Öffentlichkeit und sollen Garanten der Unmittelbarkeit im Strafverfahren sein. Eine grundsätzliche Beteiligung ist weiterhin notwendig. Schöffen können deshalb in Strafverfahren vor einer einseitigen oder übereilten Beurteilung eines Sachverhaltes schützen.

Die Rechtsprechung misst der umfassenden Aufklärung der Schöffen immer mehr Bedeutung bei. Gleichzeitig werden die Stimmen in der Literatur, die für eine Emanzipation der Laienrichter durch zusätzliche Informationen streiten, lauter.

Angesichts der zunehmenden Umfangsverfahren und den damit einhergehenden Verständigungen entsteht durch die Teilnahme der Laienrichter an der Rechtsprechung eine stets wachsende Herausforderung, nicht nur für die Richter, sondern für alle Prozessbeteiligten. Insbesondere die Wirtschaftsstrafverfahren müssen trotz der daraus resultierenden Schwierigkeit für Laien verständlich und nachvollziehbar gestaltet werden. Dies fällt allerdings zunehmend schwerer.

Es ist daher rechtsstaatlich geboten, den Laienrichtern die Verfahrensakten zur Verfügung zu stellen, um ihnen eine eigenverantwortliche Entscheidung über die gegen den Angeklagten erhobenen Vorwürfe zu ermöglichen. Auch wenn nicht vorhergesehen werden, ob eine den Schöffen eingeräumte Akteneinsicht sicher zu mündigeren Laienrichtern führt, so ist der Status quo derart desolat, dass dessen Beibehaltung keine Lösung des Problems sein kann.

Trotz vieler Entscheidungen zur Verständigung im Strafverfahren hat die höchstrichterliche Rechtsprechung bisher noch nicht darüber entscheiden müssen, wie und ob Schöffen in die Lage versetzt werden können, substantiell an einer Verständigung mitzuwirken. Diese Frage stellt sich gerade bei Verständigungsgesprächen die zu Beginn einer Hauptverhandlung – insbesondere noch vor Beginn der Beweisaufnahme – stattfinden. Um sich gegen den Vorwurf der Befangenheit wehren zu können, wird allein eine dreizeilige dienstliche Erklärung eines Schöffen, dass man sich aufgrund eines Vorgespräches mit dem Vorsitzenden angemessen unterrichtet findet, keine sinnvolle Antwort sein. Eine Gesetzesänderung ist unabdingbar. Dazu muss im Gesetz klargestellt werden, dass den Laienrichtern die Möglichkeit eingeräumt wird, die Ermittlungsakten einzusehen. Hierzu müssen die den Schöffen in § 30 GVG eingeräumten Rechte gesetzlich erweitert werden.

Ein Urteil kann nur „*Im Namen des Volkes*" ergehen, wenn alle an dem Urteil beteiligten Richter in der Lage sind, aufgrund der ihnen zur Verfügung stehenden Informationen, über die Schuld und Strafe zu entscheiden. Insbesondere bei Verständigungen im Strafverfahren und in Umfangsstrafverfahren reichen die den Schöffen derzeit zugebilligten Informationen für einen Rechtsstaat nicht aus.

www.ingramcontent.com/pod-product-compliance
Ingram Content Group UK Ltd.
Pitfield, Milton Keynes, MK11 3LW, UK
UKHW021909290926
8980IPUK00015B/1151

9 783631 726433